中国人事科学研究院
·学术文库·

中国特色行政学

发展与创新

吴江 蓝志勇 苗月霞 杨国栋 ◎著

中国社会科学出版社

图书在版编目（CIP）数据

中国特色行政学：发展与创新/吴江等著 . —北京：中国社会科学出版社，2024.3

（中国人事科学研究院学术文库）

ISBN 978 - 7 - 5227 - 3056 - 1

Ⅰ. ①中… Ⅱ. ①吴… Ⅲ. ①行政学—研究—中国 Ⅳ. ①D63

中国国家版本馆 CIP 数据核字（2024）第 044303 号

出 版 人	赵剑英
责任编辑	孔继萍
责任校对	夏慧萍
责任印制	郝美娜

出　　版	中国社会科学出版社
社　　址	北京鼓楼西大街甲 158 号
邮　　编	100720
网　　址	http://www.csspw.cn
发 行 部	010 - 84083685
门 市 部	010 - 84029450
经　　销	新华书店及其他书店
印刷装订	北京市十月印刷有限公司
版　　次	2024 年 3 月第 1 版
印　　次	2024 年 3 月第 1 次印刷
开　　本	710×1000　1/16
印　　张	13.5
字　　数	215 千字
定　　价	78.00 元

凡购买中国社会科学出版社图书，如有质量问题请与本社营销中心联系调换
电话：010 - 84083683
版权所有　侵权必究

前　言

中国具有悠久的治国理政的研究传统，至少可以追溯到夏、商、周的国家或政府形成之时。由于行政的含义，就是"行使政治权力"。从这个意义上说，中国的行政管理实践也应该具有相同时长的历史。文明一旦建立，政治权力架构一旦出现，就需要有行使政治权力、维护统治、管理百姓和国家的行政工具。夏、商其实是早期的部落，各自发展成国家。其历史记载相对较少，统治脉络不够清楚，但基本有了国土领地、统治核心的意识。但直到殷商王，还有人祭，是比较野蛮和原始的统治方法。所以说，夏、商属于探索时期的古文明，而周朝的统治开始成熟，注重人的生命价值，以人为本，祭祀也是用牛、羊、猪。周文王、武王以德得天下，以德治天下。甲骨文的"德"字，是一只眼睛站在十字路口往前看，眼睛上面还有一条直线，意为人在做、天在看。周人的青铜器上的"德"字上还加了"心"字，良心为底，以人为本。周公测地胆，认为今河南省郑州登封市是世界的中心，国家的基础和中心在此。德治的思想传到春秋战国，由孔子发挥成了以德为基础的"礼"治，孟子有"君为轻，民为贵"的民本思想。春秋战国时期，百家争鸣、百花齐放，墨家理论的"功利主义"治理思想，苏秦的纵横统一，孙子的兵法攻略，管仲的利出一孔，都为中国后世的统治和行政管理留下了深深的烙印。

秦朝废除分封，统一文字和度量衡，井田收税，筑驰道（相当于当今的高速公路），强调法律的规范作用，用科层结构的郡县制和皇帝指定的官员，管理辽阔的疆土，建立了早期的行政官僚体制。唐朝开始开科取士，以考任为基础选拔官员，并开放边境，霭邻边陲，和番西域，使得万邦来朝。宋朝强调诗、书、礼、乐的文化修为。中国封建时期的历朝历代，德治、理治、法治、功利博弈，起伏跌宕，经历了困苦挣扎、也有过太平盛世，直到明清开始闭关锁国，封建君主专制制度走向腐朽没落，以及 19 世纪中期西方列强接连不断的侵略战争，使延续两千年的封建官僚制度最终在反帝反封建的民族、民主革命运动中宣告破产。

现代中国的政治制度是以鸦片战争、洋务运动、义和团运动、甲午战争为导火索，孙中山先生的民族、民权、民生的三民主义革命为标志，在反帝反封建追求科学、民主和革命为导向的现代国家构建革命中形成的。其中，井冈山的革命传统和中华人民共和国成立初期苏联制度的影响，是当代中国行政传统的渊源，与改革开放后的社会主义市场经济建设、西方行政理论的引进、"三个代表"、科学发展观与和谐社会，以及新时代的全面深化改革和中国特色社会主义思想体系，共同催生出改革和完善的中国特色的行政理论和思想方法。

"行政""行政管理"是行政学理论的"传统"概念。在 20 世纪 80 年代中国行政学恢复和重建的过程中，学术界几乎是同步引进了公共行政、公共事务、公共政策和公共管理的概念、理论和方法。尤其在 20 世纪 90 年代，大规模建设公共管理学科的时候（1997 年版的学科目录中，公共行政学被命名为公共管理，并被置于管理学这个大门类之下），恰逢西方进行大规模行政改革，"新公共管理学派"盛行，也出于学术界希望将新兴学科与中华人民共和国成立以来的"行政管理"即后勤管理之间相区别的需要，把"Public Administration"翻译成公共管理，而不是公共行政，使得很多学者将公共管理与公共行政混同使用。

从概念和学科史的角度来看，行政管理是人类社会亘古就有的治理现象。在农业社会，行政管理是依靠权力而开展的治理活动，它没有实现内部治理与外部治理的分化；在工业社会，当社会治理活动以公共行政的形式出现时，促使政府内部的行政管理与政府对外部的社会管理相分化，使政府的内部治理与外向治理在方法、目标和途径上都有所区别。如果说行政管理这个概念所指称的是一种活动、行动，那么公共行政的概念则是指一种模式，或者说，公共行政所代表的是一种治理模式。公共行政把农业社会统治者用来治理自身和治理社会的行政管理改造成只适用于政府自身管理的技巧，并赋予行政管理以科学性、专业化和技术化的特征。在政府的外部功能实现方面，公共行政则通过法律、公共政策等途径去开展活动，实现对社会的管理。公共管理抛弃了由政府垄断社会治理的模式，用合作治理来取代它,也就从根本上克服了公共行政"形式公共性"的问题,并赋予公共性以实质性的内涵。在公共管理的范畴中,行政管理与公共行政的区别已经被取消,它们都具有公共性的特征和内涵。当然,公共管理会保留行政管理和公共行政这两个概念,但仅仅意味着研究视角上的差别。[①] 在学科发展上,公共行政与公共管理存在前后继承的关系,公共管理的提出和发展是对公共行政的继承与超越,当公共行政学的科学成就被吸收公共管理学之中的时候,实际上,公共行政学所研究的内容也就被包含在公共管理学之中了,或者说,公共行政学被统合于公共管理学之中了,成为公共管理学中的一个具体的"问题域"。

基于上述认识,我们将本书探讨的行政学理论视为公共行政的同义词,是公共管理学科的一个构成部分。波兹曼、休斯等学者认为,所谓"行政"是注重过程、程序和符合规定的公共组织内部的管理;而"管理"则是涉及战略、外部环境的处理以及组织的广泛使命和目标,关注结果、质量改进和责任。作为公共行政模式继承和发展的公共管理,最主要的特征是公共事务治理主体的扩展。公共管理的主体不仅包括起核心作用的政府,而且包括非政府的公共部门、国有企业、事业单位、居民自治组织和广大的公民群众。根据对这些概念的辨析,我们认为,行政学理论主要关注的是政府行为,是以政府为中心的研究政府行为规律的学术。

本书立足中国国家治理体系和能力建设的现实和时代需求,梳理中国行政学发展的历史源流,分析中国特色行政学的基本特征和演进逻辑,描述中国特色行政学理论体系和实践经验,提出构建具有新时代中国特色行政学的建设性思考。第一,探讨中国行政学的"中国特色"及其理论意涵,辨析其基本概念及其主要范畴。第二,追溯和回顾中国行政学发展的渊源,对历史传承性、思想多源性和制度创新性进行概述和解析。第三,探讨中国特色行政学理论研究和实践探索的发展历程及演进逻辑,分析其成就和存在的问题。第四,以本土化和全球化的共融、对话为视角,探讨中国特色行政学与国际行政学的互融互通问题。在上述研究的基础上,本

[①] [澳]欧文·休斯:《公共管理导论》,张成福等译,中国人民大学出版社2002年版,第64页。

书力图在中国特色社会主义进入新时代的背景下，全面系统理解中国行政学的历史传承，辨析其与国际行政科学的互通互鉴，探索构建符合中国发展需要的具有中国特色的行政学体系，为国家治理体系和治理能力现代化建设提供理论参考。

目　　录

第一章　概述 ……………………………………………………………（1）
　第一节　概念辨析 ………………………………………………………（2）
　　一　行政学与行政管理学 ……………………………………………（3）
　　二　公共行政与公共管理 ……………………………………………（4）
　　三　中国特色行政学 …………………………………………………（5）
　第二节　中国特色行政学的研究维度 …………………………………（8）
　　一　历史维度 …………………………………………………………（8）
　　二　现实维度 …………………………………………………………（9）
　　三　国际比较维度 ……………………………………………………（11）
　第三节　本书架构与创新之处 …………………………………………（13）
　　一　本书架构 …………………………………………………………（14）
　　二　创新之处 …………………………………………………………（16）

第二章　中国特色行政学的思想溯源 ………………………………（18）
　第一节　中国传统行政思想和吏治经验 ………………………………（18）
　　一　中国古代的治国思想和官僚制度 ………………………………（18）
　　二　中国近现代的行政体制和行政思想 ……………………………（24）
　第二节　马克思主义的行政思想 ………………………………………（28）
　　一　马克思与恩格斯的行政思想 ……………………………………（28）
　　二　列宁的行政思想 …………………………………………………（29）
　第三节　中国共产党的行政思想 ………………………………………（33）
　　一　新民主主义革命时期的行政思想 ………………………………（33）

二　社会主义革命和建设时期的行政思想 …………………… (35)
　　三　改革开放和社会主义现代化建设新时期的行政思想 …… (37)
　　四　中国特色社会主义新时代的行政思想 …………………… (43)

第三章　中国特色行政学的发展历程与演进逻辑 ………………… (49)
　第一节　中国行政学的发展历程 ……………………………………… (49)
　　一　初步形成阶段 ………………………………………………… (49)
　　二　恢复重建阶段 ………………………………………………… (51)
　　三　快速成长阶段 ………………………………………………… (52)
　　四　全面发展阶段 ………………………………………………… (53)
　第二节　中国特色行政学的发展逻辑 ………………………………… (53)
　　一　"中国特色"的历史逻辑 …………………………………… (54)
　　二　"中国特色"的实践逻辑 …………………………………… (55)
　　三　"中国特色"的理论逻辑 …………………………………… (55)
　第三节　中国特色行政学的发展成就及面临挑战 …………………… (56)
　　一　中国特色行政学发展取得的历史性成就 …………………… (57)
　　二　中国行政学存在的问题和面临的挑战 ……………………… (59)

第四章　中国特色行政学的基本特质 …………………………………… (64)
　第一节　坚持马克思主义行政哲学与中华传统优秀文化
　　　　　相融合 ……………………………………………………… (64)
　　一　坚持马克思主义行政哲学的总体方向 ……………………… (64)
　　二　融合社会主义文化和中华传统优秀文化的行政文化
　　　　路径 …………………………………………………………… (72)
　第二节　坚持中国共产党全面领导的政府治理体系现代化 ……… (78)
　　一　坚持中国共产党的全面领导是中国行政学的最大特色 …… (79)
　　二　中国特色行政学的逻辑起点是"政治与行政的和谐
　　　　统一" ………………………………………………………… (84)
　　三　中国特色行政学的内容范畴是党全面领导下的多元
　　　　政治关系及其互动 …………………………………………… (85)

第三节　坚持中国行政学的"中国特色" (87)
　　　一　中国特色行政学是传统与现代的统一 (90)
　　　二　中国特色行政学面向当代治国理政的真实情境 (91)
　　　三　中国特色行政学兼具普遍性与特殊性 (93)
　　　四　中国特色行政学体现鲜明的科学性与人民性 (95)
　　　五　中国特色行政学具有更广泛的包容性和创造力 (97)

第五章　构建以人民为中心的政府行政体制 (100)
　　第一节　促进人民行使国家权力与服务型政府建设相协同 (100)
　　　一　政府与人民代表大会关系的四重维度 (101)
　　　二　建设服务型政府 (101)
　　　三　实现政府由人民当家做主与为人民服务的统一 (103)
　　第二节　加快全面依法治国背景下的法治政府建设 (104)
　　　一　法治政府建设的鲜明特色 (107)
　　　二　法治政府研究的多元途径 (111)
　　第三节　加强社会建设增进民生福祉中的政府作用 (114)
　　　一　把握民生保障与经济发展的辩证关系 (115)
　　　二　发挥社会政策的"托底"作用 (115)
　　　三　建立经济发展和扩大就业联动机制 (117)
　　　四　加强社会保障制度建设 (117)
　　　五　缩小收入分配差距 (118)
　　　六　构建中国特色和谐劳动关系 (119)

第六章　构建中国特色的行政运行机制 (120)
　　第一节　构建多元互动合作的"政府—市场—社会"关系 (120)
　　　一　"决定性作用—更好作用"的政府与市场关系 (120)
　　　二　"负责—协同—参与"的政府与社会关系 (127)
　　第二节　推动行政组织制度与运行过程的科学化 (130)
　　　一　构建"领导—分工—协作"的府际关系 (130)
　　　二　面向政府改革和创新的行政组织及其过程 (137)

第七章　建设中国特色的公务员制度 (144)

第一节　研究论证和试点探索公务员制度 (145)
一　根据中央改革精神研究论证实行国家公务员制度 (145)
二　明确建立国家公务员制度的改革任务 (146)
三　设立人事部负责建立和推行国家公务员制度 (147)

第二节　确立实施并逐步规范公务员制度 (148)
一　公务员制度正式确立及实施发展 (148)
二　逐步形成较完备的公务员制度体系 (150)
三　设立国家公务员局专职负责公务员管理工作 (152)

第三节　健全公务员管理体制 (153)
一　全面深化公务员制度改革 (153)
二　修订完善《公务员法》 (155)
三　健全统一规范高效的公务员管理体制 (156)

第四节　完善中国特色公务员制度体系 (157)
一　凸显中国公务员制度的独特性 (159)
二　加强公务员制度研究的理论创新 (160)

第八章　中国特色行政学的国际地位 (168)

第一节　国际行政科学的发展脉络与趋势 (168)
一　公共行政的历史脉络 (168)
二　21世纪以来国际行政学理论的发展特点 (173)
三　国际行政科学理论的未来趋势 (183)

第二节　中国特色行政学：本土化与全球化的共融与对话 (186)
一　持续发展的中国特色行政学 (186)
二　互通互鉴，向世界提供中国经验和中国方案 (188)

结语 (190)
一　建构面向国家治理体系和治理能力现代化的中国特色行政学话语体系 (190)

二　实现全球化背景下本土性与世界性的统一 ………… (191)
　三　探索源自多元思想和多学科的独特的创新性 ………… (193)
　四　推进多途径的创造性转化与创造 ………………… (194)

参考文献 ……………………………………………… (196)

后　记 ………………………………………………… (202)

中国人事科学研究院学术文库已出版书目 ……………… (204)

第 一 章

概 述

有关行政学本土化的研究并不是一个全新的问题，它深刻影响了行政学理论的历史发展和各国公共行政的实践。行政学最早是在欧美国家发展起来的。1887年，美国学者伍德罗·威尔逊在他的《行政学研究》一文中，不仅论述了行政学的基本理论，而且也论述了为什么要使行政学美国化，以及怎样使行政学美国化的问题。伍德罗·威尔逊认为，行政学美国化首先表现在行政学内容方面的美国化，即不仅在形式上语言（或话语）上美国化，而且更重要的是在思想、原则、观念和目标方面从根本上加以美国化。经过自威尔逊开创的行政学研究和美国公共行政学者的持续努力，美国公共行政学不仅突破了欧洲大陆行政学的研究范式，而且成为全球公共行政理论研究的中心。

对于中国来说，行政学是一门外来学科。自改革开放初期行政学在中国重建以来，传播西方行政学尤其是美国行政学理论一直是其主要工作，由此也导致了相关研究对中国问题的观照不够，并出现了多位学者曾先后提出的中国行政学发展过程中的"身份危机"问题。因此，实现行政学的本土化，构建有中国特色的行政学体系，成为影响中国行政学学科发展和国家治理实践的重大紧迫性课题。

在国际上，近年来，也已经有一些有远见的西方学者对西方行政科学的发展进行了反思，并提出要关注"英语圈"之外一些主要国家的行政实践及其有益经验。例如，著名学者克里斯托弗·波利特（Christopher Pollitt）在国际行政科学学会2014年布芮班特讲座上发表了"奔向新世界：英语圈公共行政领域中一些难以忽视的真相"，提出公共行政改革的英语圈模式与技术的成功日益受到质疑，而放眼全球，英语圈之外的公共行政管理正变得更加强大和有影响力。尤其是中国的经验，波利特指出，英语圈的国家没有一个敢声称其在近一千年前就拥有论述文官组织的专著（指王安石 1058 年的《万言书》）。由此可见，对西方行政学进行反思，以分析总结中国行政改革经验为基础，构建有中国特色的行政学体系是中外行政学理论发展共同关注的问题。

然而，迄今为止，在研究总结中国行政改革实践经验基础上形成具有中国特色行政学理论的任务依旧没有实现。及至最近，仍然有研究指出，中国行政学的"身份危机"甚至"成了某种共识性话语"[①]。所以，加强中国特色的行政科学理论研究是一项非常迫切的任务，这也是本书尝试有所贡献的出发点。

随着中国逐渐迈向全面建成社会主义现代化强国，对于公共行政体系在国家经济社会发展中的作用及其自身的改革创新提出了更高的要求，中国特色的公共行政需要中国特色的行政科学理论研究为其提供理论支持，这既是经济社会改革发展和社会科学理论创新发展的需求，也是中国行政学发展对世界行政科学的重要贡献。

本书以习近平新时期中国特色社会主义思想为指导，面向国际行政科学的基本范式和发展趋势，立足中国的政府改革和行政发展，特别是国家治理体系和治理能力现代化的现实需求，以及"两个一百年"目标对公共行政体系的建构和创新需求，探讨中国特色行政学的理论体系和实践内容，包括中国行政学的基本概念、思想渊源、核心特质、发展逻辑以及中国特色行政管理实践的主要领域和方法体系等，形成立足中国国情、体现中国特色、具有国际竞争力的行政学理论规范。

第一节 概念辨析

中国行政学于 20 世纪 30 年代初步形成，在之后几十年的发展历程中，先后出现了行政学、行政管理、公共行政、公共管理等学科名称。特别是自改革开放初期中国行政学学科恢复重建以来，随着中国行政理论研究的迅速发展和行政改革实践的持续深化，以及国外相关理论范式转型和

---

① 周志忍：《公共管理学科发展需要结构化辩论》，《中国行政管理》2017 年第 9 期。

传播的影响，中国行政学领域出现了多个概念交叉混用的现象。本书研究中国特色行政学的理论发展与实践探索，首先需要厘清这些密切相关的基本概念。

一　行政学与行政管理学

"行政学"和"行政管理学"是中国行政学学科的"传统"概念，在20世纪80年代初期中国行政学学科恢复重建时，这两个概念同时使用，其核心内涵也大体一致，但不同学者在不同情况下的使用语境中，"行政学"和"行政管理学"这两个概念重点关注的理论问题和实践内容均有所不同。

（一）行政学

"行政学"概念的核心词"行政"，在中国古文中就有众所周知的"周公行政"等类似用法，此时"行政"是动宾结构的连用词，不是一般名词。作为一般名词的"行政"是近代以后的概念，这个近代的"行政"概念来自日本，是日本人借用中国古典文献创造的新词，然后传入中国的。梁启超与行政学概念由日本传入中国的过程密切相关，1897年，梁启超提出，"愿我公卿读行政学之书"，呼吁行政学的学习。[①]

然而，彼时"行政学"概念的引进并没有带来行政学教育和研究的引进和开展，中国行政学教育和研究始于20世纪30年代。1935年，从美国留学回国的张金鉴出版了《行政学之理论与实际》，这本书的出版象征着中国行政学的自立和成长，自此行政学研究在中国扎根开花。[②]

改革开放初期的1982年，夏书章教授在《人民日报》发表《把行政学的研究提上日程是时候了》一文，标志着中国行政学学科的恢复和重建。

（二）行政管理学

在改革开放初期中国行政学学科重建的过程中，除了上述夏书章先生关于恢复行政学的知名文章外，同时还有学者周世逑先生等人提出恢复

---

① 余兴安、苗月霞、刘晔：《中国行政学的外延式扩张与"学术正脉"回归》，《公共管理与政策评论》2018年第3期。

② 毛桂荣：《"行政"及"行政学"概念的形成：中国与日本》，《中国公共管理论丛》2013年第1期。

"行政管理学"的呼吁。夏书章先生在《人民日报》发文的1982年,周世述先生也发表了《试论行政管理的系统分析》[①],讨论了"为什么要提出行政管理问题",还进一步提出了行政管理系统分析的科学方法,以及现代化行政管理几个方面的内容。此外,中国社会科学院政治学研究所丁中柱也在1982年第6期《学习与探索》发表了《应重视行政管理的科学研究》,同年还发表了《略论国家行政管理》[②]、《试论国家行政管理体制的科学原则》[③]。

在学界的呼吁和推动下,20世纪80年代,中国行政学得以恢复和发展,学科的重要期刊《中国行政管理》创刊,也从另一个侧面证明"行政学"和"行政管理学"这两个概念在中国行政学领域同时并用的情形。

二 公共行政与公共管理

20世纪90年代,随着行政学学科的快速发展,在学科建设的同时,学界几乎同步引进了公共行政、公共事务、公共政策和公共管理等概念、理论和方法。

(一)公共行政

从概念和学科史的角度看,行政管理是人类社会亘古就有的治理现象。在农业社会,行政管理是依靠权力而开展的治理活动,它没有实现内部治理与外部治理的分化;在工业社会,当社会治理活动以公共行政的形式出现时,促使政府内部的行政管理与政府对外部的社会管理相分化,使政府的内部治理与外向治理在方法、目标和途径上都有所区别。如果说行政管理这个概念所指称的是一种活动、行动的话,那么公共行政的概念则是指一种模式,或者说,公共行政所代表的是一种治理模式。公共行政把农业社会统治者用来治理自身和治理社会的行政管理改造成只适用于政府自身管理的技巧,并赋予行政管理以科学性、专业化和技术化的特征。在政府的外部功能实现方面,公共行政则通过法律、公共政策等途径去开展

---

① 周世述:《试论行政管理的系统分析》,《社会科学》1982年第3期。
② 丁中柱:《略论国家行政管理》,《青海社会科学》1982年第4期。
③ 丁中柱:《试论国家行政管理体制的科学原则》,《学习与研究》1982年第7期。

活动，实现对社会的管理。

改革开放后，在中国政府持续推进国家政治体制改革的大背景下，行政学界为强调"行政"的"公共"性，在学科名称方面引入了"公共行政"的概念，作为与传统"行政学"与"行政管理学"的更新发展，但其理论研究关注和实践改革探索并无实质区别，学界也由此出现了几个概念混用的现象。

（二）公共管理

随着西方"新公共管理学派"的盛行，中国行政学界受到公共管理运动的广泛深刻影响，学术界希望将行政学的学科建设与中华人民共和国成立以来的"行政管理"即后勤管理之间相区别，于是将与"公共行政"对应的英文词语"Public Administration"翻译为"公共管理"，而不是"公共行政"。有学者认为，公共管理抛弃了由政府垄断社会治理的模式，用合作治理来取代它，也就从根本上克服了公共行政的"形式公共性"问题，并赋予公共性以实质性的内涵。由此，中国行政学领域又引入了"公共管理"的概念。在1997年版的学科目录中，公共行政学被命名为公共管理，并被置于管理学这个大门类之下，很多学者将"公共管理"与"公共行政"的概念交叉混同使用。

在公共管理的范畴中，行政管理与公共行政的区别已经被取消，它们都具有公共性的特征和内涵。当然，公共管理会保留行政管理和公共行政这两个概念，但仅仅意味着研究视角上的差别。[①] 在学科发展上，公共行政与公共管理存在前后继承的关系，公共管理的提出和发展是对公共行政的继承与超越，当公共行政学的科学成就被吸收到公共管理学之中的时候，实际上，公共行政学所研究的内容也就被包含到公共管理学之中了，或者说，公共行政学被统合到公共管理学之中，成为公共管理学中的一个具体的"问题域"。

三　中国特色行政学

行政学是一门"经世致用"之学，面向实践、概括实践和回归实践

[①] ［澳］欧文·休斯：《公共管理导论》，张成福等译，中国人民大学出版社2002年版，第64页。

是行政学理论的基本范式。在行政学研究发展的历程中，不同地域的国家呈现出不同的发展路径和研究取向。20世纪60年代以来，法国的公共行政研究出现法律、管理和社会学三种研究趋向，文化主义分析也产生了深刻影响。德国公共行政研究的发展与其18世纪早期的现代化进程相关联，体现为德国人在尚处于"人治"的君主制时对"法治"的追求，长期以来，国家认同和国家地位的稳定均基于公共法律原则以及这一原则基础上的政府行政组织原则。自20世纪20年代以来，美国公共行政研究出现了一些具有世界性影响的观点和学说，如戴维·罗森布鲁姆（David H. Rosenbloom）和罗伯特·克拉夫丘克（Robert S. Kravchuk）的管理、政治和法律的三途径说。在两位学者看来，第一种途径将公共行政视为管理，第二种途径强调公共行政的政治特性，第三种途径关注法律议题和过程。[①] 管理途径又可以分两种：一种是传统的管理途径，其主旨在于追求效能、效率以及经济效益的最大化；另一种是新公共管理途径，强调结果、公共服务运用市场机制、顾客导向、企业精神。[②] 巴里·波兹曼（Barry-Bozeman）则认为，就概念的演进而言，公共管理研究大致可分为两种途径：一是公共政策途径（public policy approach，简称P途径）；二是企业管理途径（business approach，简称B途径）。P途径从公共政策的角度来研究，强调公共行政的政治层面，即政治官员如何作决定；B途径则从企业管理的角度来研究，关注公共行政的技术层面（管理者如何管事）。此外，还出现了杰伊·沙夫里茨（Jay M. Shafritz）的四途径说（政治、法律、管理之外，还加了专业），认为公共行政是一个具有崇高追求的学术研究领域。

中国特色的行政理论是既遵循人类文明发展的规律，又吸收世界各国的一切先进文明成果，立足中国的国情特点和美好未来，兼具普遍性与特殊性、共性与个性的科学理论。在实践中，它服务于"坚持和完善中国特色社会主义制度，推进国家治理体系和治理能力现代化"，最终要"满

---

① [美] 戴维·H. 罗森布鲁姆、罗伯特·S. 克拉夫丘克：《公共行政学：管理、政治和法律的途径》（第五版），张成福等译，中国人民大学出版社2002年版，第16—24页。

② [美] 戴维·H. 罗森布鲁姆、罗伯特·S. 克拉夫丘克：《公共行政学：管理、政治和法律的途径》（第五版），张成福等译，中国人民大学出版社2002年版，第33—34页。

足人民日益增长的美好生活需要",并能为全世界的政治文明和行政发展贡献智慧。中国近年来的伟大发展成就,既取决于中华文明勤劳勇敢节俭的民族特质,也取决于稳定的政治环境与改革开放的宏观政策,而行政体系在其中有效地构建了宏观与微观的连接机制,从而使得这些优秀的要素能够得以互相促进,良性发展。改革开放四十余年的发展,形成了当代中国独特的行政理念、体制和文化,以及政府、市场、社会关系,这种形态并非是经典马克思主义的话语版本,也非自由主义话语体系的实践案例,更难以套用传统中国的儒学话语加以概括。

第一,中国的行政学是建立在中国特色社会主义道路、理论、制度、文化基础上的行政理论,是社会主义的行政学,也是适合中国国情的行政学。在中国特色社会主义制度和国家治理体系的总体框架下,确定行政学的正确价值、思想和文化方向,科学定位政府与国家政治体系,尤其是党政、党与人大的关系是行政理论所必须面对和解决的重大问题。

第二,中国的行政学以政府为主要研究对象,这区别于英语圈公共行政以官僚机构(区别于选举官员和政治领导)为研究客体,使中国行政学在理论范畴、研究内容和方法途径上具有更为广泛而丰富的意涵。

第三,中国的行政学具有独特的思想、制度、文化上的多源性与包容性,这构成了中国行政学的本土化与世界性的和谐统一。其一,中国的行政学具有传统的治国理政、马克思主义的行政思想、西方的行政思想和制度,以及马克思主义中国化过程中形成的中国特色社会主义的行政理论、制度和文化的多条源流。其二,从洋务运动、戊戌变法到辛亥革命,再到马克思主义传入中国,勇于吸收、善于借鉴世界各国的先进思想和文化始终是中国行政学发展中的主流。

第四,中国行政学与政治、经济、社会理论有着更紧密的依存性和变化性。在中国的政治与行政体制中,政府被赋予对政治文明建设、经济发展、社会进步更积极的作用,这使行政问题经常与政治领域、经济领域、社会领域的诸多事务相互交织,它不仅受到其他学科的影响,也影响了多个学科的知识构建,促成了它在多学科知识"边缘"实现创新的灵活性和创造性。

第二节　中国特色行政学的研究维度

首先，中国作为一个有悠久"行政"实践和思想传统的国家，研究中国特色行政学必然需要分析其发展历史；其次，行政学作为一门与实践紧密结合的学科，研究中国特色行政学，必然需要分析中国的行政实践与现实状况；最后，中国行政学作为一个外来学科，与国际行政科学的发展有着不可割裂的交融关系，研究中国特色行政学，也必然需要从国际视野进行比较研究。

一　历史维度

在历史传承上，治国理政的历史经验为中国行政学的理论创新提供了丰富的历史养料，这是一种区别于西方公共管理知识体系的内生性，决定了中国特色行政学的文化前提、史学根基和价值内核。一方面，中华文明体系经历过几乎所有的制度思想激荡和制度尝试。其中最具典型意义的有：上古神话时代的人类早期理想治理，夏、商、周所形成的奴隶制，春秋战国时代形成的人类历史上最为著名的思想黄金时期的大争鸣大激荡，长达两千余年的漫长大一统专制与分裂争鸣的交替所形成的中国独特的农业社会统治体系，工业革命中后期西方资本主义体系对中华传统体系的渗透所形成的强烈的自我否定与全盘西化的思潮，以马克思主义人类大同思想与中国现实所形成的中国特色社会主义体系，等等。中国几乎与所有的现代社会治理思潮有或多或少的接触和实践，充分的思想多源性和丰富的制度实践，在人类世界文明丛林中，是特殊而又具有典型意义的。[1] 也可以说，在经历了数千年的历史演化后，中国几乎成了人类历史上唯一经历过所有公共管理体系与制度以及制度内在的不同思潮的国家。[2] 由此，中国的行政学体系，从来就具有高度的世界性和包容性。另一方面，"与绝

---

[1]　单霁翔：《中华文明独立完整影响深远》，《人民日报》（海外版）2016年5月10日。
[2]　何哲：《中国需要什么样的公共管理——中国公共管理体系的品格与未来》，《党政研究》2018年第1期。

大多数国家相比,中国的传统社会延续时间长,没有根本性断裂"①。因此,中国的行政精神,经常是开放与保守并存、传统与现代交错的。悠久的历史传统和源远流长的政治文化,要求中国行政学尤其要警惕拒斥普遍性话语的学科框架和价值诉求,以防止掉入另外一种陷阱:将中国特色作为一种工具意义上的自我辩护。在行政学的研究中,"我们应试图理解和鉴赏他人的思想和体验,这将给我们提供一些新的发展道路"②。面对全球化、后工业化进程中出现的新问题,"应该积极地利用出现的机遇,来进行尝试和探索,而不是藏匿在意识形态之中,或是在价值的绝对性之中进行正面的角逐。只有这样,我们才能够卓有成效地对各种挑战作出回应"③。

二 现实维度

对于行政学这样一种与公共生活深刻相关的知识形态,学科的理论基础必然深受社会及其特有结构的影响。④ 因此,任何一种行政理论体系都必然是对其时代情境的抽象刻画,具有历时性、场景性和可批判性。自辛亥革命以后,中国开始现代行政理论的引入和自主性的探索。孙中山提出"三民主义",主张主权在民、权力制约,认为"政"就是人民的事,"治"就是管理,管理人民的事便是"政治"。在孙中山的"权能分立"思想中,把国家权力划分成人民管理政府的政权和政府为人民服务的治权两种。政权包括人民的选举、罢免、创制、复决四权,即"直接民权";治权包括行政、司法、立法、考试、监察五权,即"五权分立"。在"治权"的运行上,孙中山提倡专家治国,认为民权和国家政治相关,而政府的管理却应该赋予有专门能力的人。孙中山还提倡将国家的集中统一与地方的自治相结合,"中央与地方的权限分配,不当以中央或地方为对象,而当以权之性质为对象"。孙中山的五权分立、适度地方自治的行政思想,被誉为"达到了中国早期行政组织思想的最高水平,并已具有中西融合的色彩"。袁世凯时期,北洋政府首创近代文官制度的先河,实行

---

① 杨雪冬:《国家治理现代化与执政方式的完善》,《北京行政学院学报》2016年第6期。
② [美]全钟燮:《公共行政的社会建构:解释与批判》,孙柏瑛译,北京大学出版社2008年版,第31页。
③ [法]克罗齐耶:《法令不能改变社会》,张月译,上海人民出版社2007年版,第27页。
④ [法]马克斯·舍勒:《知识社会学问题》,艾彦译,华夏出版社2000年版,第59页。

了文官管理的职位分类制度。南京国民政府建立以后，依据"党治"原则建立了五院制的政府行政机构，但党治体制促成了个人专权局面的形成。国民政府也始终没有在县以下建立起有效的政府权威，使国家行政体系出现了断裂。尽管国民政府初步建立和发展了现代意义的公务员制度，但中央政府具有浓重的西方化、精英化色彩，与国民脱节严重。

中国共产党在革命的历程中，也不断生成和发展了自己的行政思想。1940年，毛泽东提出新民主主义论，将中国革命的历史特点分为民主主义和社会主义两个步骤，新民主主义的政治，即是各革命阶级联合专政的国体和民主集中制的政体。中华人民共和国成立以后，在参照苏联模式的基础上，中国逐步探索和建立起了计划经济体制。在计划经济体制的形成过程中，中国共产党在学习苏联经验的同时，也以苏联的经验教训为借鉴，总结自己的经验。毛泽东主席提出了马克思列宁主义普遍原理与中国实际第二次结合的重要命题，在《论十大关系》一文中明确了建设社会主义的根本思想是必须根据本国情况走自己的道路，作出了国家、生产单位和生产者个人的关系的利益兼顾，发挥中央与地方两个积极性，学习一切民族、一切国家的长处等重要论断。改革开放以后，以邓小平同志为核心的党的第二代领导集体重新确立了解放思想、实事求是的思想路线，形成了"一个中心、两个基本点"的新时期的党的基本路线，开拓了马克思主义的新境界，形成了新的建设有中国特色社会主义理论的科学体系。邓小平同志把马克思主义同中国实际和时代特征相结合，形成了关于社会主义行政管理的重要思想：行政管理，必须是坚持中国共产党领导的行政管理，必须是坚持社会主义道路的行政管理；理顺党政关系，建立强有力的政府系统；改革行政管理体制，精简机构，权力下放；提倡"两手抓，两手都要硬"；建立健全科学的干部人事制度；依法治国，实现行政管理制度化、法制化。江泽民同志提出了德治思想，强调党员领导干部的从政道德建设。胡锦涛同志为贯彻落实科学发展观，完善社会主义市场经济体制，建设社会主义法治国家，行政改革发展向深入推进，先后提出和发展了服务型政府建设、转变政府职能、深化行政体制改革、依法行政和行政问责的理论和实践。

纵观中国行政学的发展，关于行政与国家政治体制的关系，政府的职责与定位、中央与地方关系、行政价值、行政科学、行政法治、行政责任等问题的认识与实践不断深入。在近现代以来中国长期的探索过程中，从试图中西融合到盲目照搬西方，从片面强调学习西方经验到坚定不移地实行马克思主义的中国化和学习一切国家、一切民族的先进经验，中国的行政理论和实践日益开放而包容，并逐渐形成了稳定的"内核"，即中华民族自身的特点、马克思主义的基本原理及其中国化，并吸收和借鉴一切国家的先进经验。

三　国际比较维度

中国行政体系和行政思想具有充分的历史传承性、思想多源性和制度汇源性，秉承了中华文明长期以来的制度传统，又结合了世界最新的公共管理发展潮流，形成了既具有高度文明独特性，又具有高度适应性与现代性的特殊体系。[①] 回顾人类历史，放眼当今世界，从历史与现实来看，在众多的人类制度历史中，具有较大的汇聚性和影响性的制度体，只有美国和中国两大制度体。对于美国而言，其开放性的移民政策，和自建国初期形成的特殊的民族汇聚特性，使得美利坚民族成为包容世界各个文明体系的一种特殊体系。然而，美国通过文明融合形成的制度汇聚性与中国经过长期历史演化形成的制度汇聚性，具有极大的不同。对于美国而言，由于其历史短暂，在建国伊始，制度体系几乎是完全凭空设计出来的想象体制，是美国建国元老们汇聚思想精华所形成的，并且因为其特殊的隔绝其他大陆的独特地理位置，使得这种极为特殊的想象构建体制能够存活下来，因此，美国体制的成功是具有极为特殊的偶然性和不稳定性的。相对于美国，中国的文化多元性与民族融合性，是数千年以来长期演化形成的中华文明体系及其思想激荡和制度尝试，并经过长期的各种民族融合阶段，最终形成的一种具有高度自我认同、同时具有丰富的开放性和包容性的多源思想与制度土壤。因此，中华文明是非常特殊的文明体系，其贯穿于中华民族发展历史的始终，具有高度的历史性与代表性。

中国的行政体系虽然起源于中国，形成于中国，但却从来不是单一的、封闭的，其既是世界文明交汇的产物，也在不断对外进行着文明的扩

[①] 何哲：《中国需要什么样的公共管理——中国公共管理体系的品格与未来》，《党政研究》2018年第1期。

散和交流。当然，这种扩散与交流长期以来仅停留在传统中国可达的范围内，从而形成了以中华文明为核心的东亚中华文明圈。"中国"一词最早见于西周时期的"何尊"铭文："余其宅兹中国，自之辟民"，意思是（周成王）将以此为中心治理天下，管理万民。此时的"中国"，就是指今陕西关中一带。此后，随着王朝疆域的不断扩展，"中国"这一概念，从关中、河南一带，拓展到整个中原地区，并最终扩展到了今天中国的绝大多数地方，乃至形成了蔓延至整个东亚的四方朝贡体系。这一扩展过程绝不是单向的制度形态的输出，而是不断在扩展过程中，与当地的文明融合吸纳，最终形成统一包容的文明体系。

近代以来，中国行政体系的开放特征更为明显。18世纪末期，中国逐渐与工业革命后期的西方产生了越来越多的接触，直到19世纪中后期，中国的有识之士非常明显地看到了自身在技术体系方面与西方的显著差距，从而开始了以洋务运动为核心的技术西化路线。随着西方科技的传播，现代世界的世界观体系和社会秩序观念也同时涌入了传统中国，随着一大批研究与翻译传播西方社会与思想的著作出现，中国在19世纪末20世纪初，迎来了又一次思想大震荡时期。从极端的西化，到对中华文化的正确认识，在反复的动荡融合中，逐渐将当代最优秀的思想融入中国管理体系之中。而马克思主义在中国的传播与中国化，则从众多思潮中的一支，到逐渐与中国的社会发展实践和传统的理想社会治理思想结合，形成了中国化的马克思主义，并最终指导中国共产党的革命实践取得胜利，建立了中国历史上第一个疆域完整的现代性国家。正因如此，当谈到中国需要什么样的公共管理体系时，就同时带有了世界属性与世界视角。①

正因为中国是如此特殊又具有如此的文化汇源性，中国所需要和构建的公共管理，将具备人类历史上最广泛的聚合性与代表性，也将具有最为广泛的适应性和稳健性。② 因此，中国行政学理论的本土叙事，需要既从

---

① 何哲：《中国公共管理体系的核心逻辑及与其他体系的对话》，《甘肃行政学院学报》2016年第1期。

② 何哲：《中国需要什么样的公共管理——中国公共管理体系的品格与未来》，《党政研究》2018年第1期。

丰厚的传统资源中寻找学科知识的历史定位,又根植于当代治国理政的真实情境,而且面向人类创造的一切思想精华和科学理论。中国的行政学理论本就具有鲜明的开放性与世界性,在理论建构中,这种世界性与中国性是一体的而不是割裂的。"西方的文官制是中国早年出口的制度方法的改良品;韦伯的科层官僚原则在秦朝郡县制中就已有应用;而中国的国家理论基础,原创者是西方政治学人马克思。如果谈论行政理论的本土化研究,或许要从不论'中外'、不问'东西'、而是看什么最有道理、最有用、最能说清楚、最能以理服人的角度出发。最优秀的本土的东西,也最容易被世人认可,成为普遍的原则。同样,最通透的普遍真理,也最容易被更多的人接受,成为他们本土生活的追求和基石。"[1] "文明新旧两相依,心理东西本相同",说的是中华文明与世界文明,是有相通之处的。西方理论中未必没有中国的基因,而中国的特色未必不具备世界意义。[2] 从过程角度来观察,国际化和本土化是一个连续的有机体:国际知识的引进和消化属于国际化,立足本土需求的外来知识的加工和新知识的生产属于本土化,本土化知识有属于国际化的范畴。[3] 不再把特殊国情作为排斥外来知识和国际视野的挡箭牌,展现出开放和包容的心态。作为一个有自信、有担当的大国,努力将中国行政实践的图景真实而生动地勾勒出来,使其融入世界知识体系,是中国回应全球公共管理改革与发展的题中应有之义。

第三节　本书架构与创新之处

基于上述研究,我们认为,中国特色的行政学具有鲜明的中国特色,主要体现为以下方面的重大理论问题和实践发展线索,即行政哲学、思想和文化,党政关系,政府与人大的关系,政府行政与依法治国的关系,政

---

[1] 蓝志勇:《中国公共行政学本土化研究的再思考》,《公共管理学报》2017年第3期,第14卷。
[2] 蓝志勇:《中国公共行政学本土化研究的再思考》,《公共管理学报》2017年第3期,第14卷。
[3] 周志忍:《迈向国际化和本土化的有机统一:中国行政学发展30年的回顾与前瞻》,《公共行政评论》2012年第1期。

府与市场、社会的关系，社会建设和民生福祉中的政府作用，政府自身管理的科学化、规范化、制度化，以及公务员制度体系。这也是本书的架构基础。

一 本书架构

除前言和结语之外，本书的主体架构分为八章内容，涵盖中国特色行政学的理论和实践两个方面。其中，第一至四章为中国特色行政学的相关理论阐释，第五至七章为中国特色的行政实践分析；第八章侧重从理论方面探讨中国特色行政学与国际行政科学的互通互鉴。

第一章概述辨析了"行政学""行政管理学""公共行政""公共管理"等基本概念的主要内涵，并对中国特色行政学的核心内容进行了界定。由于行政学发展历程中出现并通用上述基本概念，本书在行文过程中也不加以统一，而是根据各时期原始文献的用法，通用上述概念指称中国的"行政学"。在界定概念的基础上，本书从历史维度、现实维度和国际比较维度对中国特色行政学进行了概要分析。

第二章回顾了中国特色行政学的思想渊源。认为中国传统行政思想和吏治经验是中国特色行政学的有益借鉴，马克思主义的行政思想，特别是列宁的行政思想，是中华人民共和国行政实践和行政理论的思想指导，中国共产党在中国革命和建设不同时期的行政思想，构成了中国特色行政思想的主体内容。

第三章梳理了中国特色行政学的发展历程，将其归纳为初步形成、恢复重建、快速成长和全面发展四个主要阶段，从历史、理论和实践三个方面对中国特色行政学的演进逻辑进行了分析；在此基础上对中国行政学发展取得的历史性成就、存在的问题和面临的挑战进行了探讨。

第四章归纳了中国特色行政学的基本特质，认为中国特色行政学坚持马克思主义行政哲学与中华传统优秀文化相融合；坚持中国共产党全面领导的政府治理体系现代化，特别是坚持中国共产党的全面领导，是中国行政学的最大特色；中国特色行政学的逻辑起点是"政治与行政的和谐统一"，内容范畴是党全面领导下的多元政治关系及其互动；中国行政学坚持突出其"中国特色"，既面向当代中国治国理政的真实情境，也呈现出传统与现代的统一，兼具普遍性与特殊性、科学性与人民性，具有更广泛的包容性和创造力。

第五章探讨了构建以人民为中心的政府行政体制的主要内容，从政府与人民代表大会关系的四重维度出发，分析中国促进人民行使国家权力与服务型政府建设相协同的探索；从实现政府由人民当家做主与为人民服务相统一的视角出发，分析中国法治政府建设的鲜明特色、加快全面依法治国背景下的法治政府建设以及关于法治政府研究的多元途径；从加强社会建设增进民生福祉的政府作用视角出发，把握民生保障与经济发展的辩证关系，总结政府发挥社会政策在就业、社会保障、收入分配以及和谐劳动关系构建方面的"托底"作用。

第六章首先从政府—市场—社会关系的分析视角，探讨了构建中国特色的行政运行机制问题：主要分析了从发挥市场的"决定性作用"到"更好作用"变迁中的政府与市场关系，以及"负责—协同—参与"的政府与社会关系；其次从推动行政组织制度与运行过程科学化的分析视角，总结了中国政府构建的"领导—分工—协作"的府际关系，分析了面向政府改革和创新的行政组织及其过程。

第七章回顾了中国特色的公务员制度确立和发展过程，从"研究论证和试点探索公务员制度""确立实施并逐步规范公务员制度"以及"健全公务员管理体制"三个主要阶段，系统梳理了当代中国公务员制度从研究确立、实施发展并逐步形成较完备的公务员制度体系的发展脉络，在此基础上从理论和实践两个主要方面，提出了完善中国公务员制度体系的建议。

第八章回顾了国际行政科学的发展脉络，特别是在分析21世纪以来国际行政学理论的发展与变化的基础上，探讨了国际行政科学理论的发展趋势以及中国特色行政学的国际地位，认为在未来一个时期，中国特色行政学仍然有本土化与全球化的共融和对话，为此，要持续发展中国特色的行政学，加强与国际公共行政科学的互通互鉴，并向世界提供中国经验和中国方案。

展望未来，中国特色行政学要构建面向国家治理体系和治理能力现代化的话语体系和知识体系，在全球化背景下实现本土性与世界性的统一，保持源自多元思想和多学科的独特的创新性，实现多途径的创造性转化与创造。

二 创新之处

本书梳理回顾了中国行政学的学科建立和发展特点，分析了国际行政科学的发展过程及其最新理论对中国行政理论和改革实践的启示，在此基础上提出中国特色行政科学的理论和实践基础、指导思想、理论体系、主要内容、实践成果，探讨适应新时代中国特色社会主义事业发展要求，推进中国特色行政学发展的思路。创新之处主要体现在研究内容及核心观点两个方面。

在研究内容方面：一是对中国行政学的发展历程进行历史回顾与理论评述。通过系统梳理中国行政学学科的建立与发展，总结中国特色行政学学科发展的基础逻辑、阶段特点和未来趋势，分析其理论和实践取得的主要成效和存在的关键问题；特别是深入探讨了基于中国国情和发展需求的行政学的学科使命与发展方向，基于中国国情和中华人民共和国成立70多年来特别是改革开放40多年来的行政实践，研究未来中国行政学理论体系建构的目标任务和发展方向。

二是尝试构建中国特色行政学的理论体系。在对中外行政学理论和行政改革实践研究的基础上，提出中国特色行政科学的理论和实践基础、指导思想、理论体系、主要内容、实践成果，探讨适应新时代中国特色社会主义事业发展要求、推进中国特色行政科学理论发展的思路。

三是研究国际行政科学的最新理论与发展趋势，包括占主导地位的西方行政科学范式与趋势，"英语圈"之外国家公共行政理论和实践发展的成功模式与实践，在此基础上，探讨行政科学理论的普遍性与特殊性之间关系，不同国家公共行政理论与实践的互动性影响，并探讨中国行政学的发展及其与国际行政科学的相关性，总结中国特色行政学对国际行政科学的贡献。

在主要观点方面，本书认为，中国特色社会主义的发展需要中国特色的公共行政体系的支持，进而要求建立中国特色的行政学理论体系。中国特色行政学理论体系是基于中国国情、中国问题的行政学理论，这一理论体系与国际行政科学理论之间具有共通性，也是中国行政科学发展对世界的贡献。

本书尝试建构中国特色行政学的理论框架，为中国行政学的学科发展提供思路和途径，提出了兼具严密理论体系和应用性的中国行政学发展的规范性要求和内容体系；在中国行政学本土化等方面，本书通过构建中国特色行政学的理论框架以及对西方行政学理论问题的反思，为新时代中国特色行政改革实践提供理论参考和比较借鉴。

第 二 章

中国特色行政学的思想溯源

中国行政学既有中国传统治国思想和吏治经验的历史印记，也受到西方行政学理论的深刻影响，更集中体现了马克思主义行政思想的方向指引，以及中国共产党结合中国国情和社会实际创新构建中国特色行政学的不懈努力。这充分呈现出中国特色行政学的历史传承性和思想汇源性，并赋予了中国特色行政学独特的内涵和品格。

第一节 中国传统行政思想和吏治经验

传统中国创造了丰富的国家治理和政府管理的思想遗产，其智慧的火花在人类政治文明进步的历程中仍清晰可辨。早在春秋时期，老子就提出"顺其自然，无为而治"，有所为、有所不为的治国思想；孔子提倡"为政以德，譬如北辰，居其所而众星拱之""礼之用，和为贵"的以德治国思想；《左传》中则有"行其政事，行其政令"的记载。始于隋唐时期的科举取士奠定了完备而程序化的选官制度，对现代公务员制度的创设产生了直接而深远的影响。

一 中国古代的治国思想和官僚制度

（一）儒释道法的治国思想

中国古代的管理思想或者社会思想，一般称为儒、释、道三家，实际上还包括法家。中国的道家，是原始自然崇拜的产物，本质上是处理人与自然关系的学说，视自然为最高的存在，是道的化身，而天、地、人称为"三才"，都是自然所孕育而生的。在道家看来，最高的社会境界，就是与天地和，与自然和，与万民和，也就是与道合，因此，最高的治理思想，就是无为而治，以无为而无不为，上通天，下入地，中和人，强调统治者不要过度干预社会发展，不要劳民疲民，自身要节制，与社会休养生息，一举一动都要符合万物自然的演化规律。这种思想充分反映在中国最早的一系列治理文典中，如《尚书》《老子》《吕氏春秋》等。

儒家的出现，实质上进一步体现了这种关系。儒家推崇礼与仁，其核心，是通过礼来实现外在的秩序化和与自然的契合，通过仁来实现人与人的友善与契合。所以，早期儒家的内核也是道家自然法则的体现，是道家自然秩序人格化的体现。

法家几乎与儒家同时出现和成熟，也是用于处理人与人之间的秩序。然而，法家的核心是不相信人能够自我实现良序，主张通过抽象严格的制度约束来规范人的行为，并提出王子与庶民同罪的平等思想。

佛教思想是外来思想与中华传统思想相融合的产物，准确地讲，这里的释是指中国化的佛教。中土佛教的兴盛，与原始佛教已经有了世界观的不同。原始佛教讲究苦集灭道，强调对世界的厌离而解脱，而大乘佛教则强调菩萨行，看重不避世间艰险而入世行道，提倡众生平等的生命观，缘起缘落的自然观，这些都与长期以来的中国道家思想深刻契合；而积极的济世观，则与儒家、法家的观念相契合；严格的持戒修行与戒律体系，又符合法家的秩序观。因此，中国的佛教思想，本质上是中国传统思想与外生思想一拍即合的衍生产物，进而创造出了从个体修行到世间组织，再到万物演化的完整的世界体系。

由此可见，中国自古形成的道家思想，则实实在在是中国文化的中心与主干，其天然具有兼容并包的柔性特征，将外来的一切优秀文化与制度，恰到好处地融合其中，并行不悖。[①] 儒释道法的治国思想在中国形成了一种共生的融合秩序，构成了文化的柔性，使中国的传统政治文化和治国思想具有很强的兼容性和融合性。

(二) 中国古代行政思想的基本特征

中国古代的行政思想虽各式各样，但因政治制度和文化思想的传承，

---

① 何哲：《中国需要什么样的公共管理——中国公共管理体系的品格与未来》，《党政研究》2018 年第 1 期。

这些传统的行政思想都有着共同的基本特征：君权至上、民为邦本、制度严明。这三个特征贯穿传统行政思想的历史长河，在不同的时期有着不同的表现方式。

1. 君权至上

在中国传统的行政思想中，君权至上这一思想根深蒂固。除了明清时期如李贽等思想家开始批判君权思想外，大多数政治思想家都主张君权至上、尊君爱主。数千年来，尊君思想已经是封建制度最基本的要求，是传统行政思想会自觉遵行的价值准则和思想原则。因为一方面，稳固的君主政权，强有力的君权确实有利于社会的稳固与持续发展。凡盛世，少不了有作为的君主。对尊君思想的拥护，由此一代代地流传下来。另一方面，君主权力的至高无上也使政治思想家们为了自己的思想能够为官方认可，自觉将拥护君权、有利于中央集权统治的内核深埋其中，统治者也需要这种思想来帮助维护统治。

2. 民为邦本

民众是统治阶级统治的对象，但民心向背对统治政权的稳定也起到关键作用。早在先秦的百家争鸣时期，思想家就对民众高度重视。从孔子的"仁政"，孟子、荀子的"民贵君轻""君舟民水"，民本思想都是治国思想的重要内容。但中国古代的民本思想和尊君思想是不冲突的，重视民众的生息，究其根本还是为了维护统治者的统治，这也是君主作为"天子"替天养民的体现。民本思想不代表民众的利益被放到首位，不过利民、恤民、安民、保民、取信于民等主张也为传统行政思想留下了显著的痕迹，构成中国传统行政思想的一个重要特征。

3. 制度严明

中国传统行政思想认为："选贤举能"、严格选官，能够保证官吏队伍的高质量和稳定，有利于政治决策和政权稳定；"严考课，明赏罚"，法制严明能够提升行政素质，保证行政质量；"举不法"、以权制权，加强对官员监察和监察机构的设置，可以保证行政态势掌控在统治者可控的范围之内，有利于巩固政权、稳定社会。

总体而言，中国古代是从政治、伦理角度研究和看待行政，行政思想服务于政治，缺少对管理原则和工具的探讨。此外，传统政治文化所透露出的公共性是有局限的，其最根本的不足在于：现代西方围绕私人领域展开的公共与国家的抗衡意义的公共性，在中国古代是不存在的。[①]

（三）中国古代的官僚制度及其文化

中国古代封建官僚制度，是指建立在封建皇权基础上的官僚机构制度。中央政府设置了丞相等官职辅佐皇帝，处理政权、军权、财权等事务；在地方上设置了一整套的层级式统治机构，以维护中央集权。

1. 封建官僚制的特征

封建官僚制度的基本特征为：以皇权为核心，由专职官吏组成；官僚集团内部按等级严格划分；以特权为核心，按官阶高低享有不同程度的权力。

封建官僚制由专职官吏构成，官吏通过察举、举荐、科举等方式获得职位。早在夏、商、周时期，官员任用制度就已经在职能上有了基本的分工。夏后氏依据职能设置了近百个官位，发展到商和周朝，则拥有了比较完整的国家机构，在职能权责上的划分也更加清晰，如商周时设管理政务的卿事寮和管理祭祀的太史寮。春秋战国时期，各诸侯国不断摸索更适合的职能划分体制，官僚制度渐渐有了雏形。在秦朝官制中，皇帝制度的设定确定了皇权至高无上的核心地位，皇帝下设三公九卿，丞相、太尉、御史大夫分别辅佐皇帝掌管政务、军事和监察职责。此后，官僚制度的官吏职责划分大体以此为沿革，并逐渐发展完备，如掌管财权的三司使，吏、户、礼、兵、刑、工六部等。

官僚集团内部严格按等级划分官职，这种划分可以追溯到分封制与宗法制。西周时期，建立于血缘基础上的宗法制成了维系周王朝统治的一大利器。宗法制的核心是嫡长子继承制，有利于周朝统治集团内部的稳定，而同样以宗法制为依据的分封制则促进了疆域的开发。宗法制内部的等级划分非常严格，因为严格的等级划分代表着权利与义务的精准划分。此后，官僚制取代了分封制，但官僚集团内部也实行了严格的等级划分，通过权责的合理划分与配置提高行政效率，巩固中央集权。这种等级森严的官僚制，是维护君主专制统治的有效工具。

特权是官僚制的核心，封建官僚按官阶、官品的高低享有相应的特权。总的来说，封建官僚体制下的官僚在俸禄之外，还享受着一些政治、

---

① 金耀基：《中国的"现代转向"》，香港：牛津大学出版社2013年版，第165—166页。

经济、文化上的权利。政治上，官僚因体制内的话语权，可以帮助推选自己的亲信获得官职：东汉时期的"察举制"是当时官员选拔制度的一大进步，但地方官员对当地人才的察举，个人主观性较强，拥有较大的权力。两晋时期世家的繁荣壮大与发展也是如此，一个家族因一部分人入朝做官而在政治特权、经济特权上带动了整个家族"鸡犬升天"，而政治经济特权又带动了世家在文化素质上的高水平提升，文化素质的培养又有利于更多的官员出自世家。科举制下亦然，"天子门生"的说法表明，科举考试中担任考官的官员即可成为未来官员的挂名"恩师"，以壮大派系。官僚的特权虽是官僚体制的弊端，但这种特权也激励了深受"学而优则仕"教育的莘莘学子。无论是在实际的物质利益上，还是在忧国忧民的情怀抱负上，这种特权也构成了封建官僚制持续完善发展、保持生机的重要原因之一。

2. 儒家文化与封建官僚制

先秦时期是一个思想交锋、智慧碰撞的时期，百家争鸣推动了政治文化的繁荣。诸子百家的代表，如儒家、道家、法家、墨家等都提出了自己的政治见解。各诸侯国依各自的政治需求选择有利于巩固自己统治的政治思想，发展了各具特色的统治体制。深受法家影响的秦国经历了商鞅变法后统一六国，确立了三公九卿制和郡县制，开启了中央集权的时代，而传统的世卿世禄制从商鞅变法开始也逐渐被军功爵制等所取代。但以法家思想为基础的秦朝"吏治国家"缺少意识形态的整合，缺少稳定的根基。汉朝时期，董仲舒的"大一统"思想为汉武帝所采纳和接受，儒家文化逐渐占据了正统地位，此后的官僚体制设置基本不离开"大一统"的思想，延续千年。

封建官僚体制能延续千年，儒家文化是一大原因。儒家文化重礼重身教，崇道德，信礼义，体现在大一统中就涉及行礼义，明赏罚。儒家文化所要求的道德与法律制度有助于提高君臣道德水平；儒家文化作为国家教育文化，培养出的官员推崇"先天下之忧而忧"等为国为民的整体主义价值观；儒家文化在日本、朝鲜半岛、东南亚的传播，影响了整个东方文化圈的行政思想。

(四) 科举制对中国和世界的影响

诞生于隋朝，发展于唐朝，繁荣于宋朝、明朝、清朝的科举制，以其服务于封建社会的政治机构的优秀人才选拔，对封建统治起到了稳固和发展作用。王安石写于1058年的《万言书》，被称为世界上第一部论述文官组织的专著。

1. 科举制对中国的影响

科举制对古代中国的影响是积极、长期而显著的，主要体现在以下四个方面：

一是有利于巩固中央集权，维护社会稳定。科举制出现前，官员的选拔方式有察举征辟制、九品中正制等。在创建之初，这些制度都发挥了积极的作用，但受多方面因素影响，逐渐失去了公正性，致使官员选拔被世家地主贵族所垄断。九品中正制下，上品无寒门，下品无九族，人为地依据品行划分人才标准的可操作性太大，官员入仕资格为世家大族垄断，不利于中央集权。当有可与皇权争锋的权力派系出现，必然涉及政治斗争，政局的不稳也会在一定程度上引起社会动荡。科举制对人才的划分标准固定在了才能学识上，吸收大量寒士入朝为官，有利于打破贵族对人才的垄断，将官员选拔的权力收归中央；有利于巩固皇权，扩大巩固封建社会的政治基础，减少社会动荡；有利于牵制世家大族，安抚庶族地主，维护社会稳定。

二是有利于社会阶层的流动，保持政权的生机与活力。庶族地主通过科举取士，给封建政权注入生机与活力。在科举制之前，人才入仕在一定程度上是政治资源的博弈，进而导致社会阶层僵化，官员来源单一且质量不高。科举制打破了这种僵局，提供了相对平等的竞争性，为社会流动提供了有效的途径，使得士人阶层不断地更新换代，政治行为和思想也不断地翻新，有利于国家的长远发展。

三是有利于提高官员的文化素质水平，提高官员行政效率。文化知识水平高的官吏，在国家机构的运行、国家事务的决策上都有着明显的优越性。"半部论语治天下"，虽有夸张，也从侧面反映出人们对文化可以更好地治理国家的认同。由于儒家文化在科举考试内容中占据主要地位，儒家的道德也就变成了对士人的道德情操要求，有助于提高官员道德水平，减轻腐败。

四是有利于营造良好的社会文化氛围，促进中华文化的繁荣壮大。当"学而优则仕"成为社会一直稳定遵循的规则时，考取一定功名带来的优势是显著的，读书人的社会地位大大提高，这一点在"范进中举"中体现得很深刻。全社会对读书的推崇营造了优秀的教育风气，教育的垄断也随着国家机构和私人培育而被打破，民众的文化水平随之提高，民间也涌现出众多各种形式、各种体裁的优秀文学作品。而推崇教育的风气延续至今，为中华文化打下深厚的基底。

2. 科举制对世界的影响

随着科举制的传播，其他国家也渐渐意识到这种制度的智慧性、科学性。素来接受中华文化熏陶的日本、朝鲜、东南亚国家也以这种制度选拔人才，促进了本国历史的前进。除了东亚国家外，英、法、美等西方国家也对此有所借鉴，促进了现代文官制度的产生与发展。

科举制对东亚国家的文化发展与考试制度有着深刻的影响。高丽的科举在内容和制度形式上都模仿中国，如实行乡试、会试、殿试三阶段的考试制度。日本也以唐朝的科举律法确立了科举的考试内容与考试形式，对日本的发展产生重大影响。越南在学习了中国的科举制后，不管是内容还是形式都照搬原样并持续了很长时间。综上可知，由于古代中国在经济实力、政治制度、文化水平等各方面的领先性和科举制自身的优越性，对周边的邻国起到了积极而深远的影响，促进了这些国家用人制度的发展。

科举制也在一定程度上影响到了英国、美国等西方国家。18世纪前，西方国家文职官员的选用主要以个人赡徇制和政党分肥制两种制度为主，造成了腐败的常态出现和无能之辈的充斥。1855年、1883年，英国和美国分别开始采用文官考试制度，在考试的形式、规则等方面，都或多或少地借鉴了中国的科举制。

二 中国近现代的行政体制和行政思想

与传统的治理之学相比，在近代，尤其是引入西学后，行政语义发生了重大变化，即行政开始与广义上的治国之学，与政治区分开来，成为一个受到西方行政学理论影响的研究范畴和实践领域，这主要表现在两个方面：第一，它已不是整个政务的推行，而只是其中的一部分，即与立法、司法并行的一种工作；第二，它实际隐含了一种新的权力关系，特别是权力制约关系（社会制约政府），是一种民主体制下的分权。[①]

(一) 宪制以后的行政体制变革探索

鸦片战争后，中国进入近代社会，并经由一系列不平等条约成为一个半殖民和半封建的社会。辛亥革命后，封建政权被推翻，资产阶级建立了自己的政府，颁布了第一部资产阶级宪法《中华民国临时约法》。孙中山就任中华民国临时总统后，仿照美国的三权分立制度，建立了责任内阁制。但袁世凯不满于已有的权力现状，先后改责任内阁制为总统制，后又在北洋军事力量的支持下试图复辟。然而封建帝制已经不合人心，在多方反对下，80多天后帝制即被迫取消。袁世凯死后，民国政局陷入一片混乱，资产阶级国会也起不到应有的作用，国家进入军阀混战时代。但即使在北洋军阀的专制统治下，政治制度也有了一定发展，三权分立在国家政权组织形式上确立，国会、内阁、总统三足鼎立，并建立了"四级三审"的司法制度，其政治根源虽然并非为了民主，但也是行政体制和思想的探索进步。北伐过程中，南京国民政府成立。1928年，国民党通过的新的《国民政府组织法》规定，国民政府由主席、委员和行政、立法、司法、监察、考试等五院组成。这是根据孙中山的五权宪法理论设计并通过决议的。五院制政府建立之后，五院同为治权机关，互不隶属、互相独立，其基本体制、组织、职能等均无原则上的变更。

总的来说，宪制以来中国的行政体制和行政思想是在不断摸索、曲折中前进的，顺应了历史发展的规律，但这一时期的探索是在国家混乱、社会衰败的时局背景下进行的，其理论研究与实践需求并不一致。比如，无论是北洋政府，还是南京国民政府，都借鉴了很多西方的制度与经验，但在适用于中国国情的问题上未能做出创造性的转化。这一时期行政学的很多思想也并没有真正应用于国家的行政管理实践。夏书章先生曾亲历那个时代，他回忆道："……有一个最严重的问题，即理论几乎完全脱离实际，或换句话说是未能学以致用。应用学科学而不用与不学何异？具体表现为：'思想'只停留在口头上、文字上、课堂上，没有也无法落到实处。'思想'虽有'发展'，行动仍旧我行我素，甚至变本加厉。应当认为，这是'民国'时期的一大教训"，在那个年代，学者或是只热衷于介

---

① 刘熙瑞：《中国公共管理：概念及基本框架》，《中国行政管理》2005年第7期。

绍国外理论,而对中国现实问题三缄其口;或是缺乏从理论知识转为实际效用的议政条件,理论与实践之间存在着严重脱节。①

(二) 孙中山的行政思想

孙中山领导的辛亥革命推翻了清朝帝制,结束了中国长达两千多年的封建君主专制,建立起共和政体。孙中山的行政思想是对中国封建君主专制和官僚体制的深刻认识与批判,孙中山"行政发展理论的提出,正是世界各种风潮的和声,是对中国政治与行政发展理论真空的弥补"②。

孙中山提出"直接民权"的行政思想,主张通过人民对县级政府、议会直接行使包括选举权、罢免权、创制权和复决权在内的四大参政权进行监督,设置人民监督国家权力的途径和方法,对政府以有效的控制,体现了政治主权源于人民的全民政治观。孙中山曾支持宋教仁从事组党活动,甚至希望中国实现两党制,认为不同政党执政是民意的体现,有利于政党之间互相监督与扶助。在"五权宪法"中,孙中山补充详述了监察监督的思想,即设立监察院监督政府,通过立法院的设立,完善以前的法律监督和人民监督的思想,实现五院权力的相互制衡,确保民权顺利实施。但孙中山在完善发展法律监督、人民监督和监察监督等思想的同时,却逐渐抛弃了多党竞争来监督政府的思想,主张以一党主政的方式实行政党对政府的监督。

孙中山认为,行政的高效、廉洁和民主必须依赖精英人士。他说:"国民是主人,就是有权的人,政府是专门家,就是有能的人。"③ 孙中山对"政治"的定义有鲜明的特点,他指出:"政治两字的意思,浅而言之,政就是众人的事,治就是管理,管理众人的事便是政治。有管理众人之事的力量,便是政权。"④ 他认为,管理众人之事需要有才有德的人,而大多数国民不具备管理国家的能力。因此行政事务需要专家来管理,他们具有治理国家和管理公共事务的非凡才干和素质,政府必须依赖他们实现行政的高效、廉洁和民主。

---

① 张简:《在理论与实践之间:夏书章"应用型公共管理"思想及其启示》,《中国行政管理》2016 年第 9 期。
② 贺渊:《三民主义与中国政治》,社会科学文献出版社 1998 年版,第 3—4 页。
③ 《孙中山选集》下卷,人民出版社 1956 年版,第 740 页。
④ 《孙中山选集》下卷,人民出版社 1956 年版,第 754 页。

（三）近现代以来中国的政党制度探索

回顾近代的行政体制和行政思想历程，可以看出，行政体制和行政思想的变动历程就是近代中国国家和民族救亡图存的探索历程，行政体制和思想不是凭空想象和发展的，而是依据当时的国家情况不断地尝试、变革、发展出来的。20世纪前后，中国先后产生了三种政党制度：多党制、一党制，以及中国共产党领导的多党合作和政治协商制度，这对行政体制和行政思想的发展产生了根本性的深远影响。

1. 多党制的尝试

中国现代政党制度始于民国初年的多党制，它是近代中国从封建帝国向资产阶级共和国转型过程中的尝试，民国初年的社会背景决定了多党制必然会在这一时期出现。1912年，中华民国临时政府颁布了《中华民国临时约法》，确立了资产阶级共和国的国体和政体，为多党制的施行提供了政治权力、政治合法性和宽松的社会舆论环境。在这样的环境下，政党林立，众多的政党同时存在。然而，虽然做了一系列的多党制的准备，但由于当时中国的资产阶级力量还很弱小，不足以撑起党争型政治，多党制徒具其名，同时，参与政治的多是社会名流，缺乏坚实的社会基础。在这样的情况下，党争只是削弱了各党派的实力，给袁世凯复辟带来可乘之机，这也证明了多党制在当时的国情下行不通。但多党制的实施也让人们认可了党制存在的必要性，在一定程度上维护了辛亥革命的果实，为后来的政党制度提供了经验。

2. 一党制的尝试

多党制的尝试失败后，国民党一党制政党制度开始实行。南京国民政府成立后，蒋介石颁布《训政纲领》，以文件的形式保证国民党的一党制独裁，不允许其他党派在境内有所活动。这种一党制下的个人独裁统治在解放战争前达到高峰。解放战争胜利后，国民党在大陆的统治也走到了尽头。一党制统治独裁色彩明显、排斥其他民主党派、大搞暴力恐怖，这种形式很明显不利于中国政治长期发展。

3. 中国共产党领导的多党合作和政治协商制度的形成

中国共产党领导的多党合作和政治协商制度有着自身的发展逻辑。国民党一大的成功召开、北伐运动的顺利开展使一部分人认识到党派合作的重要性，抗日战争期间抗日民族统一战线确立的过程和成果也证明了这一点。重庆谈判期间，中国共产党更加紧密地同各民主党派合作，为多党合作奠定了深厚的基础。解放战争后，各民主党派大多不约而同地赞同新民主主义，同时也认识到了中国共产党在政治上领导的必要性。可以说，中国共产党和其他民主党派的社会阶级、经济基础相似，并不是大官僚、大地主、大资产阶级或封建阶级的残余，中国共产党在历史进程中的正确领导决策也促使了这一政治制度的实现。比如，抗日战争时期，抗日政权采取中国共产党中央决定的"三三制"，即"不论政府人员中或民意机关中，共产党员只占三分之一，而使其他主张抗日民主的党派和无党派人士占三分之二"①。而且，这一制度在1949年解放战争即将取得胜利的前夕，毛泽东在《迎接中国革命的新高潮》一文中表示，解放区实行"三三制"的政策仍然不变。中国共产党领导的多党合作和政治协商制度就是这么一步步发展过来的，是历史的选择。

第二节 马克思主义的行政思想

1917年11月，俄国爆发了十月革命，建立了苏维埃政权。十月革命具有划时代的意义和世界性的影响，尤其是对饱受压迫的亚非拉国家，提供了一种有别于资本主义的新的国家政权形式。十月革命给中国送来了马克思列宁主义，李大钊、陈独秀等最早进行马克思主义的传播。在长期的革命和建设过程中，中国共产党从马克思主义经典作家的著作中，从苏联社会主义建设的经验和教训中，从中国新民主主义革命和社会主义建设的经验总结和反思中，持续探索更有效进行国家建设和社会管理的行政理论，马克思主义经典理论中的相关思想，特别是列宁的行政思想成为中国特色行政学的主要思想渊源之一。

一 马克思与恩格斯的行政思想

马克思、恩格斯的国家和社会学说中，国家是社会发展到一定阶段的产物，国家与社会的对立来自权力的异化，权力在这个过程中成为辅助统治者统治的工具。虽然公共权力源于国家和社会之间的关系，但公共权力

---

① 《毛泽东选集》第2卷，人民出版社1991年版，第760页。

必须在社会发展过程中回归社会。马克思、恩格斯认为,人类在征服和改造自然过程中产生了政治生活,政治生活随着人类生产劳动和社会实践活动的深入而不断发展,公共管理就是人类在此过程中的必然产物,是管辖社会公共事务的客观要求。早在氏族社会时期,政治实践活动即公共权力便开始萌芽,但当时仅以氏族武装力量的形式表现出来,公共权力还未分化为独立的存在。"随着原始社会解体以后,人类进入了阶级社会,国家也随之产生,并发展为阶级统治的工具。国家的公共管理在这个时期形成了。"[1] 之后,"随着城市的出现也就需要有行政机关、警察、赋税等等,一句话,就是需要有公共的政治机构"[2]。

马克思在群众史观的哲学基础上对国家与公民社会的关系作出了新的界定,指出社会优于国家,家庭和市民社会才是国家的基础和前提,公民社会决定着国家的存在。马克思摒弃了黑格尔抽象孤立地看待人与自然、社会与国家关系的学说,认为人是自然界的重要组成部分,同时也是历史的主体。生产力和社会分工的发展使人们的需要分化为私人利益和公共利益,二者间的矛盾对抗产生了国家。国家是一个历史范畴,随着阶级消失、国家消亡和共产主义的实现,公共管理在公共权力和社会中将丧失其支配属性,并对客体的分配和领导的生产过程产生影响,自由的个体将取代国家承担社会责任的管理。恩格斯在1884—1893年进一步发展了无产阶级公共管理思想,提出了未来社会主义国家公共管理的科学设想:国家和法律是理性的体现,国家包含政治理性的实现和法律的合理化;法律不是一种压制手段,而是普遍存在于各种规范中的约束,不依赖于某些个体的自由。

马克思主义的行政思想以法律为依据,以公共需要为起点,坚持人民主权原则,坚持人的自由全面发展,体现出的革命性、人本性、科学性和实践性,与西方资产阶级行政理论有着本质区别。

二 列宁的行政思想

十月革命胜利后,作为世界上第一个社会主义国家的领导者,列宁在

---

[1] 恩格斯:《家庭、私有制和国家的起源》,人民出版社1999年版,第178—180页。
[2] 《马克思恩格斯选集》第一卷(上),人民出版社1972年版,第56页。

领导不发达国家建设社会主义的历史进程中，对如何改革和完善行政管理进行了极具创造性的探索，形成了极为丰富的行政管理思想。

（一）正确处理社会管理职能与政治统治职能的关系

政府职能是国家根本任务的体现。列宁认为，政府具有社会管理职能和政治统治职能的双重性。就社会管理职能而言，管理经济和促进社会稳定是政府首要的职能，具体来说，社会运转产生大量公共问题，这些问题依靠社会自身根本无法解决，因此政府在其中的角色十分重要。就政治统治职能而言，这是统治阶级为实现对被统治阶级的统治，采取一切措施维护自身阶级利益的职能，仅次于社会管理职能。

就两种职能的关系而言，列宁认为，一方面，社会管理的一般需要和政治统治的特殊需要必须紧密结合起来，才能保证苏维埃政权的稳定性和长期性，因为在俄国这样的农民占据绝大多数的国家建设社会主义，不仅需要苏维埃政权在政治上提供强大保障，而且需要苏维埃政权在经济上加强组织、协调和管理；另一方面，在国家的不同发展时期和阶段，政府职能的侧重点有所不同，一般而言，政治统治职能更多体现在战争与革命时期，而社会管理职能则在和平与建设时期尤为常见。在苏维埃政权建立之初，新政府的政治职能与经济职能同等重要，但战争结束后，苏维埃政权"主要的政治应当是：从事国家的经济建设，收获更多的粮食，供应更多的煤炭，解决更恰当地利用这些粮食煤炭的问题，消除饥荒"[1]。

（二）以克服官僚主义为宗旨的行政体制与机构改革

列宁将官僚主义视为"毒瘤"，他在1917—1923年的演讲、著作、书信和指令中，揭露了无产阶级专政条件下官僚主义的种种表现及其对社会主义建设的严重危害，指出"拖拉作风和贪污行为是任何军事胜利和政治改造都无法治好的毛病"[2]。

在加强俄共（布）党和苏维埃政权的建设中，列宁投入大量精力，以精简高效为原则，大力推进以克服官僚主义为宗旨的行政体制与机构改革。针对苏维埃政权机构臃肿和膨胀的实际情况，列宁提出了"缩减苏

---

[1] 《列宁选集》第4卷，人民出版社1972年版，第370—371页。
[2] 《列宁全集》第42卷，人民出版社2017年版，第589页。

维埃机关、改善组织、消灭拖拉作风和官僚主义、减少非生产开支,来不断精简苏维埃机关和减少其费用"①的目标,本着"宁肯数量少些,但要质量好些"的原则精简机构,同时提倡一个人做几个人的工作量,给予几倍的报酬,以此实现精简主体、提高效率。此外,列宁提出,要通过集体讨论来决定苏维埃机关中的一切管理问题,同时建立个人负责制和个人领导制,明确规定每个委员对执行一定的任务和实际工作所担负的责任,以避免拖拉现象和推卸责任的现象。

(三) 建设服务政府、法治政府和廉洁政府

在建设服务政府方面,列宁认为,苏维埃政权必须切实履行为人民服务的宗旨,才能源源不断地从人民那里获取支持和力量,而政府官员只有服务人民、为大众谋福利,才能从思想和行为上促进政府职能的人民性。因此,作为工人阶级的行政管理机关,人民政府必须是具有服务意识的政府。

在建设法治政府方面,列宁认为,在社会主义的体制中,国家行政机关在一定范围内可以享有行政立法的职能,一是国家机关需要掌握正确判断事务所需要的大量材料;二是需要用法的形式将这些机关的决定计划固定下来,避免其决定受到随意性意志的摆布和践踏。以立法形式出台的文件,也只有经过法定程序才能进行变更和撤销。

在建设廉洁政府方面,列宁十分重视将苏维埃政权打造成"廉价政府",并将实现这一目标上升到社会主义改造的高度予以认识。为实现这一目标,列宁提出取消政府公务人员的高薪制,将国家所有公职人员的薪金降到中等工人工资的水平,这样不仅可以消除公职人员腐败堕落的条件,而且可以使公务人员真正做服务人民的勤务员。

(四) 建设高素质的行政官员队伍

十月革命胜利后,列宁领导苏俄人民及时将工作重心转向恢复经济,在这一过程中,他深刻认识到选用能够适应新形势和新任务的行政官员在社会主义事业发展中的重要作用,高度重视建设高素质的行政官员队伍。

一是要正确选用高素质人才。首先要选拔"不仅绝对忠诚,而且确

---

① 《列宁全集》第43卷,人民出版社2017年版,第303页。

实是有学识有才干的人"①，政治标准是首要标准，其次要选拔通晓"本行业务"，具有"行政管理才能、组织才能"的干部。列宁重视内行领导，认为"国家机关的领导人应具有检查他们工作的相当丰富的科学技术知识"，也就是说，作为领导者的行政官员必须精通业务。在选拔渠道上，列宁主张"从人民的各个阶层中、从各个阶段中选拔有才能的组织者"②。

二是要做好行政官员的培养和教育。列宁认为，要通过教育，使国家机关的领导人"获得必要的知识、必要的经验、必要的（除了知识和经验之外）政治嗅觉"③。列宁将加强官员的"马克思主义思想教育"视作首要任务，主张通过多种途径提高干部的理论素养，例如创办党校、经典著作和党的理论刊物等。十月革命的胜利标志着无产阶级性质的政党第一次完成了夺取政权的任务，紧接着就要肩负起管理国家的使命，而管理国家需要"掌握管理技术、具有管理国家和管理经济经验的人才"④，创办学校，学习他者的科学技术和管理经验就成为当务之急，通过教育提升行政官员的"管理本领"，使其转变为能够管理国家的人才。

（五）建立社会监督政府的有效机制

马克思在总结巴黎公社经验时指出，公社委员在履行职能时，"总是处于切实的监督之下"⑤。列宁高度赞同。他认为，接受群众监督，是改善国家机关、确保政府规范高效运行的重要内容，唯有广大工农群众负起监督责任，才能有效清除苏维埃政权机关中的弊病，从而切实有利于社会主义事业。

在社会监督政府的方式中，一是依托群众监督机构进行监督。在列宁起草的《工人监督条例》中，明确提出成立工人监督委员会；成立国家监察人民委员部，对干部滥用职权、渎职违法等行为进行监督，并在此基础上推动成立了有大批工农群众参与的工农检察院。二是注重群众信访的

---

① 《列宁全集》第43卷，人民出版社2017年版，第103页。
② 《列宁全集》第30卷，人民出版社2017年版，第109页。
③ 《列宁全集》第39卷，人民出版社2017年版，第48页。
④ 《列宁全集》第38卷，人民出版社2017年版，第283页。
⑤ 《马克思恩格斯选集》第3卷，人民出版社2012年版，第121页。

监督作用。列宁认为，信访工作是倾听群众心声，亲密接触群众的好机会，通过信访工作能够实现机关与基层群众的双向联系，能够使机关不脱离实际情况和群众要求，又能使群众了解政府工作及政策，消除两者隔阂，增强机关工作的透明度和开放性。他在草拟《关于苏维埃机关管理工作的规定草案》的过程中，明确规定了各机关接待群众来访的具体流程及具体要求，将群众信访工作制度化、规范化。三是重视报刊的舆论监督作用。十月革命胜利后的第二天，列宁就向全俄郑重宣告，"我们希望政府时刻受到本国舆论的监督"①。根据他的主张，要通过报刊将行政官员的错误行为公布出来，并提出公开批评。他认为，披露行政官员的错误言行并不是最终目的，关键是要求其对曝光的不良行为及时回应并加以改正。根据列宁的建议，俄共（布）八大通过的党纲明确规定，无论是干部还是机关单位，一旦其行为被报刊刊载，就应在最短时间内在同一报纸上作出基于客观事实的反驳或者检讨自己已经改正的缺点和错误。

第三节　中国共产党的行政思想

十月革命一声炮响，为中国送来了马克思主义。1919年，五四运动爆发，直接影响了中国共产党的诞生和发展。1921年，中国共产党成立。此后，中国共产党就开始了马克思主义中国化的长期不懈努力，在中国革命和建设的不同阶段，党和国家领导人都结合当时的国际背景和国情需要，在不同时期形成了以马克思主义为指导的、体现不同历史时期界定特点、核心内容各有侧重的行政思想，为中国特色行政学的发展奠定了思想基础。

一　新民主主义革命时期的行政思想

中国共产党在新民主主义革命时期的行政思想，是以毛泽东为代表的党中央在总结革命根据地的历史经验并借鉴苏联行政管理的历史经验和领导社会主义建设的基础上逐步形成和发展的。

土地革命期间，中国共产党人曾将工农兵代表大会制度作为中华苏维

---

① 《列宁全集》第33卷，人民出版社2017年版，第14页。

埃共和国的根本政治制度。工农兵代表大会制度实行民主集中制原则，议行合一，保证了工农大众对国家事务的管理参与，以及工农意愿在实际操作中的执行。工农兵代表大会制度为后来的革命政权建设以及人民代表大会制度的设置与完善提供了宝贵的经验。

（一）党政领导制度思想——民主集中制

中国共产党关于党政领导制度建设的一贯思想，就是坚持民主集中制。1937年10月25日，毛泽东在和英国记者贝特兰的谈话中，详尽地阐明了民主集中制的原则。他说，我们的"政府的组织形式是民主集中制，它是民主的，又是集中的，将民主和集中两个似乎相冲突的东西，在一定形式上统一起来"；"民主和集中之间，并没有不可越过的深沟，对于中国，二者都是必需的。一方面，我们所要求的政府，必须是能够真正代表民意的政府；这个政府一定要有全中国广大人民群众的支持和拥护，人民也一定要能够自由地去支持政府，和有一切机会去影响政府的政策。这就是民主制的意义。另一方面，行政权力的集中化是必要的；当人民要求的政策一经通过民意机关而交付与自己选举的政府的时候，即由政府去执行，只要执行时不违背曾经民意通过的方针，其执行必能顺利无阻。这就是集中制的意义。只有采取民主集中制，政府的力量才特别强大"[1]。

（二）行政职能思想——"在一定时间内只能有一个中心"

毛泽东认为，在国家的行政职能中，不同时期有不同的主次和内容，行政职能随着社会历史和社会经济的发展而发展，随着不同时期的任务和形势的变化而变化。在第二次国内革命战争时期，毛泽东在深刻研究中国革命面临的形势和任务的基础上，明确指出："经济建设必须是环绕着革命战争这个中心任务的。革命战争是当前的中心任务，经济建设事业是为着它的，是环绕着它的，是服从于它的。那种以为经济建设已经是当前一切任务的中心，而忽视革命战争，离开革命战争去进行经济建设，同样是错误的观点。只有在国内战争完结之后，才说得上也才应该说以经济建设为一切任务的中心。"[2] 毛泽东认为，"在复杂的事物的发展过程中，有许

---

[1] 《毛泽东选集》第2卷，人民出版社1991年版，第383页。
[2] 《毛泽东选集》第1卷，人民出版社1991年版，第123页。

多的矛盾存在，其中必有一种是主要的矛盾。由于它的存在和发展规定或影响着其他矛盾的存在和发展"①，而且"任何过程如果有多数矛盾存在的话，其中必定有一种是主要的，起着领导的、决定的作用，其他则处于次要和服从的地位"②。根据这一辩证思想，在确定行政职能的主次问题时，必须抓住一个时期的中心。他指出："在任何一个地区内，不能同时有许多中心工作，在一定时间内只能有一个中心工作，辅以别的第二位、第三位的工作。""领导人员依照每一具体地区的历史条件和环境条件，统筹全局，正确地决定每一时期的工作重心和工作秩序"③。

二 社会主义革命和建设时期的行政思想

中华人民共和国成立后，以毛泽东为核心的领导集体借鉴苏联社会主义国家的模式，并在苏联的帮助下开展经济建设，形成了集中统一的计划经济模式，奠定了经济发展和工业化的基础。1956年开始，随着苏联计划经济体制弊端的逐渐显现，毛泽东提出马克思列宁主义普遍原理与中国实际第二次结合的重要命题，之后尽管经历了严重的曲折，但仍取得了重要的理论成果和巨大成就，为新的历史时期开创中国特色社会主义提供了宝贵经验、理论准备和物质基础。

在社会主义革命和建设时期，中国共产党面临的主要任务是，实现从新民主主义到社会主义的转变，进行社会主义革命，推进社会主义建设，为实现中华民族伟大复兴奠定根本政治前提和制度基础。在这个时期，以毛泽东同志为主要代表的中国共产党人提出关于社会主义建设的一系列重要思想。毛泽东思想是马克思列宁主义在中国的创造性运用和发展，是被实践证明了的关于中国革命和建设的正确的理论原则和经验总结，也是马克思主义中国化的第一次历史性飞跃；其中，毛泽东的行政思想也具有鲜明的中国特色和社会主义性质，对于建设有中国特色行政学具有重要的理论意义。④

---

① 《毛泽东选集》第1卷，人民出版社1991年版，第320页。
② 《毛泽东选集》第1卷，人民出版社1991年版，第322页。
③ 《毛泽东选集》第1卷，人民出版社1991年版，第901页。
④ 谭力:《毛泽东行政思想论纲》，《社会科学研究》1993年第6期。

（一）行政体制思想——"中央和地方的两个积极性，比只有一个积极性要好得多"

中华人民共和国成立初期参照苏联模式，新生的社会主义中国建立了政治上高度集权、经济上高度集中的体制，这种体制在特定的历史时期，发挥了重要的积极作用，但随着经济社会的不断发展，其体制缺陷和负面作用逐渐显现出来，阻碍了国家行政的进一步发展。以《论十大关系》和《关于正确处理人民内部矛盾的问题》两大经典文献为标志，毛泽东开始探索新的行政管理体制，以适应大规模社会主义建设的需要。毛泽东认为，中央必须代表、维护整个国家的根本利益、长远利益，同时兼顾、尊重和保护地方利益。为什么要放权给地方呢？毛泽东指出："我们的国家这样大，人口这样多，情况这样复杂，有中央和地方两个积极性，比只有一个积极性好得多。我们不能像苏联那样，把什么都集中到中央。把地方卡得死死的，一点机动权也没有。"[①]"要发展社会主义建设，就必须发挥地方的积极性。中央要巩固，就要注意地方的利益。"他要求今后在行政权力的处理上，"可以和应当统一的，必须统一，不可以和不应当统一的，不能强求统一"。"正当的独立性，正当的权利，省、市、县、区、乡都应当有，都应当争。"[②] 毛泽东主张在中央统一领导、全国一盘棋的前提下，各地"因地制宜，各搞一套"，"中国必须依靠地区和地方的积极性"。在此基础上，毛泽东尝试建立一个新的行政管理体制，这个体制能够充分调动中央与地方的两个积极性。新体制要求在科学集权与适当分权的合理调整下，在政治上、经济上都给地方相当大的自主权，以便地方能根据当地的实际情况灵活自主地开展工作，调动地方的积极性；中央则集中精力，管好全国的事情，加强统一领导和宏观调整，维护好中央的权威。

（二）行政行为思想——全心全意为人民服务

毛泽东在几十年的民主革命和社会主义建设中，所反映出的行政行为思想，最具特点的就是全心全意为人民服务。毛泽东指出，政府和执行者的权力是人民赋予的。广大人民群众是社会历史的主体，推进了历史的发展，他们创造了人类的精神财富和物质财富，必须时刻做到"以民为

[①] 《建国以来毛泽东文稿》第 6 册，中央文献出版社 1992 年版，第 90—91 页。
[②] 《建国以来毛泽东文稿》第 6 册，中央文献出版社 1992 年版，第 92 页。

本",依靠广大人民群众,时刻以人民群众的利益为己任,才能克服所面对的一切困难。毛泽东提出,中国共产党及其领导的革命队伍"完全是为着解放人民的,是彻底地为人民的利益工作的"①。毛泽东指出,党和政府的一切方针政策的出发点和落脚点必须是人民群众的要求和根本利益,那么共产党"就是要全心全意为人民服务,不要半心半意或者三分之二的心三分之二的意为人民服务"②。

三 改革开放和社会主义现代化建设新时期的行政思想

在改革开放和社会主义现代化建设新时期,党从新的实践和时代特征出发坚持和发展马克思主义,形成中国特色社会主义理论体系,实现了马克思主义中国化的新飞跃。这一时期,中国共产党的行政思想以邓小平理论、江泽民"三个代表"重要思想、胡锦涛"科学发展观"为思想基础,主要体现在有为政府与有限政府、法制政府与依法行政、科学行政与民主行政等主要方面。

党的十一届三中全会以后,以邓小平同志为主要代表的中国共产党人,明确提出要建设中国特色社会主义。邓小平是中国社会主义改革开放和现代化建设的总设计师,也是中国特色行政管理的开启者,其行政思想不仅内含有马克思主义行政理论的合理元素,更是把马克思主义同中国国情和时代特征相结合,而且不断地与西方行政理论进行"对话沟通",形成了以改革行政管理体制为核心,以建设有中国特色社会主义物质文明和精神文明的现代化强国为目标,以"实事求是""开放""发展"为鲜明特征的行政思想。

党的十三届四中全会以后,以江泽民同志为主要代表的中国共产党人,形成了"三个代表"重要思想。"三个代表"重要思想是当代中国的马克思主义,是马克思主义在中国的新发展,对中国特色社会主义现代化建设和全面建设小康社会具有重大的指导意义。江泽民行政管理思想是"三个代表"重要思想的重要组成部分,是他长期从事行政管理实践的结晶。江泽民从新的历史条件和新的实践出发,对社会主义的行政管理思想

---

① 《毛泽东选集》第3卷,人民出版社1991年版,第1004页。
② 《建国以来毛泽东文稿》第6册,人民出版社1992年版,第400页。

做了较为全面、系统的论述,不仅体现出对马克思主义行政管理思想的理论创新和发展,而且对我国行政管理实践具有重要的现实指导意义。

党的十六大以后,以胡锦涛同志为主要代表的中国共产党人,形成了科学发展观。科学发展观同中国特色公共行政相贯通,我国公共行政体现科学发展观的指导。科学发展观作为科学的行政思想,揭示公共行政以人为本的服务实质,指明公共行政推进发展的社会使命,提出公共行政全面协调可持续的运行要求,明确公共行政统筹兼顾的运作方法,由此形成有机联系的核心构成,从而将公共行政纳入中国特色社会主义体系之中。①

(一)有为政府与有限政府

改革开放以后,针对长期以来党政合一的问题,邓小平认为,既要坚持党的领导,又要将政府应有的管理自主权归还给政府,充分尊重和发挥各级政府在现代化建设中的作用,真正建立从国务院到地方各级政府从上到下的强有力的工作系统。邓小平明确地表达了发展经济是行政的第一要务,政府工作"最主要的是搞经济建设,发展国民经济,发展社会生产力"②,"首先是党政要分开,解决党如何善于领导的问题,这是关键,要放在第一位"③。继而他领导全党付诸实践。如在领导体制上,党中央一部分主要领导人不再兼任政府职务,集中精力管党,管路线、方针和政策。政府则要做到行政首长负责,副职不能过多。在职能上,要严格划清党委和政府工作的职责范围。邓小平指出,党的领导机关除了掌握方针政策和决定重要干部的使用以外,要腾出主要的时间和精力做思想政治工作,做人的工作。他还强调,党委不要设经济管理部门,那些部门的工作应该由政府去管。政府的工作机构也要改革,解决机构臃肿的问题,"今后凡属政府职权范围内的工作,都由国务院和地方各级政府讨论、决定和发布文件,不再由党中央和地方各级党委发指示、作决定"④。"这不是削弱党的领导,而是更好地改善党的领导,加强党的领导。""政府工作加

---

① 陈石:《试论科学发展观对中国特色公共行政的指导》,《中国浦东干部学院学报》2013年第4期。
② 《邓小平文选》第2卷,人民出版社1994年版,第276页。
③ 《邓小平文选》第3卷,人民出版社1993年版,第177页。
④ 《邓小平文选》第2卷,人民出版社1994年版,第339页。

强了，党的领导也加强了。"① 邓小平认为，"这样做，有利于加强和改善中央的统一领导，有利于建立各级政府自上而下的强有力的工作系统，管好政府职权范围的工作"②。

在政企关系上，邓小平多次强调要简政放权，进而实现政企分开。凡是能通过市场办的事情，政府不一定都要干预。政府的工作重点应放在市场不能做和效能差的地方，放在宏观调控、制定产业政策、规范市场行为、基础设施建设和提供公共服务等方面。在政府与社会的关系上，他认为政府一定要管好社会，但不是什么都管，"谁也没有这样的神通，能够办这么繁重而生疏的事情"③。政府只管好"政府职权范围的工作"④。有些事要放到企业、事业、社会单位，让他们按照民主集中制的原则自行处理。邓小平还强调精简机构，加强政府建设。早在改革开放初期，邓小平就多次提出，要"建立各级政府自上而下的强有力的工作系统"⑤。为此"急需建立严格的责任制"，"要切实做到职责分明"。"一要扩大管理人员的权限。责任到人就要权力到人"；"二要善于选用人员，量才授予职责"；"三要严格考核，赏罚分明"。这样，才能"在各条战线上形成你追我赶、争当先进、奋发向上的风气"⑥。

（二）法制政府与依法行政

邓小平强调，要在制度、法制、民主政治建设与政府机构改革中推动行政发展，在制度建设中推动行政发展。邓小平指出："制度和法律不因领导人的改变而改变，不因领导人的看法和注意力的改变而改变。"⑦ 一是建立健全干部工作责任制。"在管理制度上，当前要特别注意加强责任制"，推行责任行政，废除领导干部职务终身制。二是改革和健全干部人事制度。"关键是要健全干部的选举、招考、任免、考核、弹劾、轮换制度，对各级各类领导干部（包括选举产生、委任和聘用的）职务的任期，

---

① 《邓小平文选》第2卷，人民出版社1994年版，第340页。
② 《邓小平文选》第2卷，人民出版社1994年版，第321页。
③ 《邓小平文选》第2卷，人民出版社1994年版，第328页。
④ 《邓小平文选》第2卷，人民出版社1994年版，第321页。
⑤ 《邓小平文选》第2卷，人民出版社1994年版，第321页。
⑥ 《邓小平文选》第2卷，人民出版社1994年版，第151—152页。
⑦ 《邓小平文选》第2卷，人民出版社1994年版，第146页。

以及离休、退休，要按照不同情况，作出适当的、明确的规定，任何领导干部的任职都不能是无限期的。"① 三是健全以民主集中制为基础和核心的各项制度，"民主集中制执行得不好，党是可以变质的，国家也是可以变质的，社会主义也是可以变质的。干部可以变质，个人也可以变质"②。

邓小平认为，"旧中国留给我们的，封建专制传统比较多，民主法制传统很少"③，因此，"现在的问题是法律很不完备，很多法律还没有制定出来"④，我们必须集中力量制定各种必要的法律，做到有法可依。对于行政管理的哪些重要方面要加强行政立法，邓小平作了许多具体论述。例如，在1982年中央政治局讨论中央机构精简问题的会议上，邓小平说，机构的"所谓精简，是说各部门各单位都要确定编制"⑤，"比如规定定额，副部长是几个人，以后人员可以动，但是名额不能动，这样有利于进进出出"⑥。这里所说的编制，实际上就是编制法规。

关于政府与法治的关系，邓小平作了认真的总结，他指出："为了保障人民民主，必须加强法制。必须使民主制度化、法律化，使这种制度和法律不因领导人的改变而改变，不因领导人的看法和注意力的改变而改变。"此外，邓小平认为，建设法治政府还需要处理好党与政府的职能关系，理顺党组织与司法机关等部门之间的关系，做到各司其职。邓小平指出："搞四个现代化一定要有两手，只有一手是不行的。所谓两手，即一手抓建设，一手抓法制。"⑦ 他指出："要继续发展社会主义民主，健全社会主义法制。这是三中全会以来中央坚定不移的基本方针，今后也决不允许有任何动摇。"⑧ 根据改革和发展的需要，制定、健全行政组织方面的法律和法规，要对行政机关的职能、权限、编制、责任作出明确的法律规定。邓小平指出："要通过改革，处理好法治和人治的关系，处理好党和

---

① 《邓小平文选》第2卷，人民出版社1994年版，第331—332页。
② 《邓小平文选》第1卷，人民出版社1994年版，第303页。
③ 《邓小平文选》第2卷，人民出版社1994年版，第332页。
④ 《邓小平文选》第2卷，人民出版社1994年版，第146页。
⑤ 《邓小平文选》第2卷，人民出版社1994年版，第397页。
⑥ 《邓小平文选》第2卷，人民出版社1994年版，第399—400页。
⑦ 《邓小平文选》第3卷，人民出版社1993年版，第154页。
⑧ 《邓小平文选》第2卷，人民出版社1994年版，第359页。

政府的关系。"① 邓小平提出，社会主义法制建设的基本原则是"有法可依，有法必依，执法必严，违法必究"。邓小平依法行政的管理理念，为我们正确处理法治与人治，法治与党治的关系提供了指导原则。在改革的过程中，既要发扬和保证人民民主，又要依法行使公民自由权利，维护社会安定。

邓小平还指出，各级政府的行政管理，都要依法行使职权，管好"职权范围的工作"②。为此，必须合理配置行政管理权。首先，要明确界定政府的职能范围。政府只行使宪法和法律所赋予的职权，管那些属于政府职责范围的工作。对于那些"不该管、管不好、管不了的事"③，应当下放到企业、事业和基层社会单位，让他们依法自行解决。对于行政管理权的过度使用（即管了许多不该管的事）和用权不足（该管的事不管）都是不对的。为此，就必须通过制定有关法律法规，界定政府的职责范围以及行政运行程序，进而避免滥用职权。其次，要下放权力。"解决中央和地方的关系"④，以及地方各级政府之间的关系问题。

世纪之交，在市场经济深入发展的新的历史条件下，江泽民更是明确强调依法行政的重要性。早在1996年，在中共中央举办的法治讲座上，江泽民就指出："干部依法决策、依法行政是依法治国的重要基础。"此后又提出，"依法行政是依法治国的重要环节"⑤。第一次将依法行政提到了作为依法治国重要基础的高度。

党的十六大明确提出，"加强对行政执法的监督推进依法行政"。胡锦涛强调要"完善对行政权的监督机制"，各级国家行政机关、审判机关和检察机关都要坚决贯彻宪法，依法行政，公正司法，不断提高执法人员的素质和执法水平。任何组织或者个人都不得有超越宪法和法律的特权。2005年12月22日，在政治局第二十七次集体学习时，胡锦涛主持学习并发表讲话指出，推进行政管理体制改革是贯彻落实科学发展观、完善社会主义市场经济体制、建设社会主义法治国家的必然要求。我国目前的行

---

① 《邓小平文选》第3卷，人民出版社1993年版，第177页。
② 《邓小平文选》第2卷，人民出版社1994年版，第321页。
③ 《邓小平文选》第2卷，人民出版社1994年版，第328页。
④ 《邓小平文选》第3卷，人民出版社1993年版，第177页。
⑤ 《江泽民文选》第1卷，人民出版社2006年版，第512页。

政管理体制同经济社会发展不断推进的新形势还存在着不适应的方面，需要进一步加以解决。要通过推进行政管理体制改革，加快转变政府职能，改进行政管理方式，加强行政法制建设，形成有利于转变经济增长方式、促进全面协调可持续发展的机制，推动经济社会发展转入以人为本、全面协调可持续发展的轨道。①

（三）科学决策与民主行政

邓小平深刻认识到行政效率在行政管理中的重要意义。他认为，提高政府效率是经济基础的内在要求，是推进经济体制改革与现代化建设的需要。他明确指出："搞四个现代化不讲工作效率不行。现在的世界，人类进步一日千里，科学技术方面更是这样，落后一年，赶都难赶上。所以必须解决效率问题。"② 只有提高政府效率，才能促进经济发展，提高社会公众的满意度，调动社会公众的积极性。要提高政府效率，邓小平认为一个重要前提就是要下决心进行政府体制改革。

邓小平认为，行政决策必须要体现人民为主体的思想。第一，在决策全过程中真正体现人民当家做主，因为人民是国家的主人。第二，在决策中要充分走群众路线，这样才能认真听取群众的呼声，体察群众的情绪，掌握切实可靠的情况，使决策符合人民群众的意愿。"就怕听不到人民的声音，最可怕的是鸦雀无声。"③ 第三，要坚持民主集中制的原则和方法，"人民群众提出的意见，当然有对的，也有不对的，要进行分析"，应当"善于集中人民群众的正确意见，对不正确的意见给以适当解释"④。只有善于集中群众正确的意见，并加以升华提炼，才有可能作出正确的决策。第四，一切决策都要有利于发挥群众的积极性和创造性。第五，一切决策的结果都必须符合人民的利益，为群众所理解。"如果我们各个单位真正把国家面临的问题给群众讲清楚"，"再大的困难也是能够克服的"⑤。

首先，邓小平明确提出了中国行政发展的三个总目标："第一，巩固社会主义制度；第二，发展社会主义社会的生产力；第三，发扬社会主义

---

① 胡锦涛：《完善对行政权的监督机制》，新华每日电讯，2005年12月22日。
② 《邓小平论行政管理体制和机构改革》，中央文献出版社1996年版，第7页。
③ 《邓小平论行政管理体制和机构改革》，中央文献出版社1996年版，第37页。
④ 《邓小平论行政管理体制和机构改革》，中央文献出版社1996年版，第37页。
⑤ 《邓小平文选》第2卷，人民出版社1994年版，第228—229页。

民主，调动广大人民的积极性"①，并进一步深刻指出："调动人民积极性的最中心的环节，还是发展生产力，提高人民的生活水平。生产力发展了，人民积极性调动起来了，社会主义国家的力量就增强了，社会主义制度就巩固了。"②

其次，邓小平实事求是地提出了行政发展的近期目标："第一个目标是始终保持党和国家的活力。这里说的活力，主要是指领导层干部的年轻化。""第二个目标是克服官僚主义，提高工作效率。""第三个目标是调动基层和工人、农民、知识分子的积极性。"关键的一条就是要认真、务实地解决好权力下放的问题，"农村改革是权力下放，城市经济体制改革也要权力下放"，调动广大人民群众的积极性，让他们参与行政管理、监督行政管理，实现行政管理的民主化。③

四　中国特色社会主义新时代的行政思想

党的十八大以来，中国特色社会主义进入新时代。以习近平同志为核心的党中央，坚持把马克思主义基本原理同中国具体实际相结合、同中华优秀传统文化相结合，坚持毛泽东思想、邓小平理论、"三个代表"重要思想、科学发展观，深刻总结并充分运用党成立以来的历史经验，从新的实际出发，创立了习近平新时代中国特色社会主义思想，提出了一系列治国理政新理念新思想新战略，构成了新时代中国特色行政学构建和发展的重要理论和实践依据，是习近平新时代中国特色社会主义思想的重要组成部分。

（一）加强和改进党对政府的全面领导

习近平总书记强调，"40年来，我们始终坚持加强和改善党的领导"；"必须坚持党对一切工作的领导，不断加强和改善党的领导"；"坚持党的领导，必须不断改善党的领导，让党的领导更加适应实践、时代、人民的要求"④。以习近平同志为核心的党中央不断健全党对重大工作的领导体

---

① 《邓小平文选》第3卷，人民出版社1993年版，第178页。
② 《邓小平文选》第3卷，人民出版社1993年版，第178页。
③ 《邓小平文选》第3卷，人民出版社1993年版，第179—180页。
④ 习近平：《在庆祝改革开放40周年大会上的讲话》，新华社，2018年12月18日。

制，强化党中央决策议事协调机构职能作用，完善党领导政府的制度。

党的十九届四中全会明确，"国家行政管理承担着按照党和国家决策部署推动经济社会发展、管理社会事务、服务人民群众的重大职责"。这确定了政府在党领导一切、党政联动的国家治理体制中的定位，"国家治理体系不是外在于执政党的，而是'党领导下'的管理国家的制度体系"，政府在其中扮演着关键的执行者的角色，在改革开放和现代化建设中具有战略性的重要意义。

（二）深化推进行政体制改革

2018年2月26日，习近平总书记在《关于深化党和国家机构改革决定稿和方案稿的说明》中指出："党的十八大以来，通过全面深化改革，我们已经在加强党的领导、推进依法治国、理顺政府和市场关系、提高治理能力等方面及若干重要领域和关键环节取得重大突破。同年2月28日，习近平总书记在中共中央举行的党外人士座谈会和民主协商会上的讲话中进一步指出，机构改革是一个过程，不会一蹴而就，也不会一劳永逸，需要不断进行调整。"

对于国家行政体制改革来说，新时代必须以推进国家机构职能优化协同高效为着力点，优化行政决策、行政执行、行政组织、行政监督体制。健全部门协调配合机制，防止政出多门、政策效应相互抵消。深化行政执法体制改革，最大限度减少不必要的行政执法事项。推动执法重心下移，提高行政执法能力水平。落实行政执法责任制和责任追究制度。创新行政管理和服务方式，加快推进全国一体化政务服务平台建设，健全强有力的行政执行系统，提高政府执行力和公信力。

（三）建设以人民为中心的服务型政府

习近平总书记指出："人民立场是中国共产党的根本政治立场，是马克思主义政党区别于其他政党的显著标志"[1]；"必须坚持以人民为中心的发展思想，不断促进人的全面发展、全体人民共同富裕。"[2] 以习近平同志为核心的党中央进一步发展和丰富了服务型政府建设的目标取向和价值

---

[1] 习近平：《在庆祝中国共产党成立95周年大会上的讲话》，2016年7月1日。
[2] 习近平：《决胜全面建成小康社会 夺取新时代中国特色社会主义伟大胜利——在中国共产党第十九次全国代表大会上的报告》，《人民日报》2017年10月28日。

内涵，要"不断满足人民日益增长的美好生活需要"；"把人民拥护不拥护、赞成不赞成、高兴不高兴、答应不答应作为衡量一切工作得失的根本标准，着力解决好人民最关心最直接最现实的利益问题"①；"必须坚持一切行政机关为人民服务、对人民负责、受人民监督，创新行政方式，提高行政效能，建设人民满意的服务型政府"②。"习近平新时代中国特色社会主义行政管理体系建设思想和实践处处凸显以人民为中心的发展理念"③，为新时代行政改革和发展确立了明确的方向。

（四）正确处理政府与市场关系

习近平总书记指出，要更加注重使市场在资源配置中起决定性作用，重视和善于激发微观主体活力。更好发挥政府作用，是要在保证市场发挥决定性作用的前提下，管好那些市场管不了或管不好的事情。处理好政府和市场的关系，关键在政府。只有抓住处理好政府和市场关系这个重点，实现"两只手"优势互补、协同发力，才能确保社会主义市场经济良性运转，进而确保我国供给侧结构性改革顺利推进，实现经济发展方式的根本性转变。

由此，习近平总书记既阐发了中国特色社会主义市场经济体制深化改革的根本要求，又阐明了政府治理和中国特色行政管理体系建设的方向和原则，实现了社会主义市场经济和政府治理现代化理论的重大突破与创新，构成了新时代的马克思主义政治经济学，这为深入探讨、持续优化政府与市场关系这一决定和影响政府职能和作用的关键问题确立了基本的理论根基。

（五）统筹推进党政群各类机构改革

习近平总书记高度重视处理好党政关系。在《关于深化党和国家机构改革决定稿和方案稿的说明》中，习近平总书记指出，关于理顺党政关系，这次改革的一个重要特点，就是统筹设置党政机构。在中共十九届

---

① 《十三届全国人大一次会议在京闭幕　习近平发表重要讲话》，http://www.xinhuanet.com/politics/2018lh/2018-03/20/c_1122566169.htm。

② 《中共中央关于坚持和完善中国特色社会主义制度　推进国家治理体系和治理能力现代化若干重大问题的决定》，http://www.gov.cn/zhengce/2019-11/05/content_5449023.htm。

③ 中国行政管理学会课题组：《习近平新时代中国特色社会主义行政管理体系建设思想研究》，《中国行政管理》2018年第6期。

三中全会第二次全体会议上的讲话中，习近平总书记进一步提出："对在新时代加强党的全面领导、统筹设置党政机构、提高党和政府效能进行了深入思考，着力点就是要对加强党对一切工作领导作出制度设计和安排，对一些领域设置过细、职能交叉重叠的党政机构进行整合，一些党中央决策议事协调机构的办事机构就设在政府部门，打破所谓的党政界限，同一件事情弄到一块去干，增强党的领导力、提高政府执行力，理顺党政机构关系，建立健全党中央对重大工作的决策协调机制。"①

为此，中央打破了以往的机构改革模式，突出统筹推进各类机构设置，科学配置党政部门及内设机构权力，明确职责。通过统筹推进各类组织机构改革，完善坚持党的领导体制机制，把党的领导贯彻落实到党和国家机关全面正确履行职责的各领域各环节，从组织机构上发挥党的领导这个最大的体制优势，协调好并发挥出各类机构职能作用，形成适应新时代发展要求的党政群机构新格局。统筹使用各类编制资源，坚持机构编制"瘦身"与"健身"相结合，通盘考虑组织机构调整与编制资源配备，创新管理，优化结构，盘活用好各类编制资源。

（六）加强民生保障和社会治理的政府责任

以习近平同志为核心的党中央高度重视在发展中保障和改善民生，要求"在幼有所育、学有所教、劳有所得、病有所医、老有所养、住有所居、弱有所扶上不断取得新进展"，对政府推动基本公共服务均等化、提高公共服务质量，创新公共服务提供方式等方面提出了新的要求。

党的十九大要求建构"党委领导、政府负责、社会协同、公众参与、法治保障"的社会治理体系，打造共建共治共享的社会治理格局，提高社会治理社会化、法治化、智能化、专业化水平，并且从制度上更好地发挥公民和社会组织在社会公共事务治理中的作用，通过公共服务的机制改革，更加有效地提供公共产品和公共服务，进而从新的时代背景下对政府在社会治理中的定位与作用重新作出了明确，为政府治理促进"建设更高水平的平安中国"提供更广阔的空间。

党的二十大报告进一步明确，要"完善社会治理体系"，健全共建共治共享的社会治理制度，提升社会治理效能，建设人人有责、人人尽责、

---

① 《习近平谈治国理政》第三卷，外文出版社2020年版，第186页。

人人享有的社会治理共同体，为新时代社会治理现代化提出了更高的要求。

（七）完善行政法治

习近平总书记指出，依法治国的"关键在于党能不能坚持依法执政，各级政府能不能依法行政"，其中，"执法是行政机关履行政府职能、管理经济社会事务的主要方式，各级政府必须依法全面履行职能，坚持法定职责必须为、法无授权不可为，健全依法决策机制，完善执法程序，严格执法责任，做到严格规范公正文明执法"。①习近平总书记还提出法治政府的建设目标，强调"要以建设法治政府为目标，建立行政机关内部重大决策合法性审查机制，积极推行政府法律顾问制度，推进机构、职能、权限、程序、责任法定化，推进各级政府事权规范化、法律化。要全面推进政务公开，强化对行政权力的制约和监督，建立权责统一、权威高效的依法行政体制。要严格执法资质、完善执法程序，建立健全行政裁量权基准制度，确保法律公正、有效实施"②。建设职责明确、依法行政的政府治理体系，必须把依法行政摆在更加重要、更加突出的位置，加快建设法治政府，积极推进机构、职能、权限、程序、责任的法定化，把全部政府活动都纳入法治轨道。

（八）健全充分发挥中央和地方两个积极性体制机制

习近平总书记指出："发挥好两个积极性，始终是我们在处理中央和地方关系时把握的根本原则。"③党的十九届四中全会进一步明确：理顺中央和地方权责关系，加强中央宏观事务管理，维护国家法制统一、政令统一、市场统一。适当加强中央在知识产权保护、养老保险、跨区域生态环境保护等方面事权，减少并规范中央和地方共同事权。赋予地方更多自主权，支持地方创造性开展工作。按照权责一致原则，规范垂直管理体制和地方分级管理体制。优化政府间事权和财权划分，建立权责清晰、财力协调、区域均衡的中央和地方财政关系，形成稳定的各级政府事权、支出责任和财力相适应的制度。构建从中央到地方权责清晰、运行顺畅、充满

---

① 《习近平谈治国理政》第二卷，外文出版社2017年版，第120页。
② 《习近平谈治国理政》第二卷，外文出版社2017年版，第121页。
③ 《习近平谈治国理政》第三卷，外文出版社2020年版，第174页。

活力的工作体系。① 形成科学合理的分层管理体制，不同层级各有其职能重点，合理界定各层级间职能配置、优化机构设置，发挥各自的比较优势。对那些由下级管理更为直接高效的事务，应赋予地方更多自主权，这样既能充分调动地方、因地制宜做好工作，也有利于中央部门集中精力抓大事、谋全局。

（九）加强行政文化建设

习近平总书记高度重视文化建设，明确要"坚定文化自信，牢牢把握社会主义先进文化前进方向"，多次强调"文化自信是更基础、更广泛、更深厚的自信，是更基本、更深沉、更持久的力量"。习近平总书记指出，"中国特色社会主义文化，源自于中华民族五千多年文明历史所孕育的中华优秀传统文化，熔铸于党领导人民在革命、建设、改革中创造的革命文化和社会主义先进文化，植根于中国特色社会主义伟大实践"。习近平总书记还强调，"国际话语权是国家文化软实力的重要组成部分"，要加强对外话语体系建设，着力打造融通中外的新概念新范畴新表述。习近平总书记关于"文化自信""中国特色社会主义文化"的重要思想，为中国特色的行政文化建设确立了基本方向、价值和理论依据，为中国特色行政文化构建中的中国传统治国文化、西方行政文化、革命的行政文化和中国特色社会主义的行政文化的关系确立了丰富的思想基础，为中国行政文化发展中的话语体系建设确立了方向和要求。

---

① 《中共中央关于坚持和完善中国特色社会主义制度　推进国家治理体系和治理能力现代化若干重大问题的决定》，http://www.gov.cn/zhengce/2019-11/05/content_5449023.htm。

第 三 章

中国特色行政学的发展历程与演进逻辑

特定的民族国家实际上是许多历史实践、创伤、失败和成功的结果，这些结果反过来构造了特殊的民族习惯、习俗、制度化的行为样式、世界观，甚至"民族心理"。同理，行政学也受到这种条件作用的影响，不能以某种方式独立于和隔离于其文化环境或社会环境。中国经济社会的历史性变迁和政府改革创新的宏大实践，形塑了行政学发展的历史脉络，对中国特色行政学理论的过程和取向产生了深刻的影响。

第一节 中国行政学的发展历程

虽然中国自古就有行政思想和实践经验的长期发展，但是作为一门学科的中国行政学，是近代以来在西方国家特别是美国行政理论的影响下形成并发展的。中国行政学自20世纪30年代中期初步形成以来，经历了改革开放初期的学科恢复重建、20世纪90年代后的快速成长以及近年来的全面发展等主要阶段，逐步形成了具有中国特色的发展逻辑，并取得了显著成效，同时也存在着亟须深化理论发展以及本土化等问题。

一 初步形成阶段

中国行政学学科的形成深受西方国家特别是美国的影响。近代以来，美国的行政思想随着"西学东渐"渐渐传入中国。由于近代中国遭遇"三千年未有之变局"，国家积贫积弱，人们对美、英等西方国家的制度和思想抱有极大的热忱与信心。

美国宪政思想早期传入主要是通过来华传教士,最早的代表文献是裨治文所著的《美理哥国志略》。随着美国国际地位的上升和宪政思想的传入,人们对美式富强也有了期求,美式制度为当时的精英所推崇。辛亥革命爆发后,孙中山曾表态,美国的共和体制最适合当时刚从封建制度走出来的中国。在中华民国的建立过程中,联邦制与总统制都产生了重要影响。

辛亥革命前,中央对地方控制松动,地方自治蔚然成风。辛亥革命后,各省独立的局势又进一步增长。在当时背景下,地方割据势力希望有更大的独立性,较弱的政府则希望能够有统一的国家形式保障中央集权,知识分子和爱国人士也希望国家统一。可以说,联邦制在这种情形下给博弈的各方提供了一个可行的选择。而总统制也在中国历史上开创先河,为从封建帝制中走出来的国家政权提供了一个不一样的范例。总统制的实行向人们表明了领导人权力的有限性,在一定程度上打击了复辟思想,维护了革命果实。

在民国探索建立资本主义民主政体的过程中,作为近现代科学意义上的公共行政学也几乎与西方同步出现。19世纪末20世纪初,在西方(尤其是美国)行政学诞生之初,该学科就传入我国。一些学者翻译出版了《行政学总论》《行政法撮要》。美国著名行政学家弗兰克·约翰逊·古德诺(Frank J. Goodnow)曾于1913年5月至1915年8月来华担任袁世凯的宪法顾问。古德诺针对民初情形做出了宪法纲要草案,着重于建立强大的稳固的中央政府。古德诺认为,当时的中国需要一个强势的领导人来巩固政局,在制宪过程中不应当过多限制总统的权力,而是应在财政、民生等均有所改善之后再做权力的制衡。古德诺的思想,一方面,给近代中国提出了有用的建议;另一方面,对总统权力的拥护和对袁世凯的认同也使得他的观点为复辟思想所用,促使近代思想家们更加深入地思考美国行政思想与中国的关系。

相较于西方公共行政/公共管理学的历史演进,中国行政学更多的是沿着学科教育的路径,基于人才培养目标而非基于服务公共管理实践需求而发展起来的。[①] 19世纪末20世纪初,国内学者翻译和引进了大量国外

---

① 王郅强:《构建具有中国特色的公共管理学科知识体系》,《学海》2019年第1期。

的行政学著作,[①] 而最早一批行政学成果出现于 20 世纪 30 年代。1935 年,从美国斯坦福大学留学归国的张金鉴出版了《行政学之理论与实际》一书,被认为是开中国行政学研究之先河。江康黎的《行政学原理》(1936 年) 的出版,也为行政学学科的建立做出了重要贡献。此后,一些高校(如北京大学、南京大学和厦门大学等)也先后在政治(学)科系中开设了行政学课程。值得一提的是,中国共产党人在延安时期曾建立行政学院,开设过行政学课程。

二 恢复重建阶段

中华人民共和国成立后,国内一批高校陆续开展了行政学相关的研究和教育,但 1952 年全国高校院系调整后,行政学学科被撤销。改革开放初期,邓小平于 1979 年 3 月 30 日在党的理论工作务虚会上的讲话中指出:"政治学、法学、社会学以及世界政治的研究,我们过去多年忽视了,现在也需要赶快补课。""下定决心,急起直追,一定要深入专业,深入实际,调查研究,知彼知己,力戒空谈。"[②] 为响应邓小平的号召,适应改革开放和现代化建设的需要,20 世纪 80 年代初,我国开始了恢复与重建政治学及行政学(或行政管理学、后来的公共管理)的教学与研究工作。张友渔、周世逑、夏书章、王惠岩、邱晓等老一辈政治学与行政学家纷纷为政治学与行政学的恢复奔走呼号。

1982 年,夏书章在《人民日报》发表了题为《把行政学的研究提上日程是时候了》的文章,对中国公共行政学的恢复和重建起到了极其重要的推动作用。[③] 文章的结尾说:"要搞好现代化建设事业,就必须建立和健全现代化管理(包括行政管理)和实行社会主义法治(包括行政立法)。这样,我们就需要社会主义的行政学和行政法学。所以,把行政学的研究提上日程是时候了。"该文被学界当作中国行政学恢复的标志之一,并认为是"一篇具有里程碑意义的文章,它对中国公共行政学的恢

---

① 薛澜、彭宗超、张强:《公共管理与中国发展——公共管理学科发展的回顾与前瞻》,《管理世界》2002 年第 2 期。
② 夏书章:《把行政学的研究提上日程是时候了》,《人民日报》1982 年 1 月 29 日。
③ 马骏:《中国公共行政学研究:反思与展望》,《公共行政评论》2012 年第 1 期。

复和重建起到了极其重要的推动作用,开启了我国公共行政学发展的新篇章"①。

三 快速成长阶段

1984年,全国"行政学理论研讨会"提出,行政学应是一门独立的综合性学科。1984年8月,国务院办公厅、劳动人事部在吉林省吉林市召开全国行政学理论研讨会,对行政学理论研究与发展的相关问题进行讨论,提出要建立有中国特点的行政管理学,并提出建立中国行政管理学会和筹建国家行政学院的建议;1986年,行政学作为政治学一级学科中的一个二级学科,正式进入我国研究生培养的专业目录之中。在专业设置上,国内多所重点综合性大学在政治学学科的基础上,陆续设立了行政学或者行政管理的本科和研究生专业和方向。比如,武汉大学、兰州大学和郑州大学等高校开始设置行政管理专业,之后中国人民大学、北京大学、吉林大学、中山大学、南京大学和厦门大学等高校设立了行政管理本科生和研究生专业或方向。

1988年,中国行政管理学会成立,助推了行政管理学科的快速成长,其主办的《中国行政管理》杂志的发行和出版也极大地拓宽了学科的影响范围。随着中国行政管理体制改革的逐步推进,2010年,经国务院同意、民政部批准,中国行政体制改革研究会成立,主要研究行政体制改革和政府管理创新方面重大理论和实践问题,为建立完善的中国特色社会主义行政管理体制、提高政府建设科学化水平、建设服务型现代化政府提供理论支撑与决策咨询服务。相关学会和研究会集聚了国内行政学领域的理论专家和实践工作者,长期推动着行政学理论发展和改革实践不断前行。

1992年,党的十四大确定了从计划经济向市场经济转变的基本方针,政府需要转变职能来适应经济体制的调整,中国行政学迎来了腾飞式的发展机遇。1994年,国家行政学院成立。1997年,国务院学位委员会和教育部明确将管理学分为包括公共管理在内的五个一级学科(其他四个为管理科学与工程、工商管理、农林经济管理、图书馆情报与档案管理),

---

① 《"纪念〈把行政学的研究提上日程是时候了〉刊发三十周年"专栏编者按》,《公共行政评论》2012年第1期。

行政学或行政管理正式从政治学中分离出来。而行政管理作为较早设置的专业，成为公共管理一级学科下属的五个二级学科中位列首位的专业（行政管理、社会保障、教育经济与管理、社会医学与卫生事业管理、土地资源管理五个二级学科或专业，2012年修订增加了一个二级学科——公共政策）。1998年以后，国内许多高校陆续获得行政管理博士学位授权点，并开始招收和培养博士研究生，这也标志着公共管理学科具有了从本科—硕士—博士的完整人才培养体系。1999年，国务院学位委员会正式批准试办公共管理专业硕士（MPA），这对推动我国高级专门人才培养的多元化，对公共管理实践应用型人才的培养起到重要创新和推动作用。

四 全面发展阶段

进入21世纪，公共管理学科的发展进入快车道。2001年，MPA专业学位教育正式启动，截至目前，全国共有237所院校，239个培养单位。公共管理一级学科博士授权点的数量达到48个；公共管理一级学科硕士点的数量达到170余个。[①] 全国高校中数以百计的公共管理学院建立，公共管理的本科专业大量开设（目前全国高校设立了1000余个公共管理类的本科专业，其中最主要的行政管理专业500多个，公共事业管理专业400多个）。

总体而言，改革开放以来，中国行政学在知识增长、学科建制、知识应用等方面均取得显著进展，成就斐然：行政管理基础理论和深层次问题的研究不断得到加强；对当代现实问题的研究也不断加强，同时定位了为政府做参谋的角色，为政府决策起到参谋咨询作用。发展至今，中国的行政学已经是将研究、教学和应用结为一体的一门社会科学，它的进步与演化脱胎于中国政府国情政策，也反过来为国家行政体制的改革和发展提供了理论支持和政策参考。

第二节 中国特色行政学的发展逻辑

行政学作为一门和国家治理密切相关的学科，其发展逻辑必然体现国家的历史传统以及实践特点，并在此基础上形成相应的理论特色。中国行

---

① 王郅强：《构建具有中国特色的公共管理学科知识体系》，《学海》2019年第1期。

政学也从历史、实践和理论三个主要方面呈现出其"中国特色"。

一 "中国特色"的历史逻辑

在中国这样一个历史传统丰富的国度里,通过发掘传统资源有利于中国现代行政发展的积极成分,能为建构中国自己的公共行政理论寻找到丰富的学理资源。有学者总结行政学理论的"中国性":"中国性"体现在"大国"上,地域辽阔大,人口众多,复杂程度高;"中国性"体现在文化上,家国同构依然存在,这种拟家的关系,既非西方文化中强调个体,强调自我的"个体主义"价值取向,又非个人服从于社会、国家至高无上的集体主义信仰。家国天下,家在前,国在后,非个体非集体的独特历史文化传统根深蒂固;"中国性"体现在历史上,皇权统治的很长一段时间里,民间社会由士绅、乡绅、民间名望人士、老乡会、同乡会进行自我管理。国家与社会"两两相望",互不干涉。① "关于中国实践的分析可以定位在长期的历史传统时间和短暂的现代化时间。"②

长期的历史传统留下了积淀深厚的文化传统。短暂的时间维度中最重要的莫过于中华人民共和国的建立,而从1949年至今七十多年的时间里又产生了太多的变化。快速的变化与发展在某种程度上使中国具有了"断裂社会"的特征,即在同一历史时刻,我国有三种文明形态(农业文明、工业文明、新技术革命)同时出现;而多个时代的社会成分共存,其结果就是原本属于不同时代的心理、态度和诉求共存于一时,而这些诉求本来应当属于不同的时代。③ 由此,不同时代的心理、态度和诉求,同时存在于每个阶层、群体或个人的思维中;与官本位、重礼轻法、全能主义等传统观念、与革命战争时期的动员策略及国家建设初期"短平快"的追赶心态、与市场经济和全球化浪潮冲击下涌入的法治、多元、参与理念所关联的话语也同时充斥于我国的公共管理领域之中。④ 因此,"中国

---

① 何艳玲:《中国公共行政学的中国性与公共性》,《公共行政评论》2013年第2期。
② 刘圣中:《历史制度主义与中国政治研究》,杨雪冬、赖海榕《地方的复兴:地方治理改革30年》,社会科学文献出版社2009年版,第423—424页。
③ 孙立平:《我们在开始面对一个断裂的社会》,《战略与管理》2002年第2期。
④ 薛澜、张帆:《公共管理学科话语体系的本土化建构:反思与展望》,《学海》2018年第1期。

特色"的行政理论是在多源甚至相互冲突的理念、实践和文化中不断"碰撞"、融合进而"进化"的过程和结果,这使"中国特色"既有着极强的历史"传承性",但又存在显著的"断裂性""变化性"和"创新性",构成了中国特色行政理论历史演进的独特逻辑。

二 "中国特色"的实践逻辑

改革开放以来,中国的行政体系发展展现了一种前所未有的创新创造。"改革是中国行政学理论发展的动力和源泉,是行政学理论发展的主旋律。"①"我国改革开放以来,几乎没有哪一门学科(经济学可能是唯一的例外)像公共管理学一样与国家的进步和发展结合得如此紧密,没有哪一门学科像公共管理学一样获得了如此快速的成长。……其每一步的前行都记录了这个国家进步的轨迹。"② 从党的十八届三中全会提出"推进国家治理体系和治理能力现代化"作为全面深化改革总目标,到党的十九届三中全会《决定》明确指出:"深化党和国家机构改革是推进国家治理体系和治理能力现代化的一场深刻变革","相较于其他学科,公共管理学更有优势来反映这一重大理论和现实问题"③。因此,中国的行政学理论要指向行政的真实世界,对其做全景式、精细化、科学性的描述和解释。行政学理论的真实问题,在宏观上是政府与政党、政治、经济、社会和人民之间的关系,具体则体现为国家治理体系和治理能力现代化所涉及的政府治理现代化,以及"人民日益增长的美好生活需要和不平衡不充分的发展之间的矛盾"场景下的微观治理需求。

三 "中国特色"的理论逻辑

有学者强调,缺乏对社会形态和政治体制的深刻体认,我们对中国特色行政现象的理解就是肤浅的。④ 从公共管理体系的基本逻辑来讲,当代

---

① 刘怡昌:《改革——中国行政学理论发展的主旋律》,《中国行政管理》1991年第2期。
② 竺乾威:《国家的进步与学科的成长》,《中国行政管理》2010年第8期。
③ 李文钊:《变革时代公共管理学科的新整合——中国公共管理学科的再思考》,《江苏行政学院学报》2016年第6期。
④ 马骏:《经济、社会变迁与国家重建:改革以来的中国》,《公共行政评论》2010年第1期。

中国公共管理体系发展和演进的逻辑是一个复合的产物，其既有古代中国公共管理体系的历史特征和延续，也有当代中国社会不断发展的治理现实的演化，同时也是其他系统，如政治系统、经济系统、社会文化系统不断交汇融合的产物。这些多种因素汇集起来，可以体现为以下几个核心发展逻辑：第一，明显的导向性，有为和理想政府的追求；第二，上下一体的统筹治理格局；第三，"政治—经济—社会"多种系统的融洽，"刚性—柔性"的兼顾；第四，"执政党—政府"联动交融发展。[①] 中国公共管理体系的一个核心演化逻辑就是在相对刚性的政治系统与柔性的变革巨大的经济与社会文化系统之间不断取得平衡，从而形成整个社会治理体系的有效运作。具体而言，一方面，中国公共管理体系要与较为刚性的政治体系进行连接，传递和执行政治决策；另一方面，又要与不断变革的经济社会系统相适应。这种刚性柔性的二重协调性主要通过公共管理体系的三个方面的演化不断完成：对社会适应性的不断改革创新；自我驱动下的不断完善和吸收；决策中的柔性和反馈。[②] 回顾改革开放后的中国行政发展，可以总结出其主要特征：社会主义主要矛盾的定位决定了政府的职能和功能；改革创新是中国行政学发展的动力、源泉和主旋律；反思和超越一直是中国行政学理论发展的重要主题。

第三节　中国特色行政学的发展成就及面临挑战

中国行政学自恢复重建至今，坚持和运用马克思主义指导理论研究，同时基本完成与世界公共行政学界的接轨。对此，有学者认为，公共管理学科出现强势建构的倾向，并逐渐从社会科学的边缘走向核心。公共管理学科的强势建构，表达着现代性重建的一种积极的方案，提供了克服现代性危机的拯救之路，这在一定意义上阐明了公共管理进入社会科学核心的

[①] 何哲：《中国公共管理体系的核心逻辑及与其他体系的对话》，《中国行政管理》2016年第1期。

[②] 何哲：《中国公共管理体系的核心逻辑及与其他体系的对话》，《中国行政管理》2016年第1期。

历史正当性。①

一 中国特色行政学发展取得的历史性成就

由于中国特色行政学的构建是建立在 20 世纪 80 年代以来政治学和行政学学科的恢复和发展的基础之上，同时也是伴随着改革开放以来经济社会领域的深刻变迁和行政管理体制的深入变革而不断前行的，这使得中国行政学的发展呈现出两条路径及其影响和作用。

（一）学科建设方面

有学者总结了改革开放四十年来中国公共管理学科在知识增长（主要是学术研究与理论创新）、学科建制（尤其是学科及专业设置和人才培养等）、知识应用（决策咨询和社会影响等）等方面取得的显著进展。在学术研究上成果丰硕：公共管理与公共政策领域的文献迅速增加，国外公共管理与公共政策学的大量代表性论著被翻译介绍过来，国内学者也出版了大量的公共管理学的专著或教材，许多出版社推出公共管理与公共政策以及 MPA 的丛书、系列教材或译丛。公共管理学的国际刊物学术论文发展呈现持续增长趋势，学科的国际影响力不断增强。国家自然科学基金资助的中国科学院文献情报中心课题组的研究报告《管理科学十年：中国与世界》根据汤森路透（Thomson Reuters）的 WoS（Web of Science）中的 SCI/SSCI 论文数据，从论文的产出规模、学术影响力、高被引论文产出能力等方面对中国管理科学的四个分支（管理科学与工程、工商管理、公共管理和经济管理）2004—2013 年的发展态势进行的文献计量分析表明，这十年中国大陆公共管理的论文、引文和高被引论文的世界排名均名列世界第三位；篇均引文指标仅落后于荷兰，引用率居于世界第一位。②在学科建制上逐渐成熟：实现了从行政管理或行政学（二级学科）到公共管理（一级学科）的转变。在知识应用上日益扩展：公共管理研究机构以及学者活跃在党和政府决策的各个领域，尤其是公共事务管理以及经

---

① 孔繁斌：《从社会科学的边缘到核心：公共管理学科的再认识》，《中国行政管理》2017 年第 9 期。

② 中国科学院文献情报中心课题组：《管理科学十年：中国与世界（NSFC 政策局）："学科发展态势系列研究报告"》，第 36—47 页。

济社会发展的方方面面，发挥了智库或思想库的作用。越来越多的公共管理与公共政策学者个人及团队以多种方式（包括以政府部门的顾问或咨询专家的形式）参与政府的决策与管理实践中，公共管理与政策分析的研究成果被大量应用到改革开放和经济社会建设的政策决策以及重大工程项目的研究与论证之中。

近年来，一大批公共管理与公共政策学者活跃在国家治理现代化、行政体制改革与政府职能转变、服务型政府和法治政府建设、干部人事制度改革与公务员制度建设、公共服务、社会管理、应急管理、政府绩效评价和廉政建设以及经济、社会和文化等政策与管理领域的咨询活动中，在推进国家治理现代化以及公共决策的科学化、民主化方面起着越来越重要的作用。[①]

（二）实践应用方面

主要体现为党和政府的政策研究机构、社科智库对于深化行政体制改革的专项研究，不仅为行政学理论发展贡献了重要智慧，也促进了行政学学科的知识增长。如吴江、陈振明、马骏等学者对中国行政体制改革进行了系统性、持续性的研究，取得了丰富的研究成果，主要体现在以下三个方面：

一是对国外行政改革做出整体性的分析与评价。梳理了国外行政改革的动因、主导理论以及主要趋势，为中国行政改革提供了重要的经验借鉴。[②] 在对西方现代文官制度比较分析的基础上，提出了建立具有中国特色的国家公务员制度，制定公务员法律体系，为干部人事制度分类改革和公务员立法工作提供了理论依据。[③]

二是梳理和总结中国政府改革的历史经验，提出改革的新思路和新方法。比如：提出了"决定机构改革成败的关键是选择好目标""机构改革的难点是理顺公共权力关系""机构改革的永恒主题是推动政府创新"等

[①] 陈振明：《中国公共管理学 40 年——创建一个中国特色世界一流的公共管理学科》，《国家行政学院学报》2018 年第 4 期。

[②] 吴江、马庆钰：《25 年来国外行政改革分析与评价》，《新视野》2003 年第 5 期；吴江、张敏：《重新审视规制框架 重在提高规制能力》，《理论探讨》2012 年第 3 期；吴江：《推行电子政务与政府管理创新》，《国家行政学院学报》2002 年第 1 期。

[③] 吴江：《比较公务员制度》，华夏出版社 1988 年版，第 308—330 页。

重要论断；① 提出了政府创新作为深化行政管理体制改革的新思路；② 提出了政府行政能力建设和服务型政府建设的实践关联，为政府行政能力建设提供理论依据；③ 探讨了事业单位与政府之间的关系，提出了深化事业单位改革的途径；④ 系统梳理和总结了我国公务员制度的发展历程、改革效果及其发展方向和策略；⑤ 这些研究对中国特色行政学的学术讨论起到了重要的推动和带动作用。

三是对国外行政科学的引介和中国行政改革成果的推介。自 2009 年起，中国人事科学研究院开始翻译出版《国际行政科学评论》（中文版），并通过主办或参与国际国内研讨会等方式，持续探讨国际行政科学学会的理论热点和潮流，及其学术主题和工具对于中国政府治理改革和创新的适用性，推动中国行政学界与国际行政学界的学术交流、互通互鉴等，推动了中国特色行政学的研究和发展。⑥

二 中国行政学存在的问题和面临的挑战

不容忽视的是，虽然近年来中国行政学领域的研究资源和研究队伍迅速壮大，但是中国的行政学研究仍存在诸多问题，很多还很突出，引起学者们的反思。如，陈振明认为，目前我国公共管理的研究水平不高，存在着学科边界模糊，视野狭窄，基础不牢，知识体系不完整，研究方法不规范，知识创新不足，理论研究落后于实践发展，针对性、应用性不强，对国外公共管理领域的新思潮、新流派、新理论和新方法的跟踪研究、批判分析与消化吸收尚待加强等方面的问题。何艳玲认为，在公共管理学科发

---

① 吴江：《我国政府机构改革的历史经验》，《中国行政管理》2005 年第 3 期。
② 吴江：《政府创新：深化行政管理体制改革的新思路》，《人民论坛》2003 年第 4 期。
③ 吴江：《提高政府行政能力 构建服务型政府》，《国家行政学院学报》2005 年第 1 期。
④ 吴江：《模式创新：事业单位与政府应形成法定绩效责任关系》，《中国行政管理》2003 年第 2 期。
⑤ 吴江：《基于能力建设的领导绩效评估制度》，《中国行政管理》2007 年第 5 期；吴江：《论政府创新背景下的公务员能力建设》，《中国人事天地》2011 年第 7 期；吴江：《服务型政府与公务员能力建设》，《中国行政管理》2004 年第 11 期。
⑥ 吴江：《直面公共行政的思想危机和能力挑战》，《行政论坛》2011 年第 1 期；吴江、孙锐、吕芳、乔立娜：《重构公共治理机制》，《公共管理与政策评论》2012 年第 2 期，第 1 卷；吴江、李志更：《公共行政改革实践与理论发展的新趋势》，《第一资源》2009 年第 12 期。

展存在的问题上已经形成了一定的学界共识：研究重心化的"非中国化"；"管理主义"盛行；缺乏对真实世界的了解；缺乏学术规范自觉；实证研究严重缺乏；规范理论的贫困……①马骏、刘亚平认为，进入21世纪以来，中国公共行政研究在数量方面的增长十分明显，研究领域不断拓宽，专业性得到不断加强，本土化意识也逐渐凸显，并且越来越具有国际性影响，但是通过对已发表的研究成果的检讨与反思，两人不无担忧地认为当代中国的公共行政研究存在着深刻的"身份危机"问题，即研究重心的"非中国化""管理主义"思维盛行和对真实世界了解得不够等，并认为未来要更进一步拓宽研究主题，尤其是应更深入地探察"真实世界"的公共行政，强化理论建构和规范性研究。②在公共管理学的"反思运动"中，各派学者纷纷提出了自己的意见与看法，其问题的总结主要体现在以下五个方面：

（一）基础理论方面

如"巨大的树冠，在缺乏深厚的理论根基的条件下，显得有些沉重和难以支撑"③。公共管理学内外部学科关系的混乱，其根源在于公共管理学缺乏一套能够回应公共管理学基本问题并能够贯通和指导公共管理学各个分支学科的理论体系。由于缺乏这样一套理论体系，公共管理学不仅"形散"——各分支学科缺乏统合和关联，而且"神散"——公共管理学整体缺乏一套统一的逻辑体系和一个能够称为灵魂的东西。④就外部学科关系而言，公共管理学院对其他相关学科（如政治学、管理学、经济学、法学）的课程实行简单的"拿来主义"，而缺乏必要的"公共管理化"的改造。无论是理论界还是实务界，都对公共行政或公共管理的基本价值和根本目的缺乏系统性思考，使公共管理沦为一种"实务性的盲动"⑤。"公共行政需要有对社会整体的价值关怀，尤其是在当下中国，公共行政对民

---

① 何艳玲：《中国公共行政学的中国性与公共性》，《公共行政评论》2013年第2期。
② 陈天祥、龚翔荣：《国外公共管理学科领域研究热点及演化路径——基于SSCI样本期刊（2006—2015）的文献计量分析》，《公共行政评论》2018年第3期。
③ 蓝志勇：《公共管理学科的理论基础与基础理论》，《学海》2020年第1期。
④ 刘太刚：《公共管理学基础理论与公共管理学内外部学科关系探讨》，《江苏行政学院学报》2012年第4期。
⑤ 张成福：《重建中国公共行政的公共理论》，《中国人民大学学报》2007年第4期。

主、公正的价值关怀在一定程度上可以形成对公民需求表达不足、政治参与不足的替代性效应，真正实现公共行政的价值规范。"①

（二）学术追求方面

很长时期内，中国行政学的发展是以改革时代叙事或改革话语为自己的叙事方式。"公共行政学发展进程中的改革叙事方式，指的是公共行政学的知识探索和求取受政府行政改革实践支配的现象，即公共行政学没有提出自己的关键性知识议题，没有对作为当代中国治理制度基础的公共行政提出建设性、规范性和理性的想象和谋划，没有持续形成和探索中国究竟需要何种公共行政的追问。"②

（三）内容取向方面

一是行政学研究的"体制性话语"。"体制性话语中很多词汇的'历史起落'十分明显，过分追逐热点的研究，往往随着层出不穷的改革创新而难以深入和延续。"③ "当研究者被实践者关注的问题牵着鼻子走，则意味着承认实践者对公共行政理论具有更大的所有权，行政研究也必然会在当代问题中跳来跳去。这种非积累性的研究最终会损害研究者的严谨性、中立性和尊严。而所谓的'研究成果'，或者会沦为政府改革实践的注脚，或者会成为帮助公共机构实现话语体系更新的口号，也或者干脆会被束之高阁、无人问津。"④ 46.3%的对策研究大多只是遵循着"现象—问题—对策"的三段论的模式，回答"怎么样"而不问"为什么"，或者只是引经据典，为现行政策作"注脚"⑤。

二是理论与实践的鸿沟。行政管理的真实世界还是一个相对封闭的世界，学者无法深入其中并收集到详细的经验数据和观察资料。与发达国家相比，中国行政学界在理论创新的实践基础方面面临一些约束和不利条

---

① 吕芳、王梦凡、陈欢舸：《对21世纪以来中国公共行政学研究的评估与反思：基于2001—2013年间的4659篇论文》，《政治学研究》2015年第2期。
② 孔繁斌：《中国公共行政学：叙事转换中的发展》，《公共行政评论》2013年第3期。
③ 薛澜、张帆：《公共管理学科话语体系的本土化建构：反思与展望》，《学海》2018年第1期。
④ 薛澜、张帆：《公共管理学科话语体系的本土化建构：反思与展望》，《学海》2018年第1期。
⑤ 吕芳、王梦凡、陈欢舸：《对21世纪以来中国公共行政学研究的评估与反思：基于2001—2013年间的4659篇论文》，《政治学研究》2015年第2期。

件：发达国家政界和学界之间存在制度化、经常化的人员流动（所谓"旋转门"），中国两者之间的壁垒比较森严，学者鲜有直接从事政府管理的经验（挂职锻炼和独立担负行政责任不能同日而语）①。

（四）研究方法方面

马骏提出："公共行政学最核心、最基本的问题就是政治与行政的关系问题。"在中国背景下，公共行政中的政治与行政管理，最核心的亦是党政关系。如果不能真正理解这个关系，公共行政学将永远不可能真正认识和理解决定中国公共行政实践的基本制度框架。② 如果这样，不可避免地，在所有关于经济、社会、政治的重大问题讨论中，我们将不可能听到公共行政的声音。在脱离政治分析的管理主义的驱使下，中国公共行政学正在逐渐对关乎国家建设和民生福祉的具有根本性的重大问题丧失兴趣，也越来越缺乏解决这些问题的学术热情。由于存在规范理论的贫困，在过去三十多年不断变化并且在最近十年日趋复杂的中国意识形态图谱中，中国公共行政学从来都只是一个价值体系的接受者，从未成为一个价值体系的批判性的建构者。

（五）话语体系方面

中国公共管理研究长期移植西方的理论和方法，但西方经验并不完全适合中国复杂且异质的社会实践。20世纪80年代，中国行政学科恢复发展时，国人几乎是不假思索、不加取舍地同步引进了公共行政、公共事务、公共政策和公共管理的概念、理论和方法。这种相对仓促的"全盘"引进方式不仅淡化了国人对公共管理学科在西方语境中所独有的发展背景、阶段与路径的关注，也使其极大地忽略了公共管理学科话语体系内存在不一致性的事实。③ 在我国的公共行政研究中，存在割裂政治与行政的关系，盲目推崇和引进西方的公共行政技术的现象。然而，忽视制度文化土壤所蕴含的公共性价值的技术嫁接必然出现排异反应。④ 有学者认为，

---

① 周志忍：《公共行政学发展绕不开的几个问题》，《公共行政评论》2013年第2期。
② 马骏：《公共行政学的想象力》，《中国社会科学评价》2015年第1期。
③ 薛澜、张帆：《公共管理学科话语体系的本土化建构：反思与展望》，《学海》2018年第1期。
④ 夏志强、谭毅：《公共性：中国公共行政学的建构基础》，《中国社会科学》2018年第8期。

中国行政学过去几十年的发展，充满了移植和加工的特点和性格[1]；中国行政学已逐渐与国际接轨，但同时也显现了用西方思维、西方模具加工中国素材的痕迹，失去的可能是对中国重大问题的诊察和关怀。[2] 还有学者甚至断言：中国公共行政学的研究并未形成本土化的特色。[3] 其实，这是一个老问题，一直得不到很好的解决。[4]

---

[1] 周志忍：《迈向国际化和本土化的有机统一：中国行政学发展三十年的回顾与前瞻》，《公共行政评论》2012 年第 1 期。
[2] 张成福：《变革时代的中国行政学：发展与前景》，《中国行政管理》2008 年第 9 期。
[3] 张桂琳：《当代中国公共行政学研究的本土化问题》，《新视野》2013 年第 3 期。
[4] 陈振明：《公共管理的学科定位与知识增长》，《行政论坛》2010 年第 4 期。

第四章

中国特色行政学的基本特质

中国特色行政学坚持以马克思主义理论为指导,体现马克思主义行政哲学与中国传统文化的融合;其逻辑起点是政治与行政的和谐统一,体现党全面领导下的多元政治关系及其互动,着力构建现代化的政府治理体系;其"中国特色"主要体现为传统与现代的统一,及面向当代中国的真实情境,兼具普遍性与特殊性;其理论体系既体现科学性与人民性,也具有包容性和创造力。

第一节 坚持马克思主义行政哲学与中华传统优秀文化相融合

思想是行动的先导,始终将马克思主义的立场、观点和方法作为"源头活水",是中国特色的行政理论能够保持正确方向、不断焕发生机和活力的基本要素和重要保证。

一 坚持马克思主义行政哲学的总体方向

行政哲学的首要内容就是要通过对行政学、行政史、行政学说史的反思,抽象出行政的普遍本质和发展规律,然后才能据此推导出一系列行政价值与伦理规范。[1] 克里斯托弗·胡德(Christopher Hood)与米歇尔·杰克逊(Michel Jackson)在英语国家中第一次明确提出了"行政哲学"(administrative philosophy)。他们认为行政哲学与学说(doctrine)、合理

---

[1] 吴元其、王辉:《行政哲学:来龙去脉与建构路径》,《中国行政管理》2004年第6期。

性（justification）一起组成了行政观点。其中行政学说指公共行政应当作什么的观念，行政合理性指特定行政学说存在的理由，而行政哲学指从行政合理性的角度把一组行政学说前后一致地结合在一起，反映出特定的价值观倾向。胡德和杰克逊认为行政哲学还没有成型，但力图把新公共管理当作一种理想的行政哲学。[1]

中国国内行政哲学的研究始于20世纪80年代，随后在行政实践与理论日益成熟的背景下得到了一定程度的关注，但仍处于初创阶段。有学者认为，行政哲学是"对人类行政活动过程本质与规律的认识的反思活动"，行政哲学的内容包括行政理念问题、行政作用问题、行政价值问题、行政伦理问题以及行政方法论问题。[2]"行政哲学是对行政本质以及行政学理论发展进程进行考察和反思的哲学。"[3] 这种观点从"实际的行政活动"与"理论的行政学理论"两个主题出发，认为存在着两种行政哲学，一种以行政本体论考察为研究对象，另一种则以行政作为一门科学的整个发展进程的考察和发展取向的价值判断为研究对象；或者说行政哲学的基本功能是"对行政实践、行政理论的批判和创新"[4]。

J. S. 朱恩谈到，在公共行政中，那些使用哲学探究方法的人并不是为管理中的问题寻求技术性答案，而是从概念性的观点中阐明复杂的问题，并建议规范性（normative）的答案。[5] 行政哲学应当着眼于对行政现象、行政活动和行政理论最一般问题的理性思考。

中国的行政哲学和思想有四个来源：

一是中国传统的行政哲学理念。在中国古代传统的行政思想中，除了为封建专制服务的操作层面外，也蕴含着一些深层次的行政理念。诸如"天人之辨""善恶之辨""义利之辨""德法之辨"等，仍然闪耀着行政智慧之光。但是，在中国从传统走向现代的进程中，传统的行政理念对于

---

[1] 朱德米：《行政哲学与管理实践：转型中的公共行政理论》，郭济《行政哲学导论》，黑龙江人民出版社2004年版，第91—92页。

[2] 何颖：《行政哲学的图景》，《中国行政管理》2008年第6期。

[3] 芮国强、谢玉平：《行政哲学研究的两个主题》，《江苏行政学院学报（南京）》2002年第4期。

[4] 芮国强、乔耀章：《论行政哲学的基本功能》，《苏州大学学报》2003年第1期。

[5] ［美］J. S. 朱恩：《什么是行政哲学》，孟凡民译，《北京行政学院学报》2004年第4期。

现代中国行政哲学来说只能是"流",而不能是"源",其理论基础应该是现实的行政改革和行政活动,传统行政理论需要通过现代行政哲学的研究加以批判扬弃。

二是马克思主义的历史唯物主义,尤其是国家学说、政党学说和历史辩证法。它们理所当然应该成为我们今天研究和建构中国行政哲学的指导思想,但是也应根据现代社会主义尤其是市场经济下的行政实践与时俱进地发展。

三是西方现代行政理论和行政哲学。西方现代行政哲学理念已经渗透进我们的行政实践中,是建立现代中国行政哲学不可缺少的理论背景和参照系。但是也必须明确:西方现代行政哲学毕竟是"舶来品",它在社会制度、意识形态、历史传统、行为方式和发展阶段等方面并不完全适合我们的国情,应该根据自己的国情进行改造。①

四是马克思主义中国化的行政哲学。中国共产党在领导新民主主义革命、社会主义建设和改革开放以来的中国特色社会主义建设过程中,不断将马克思主义的基本原理与中国国情实际相结合,创造出"以人民为中心""不断满足人民日益增长的美好生活需要""国家治理""共建共治共享""发挥中央与地方两个积极性"等思想和理念,这是中国行政哲学发展的重要的价值依托。

(一) 马克思主义行政哲学的基本原则

马克思主义既是纲领,也是总领性、引导性的原则和方法。尽管中国特色行政理论的哲学、思想和文化具有多源路向,但中国特色的行政理论仍是马克思主义的行政理论,马克思主义的基本原理构成了中国特色的行政理论的哲学、思想和文化的核心依据,在此基础上,融合了传统文化和马克思主义中国化过程中所创造的中国特色社会主义文化,也构成了不断丰富和拓展的行政哲学、思想和文化的重要来源。

首先,马克思主义的行政思想最终是要将价值的终极目标回到人本身。马克思和恩格斯在《共产党宣言》中揭示出:"代替那存在着阶级和阶级对立的旧社会的,将是这样一个联合体,在那里,每一个人的自由发

---

① 吴元其、王辉:《行政哲学:来龙去脉与建构路径》,《中国行政管理》2004年第6期。

展是其他一切人自由发展的条件。"①

马克思和恩格斯认为，在资产阶级社会里，资本具有独立性和个性，而活动着的个人却没有独立性和个性。②而共产主义是人的自我异化的积极的扬弃，因而是通过人并且为了人而对人的本质的真正占有；因此，它是人向自身、向社会的即合乎人性的人的复归，这种复归是完全的、自觉的和在以往发展的全部财富的范围内生成的。这种共产主义……是人和自然界之间、人和人之间的矛盾的真正解决，是存在和本质、对象化和自我确证、自由和必然、个体和类之间的斗争的真正解决。所以，马克思和恩格斯呼吁："全世界无产者，联合起来！""无产者在这个革命中失去的只是锁链。他们获得的将是整个世界。"③

其次，马克思主义的实践理论启示政府行政不能脱离于现实的物质生产实践，必须在尊重和利用经济社会发展客观规律的基础上发挥行政行为的能动性。马克思、恩格斯运用唯物史观对"现实的人"进行了诠释，他们认为，现实的历史的人是建立在物质生产实践之上，因此人的本质在不同历史时期具体展现为建立在一定生产力之上的生产关系，它构成了人的本质的现实基础。马克思主义认为，人的本质在其现实性上是一切社会关系的总和，人类就是在对自由和不断发展的永恒追求中不断走向最终解放，社会主义的终极目标是人的解放和人的自由发展；人是制度发展的主体，这种主体性具体表现在人在制度发展进程中对制度的创造和选择上；在人与自然和社会发生联系的过程中，人的实践活动必须严格遵循自然规律和社会规律，按规律办事，尊重和利用规律是人发挥主观能动性的重要体现，也是对人的实践活动的基本要求。

最后，马克思主义的国家理论意蕴了社会主义国家的政府的本质与目的是维护和服务于人民的利益。马克思通过对黑格尔社会与国家关系理论的批判，颠覆了以往国家决定社会的唯心史观，在社会历史领域确立了唯物主义的权威。马克思认为社会决定国家，社会控制和制约国家的各种权力，社会才是国家的主人。马克思指出，国家的本来面目应该是人的自由

---

① 马克思、恩格斯：《共产党宣言》，人民出版社1997年版，第50页。
② 马克思、恩格斯：《共产党宣言》，人民出版社1997年版，第43页。
③ 马克思、恩格斯：《共产党宣言》，人民出版社1997年版，第62—63页。

产物,人民的自我规定,只是人民存在的环节。换言之,社会与国家不应该是对立的,而应该是统一的,国家应该是普遍利益和特殊利益的统一,国家不可以是一个站在社会之上的机关,只能是完全服从这个社会的机关。马克思提出一个十分具有挑战性的理论问题:把国家"迄今所夺去的一切力量,归还给社会机体"[①]。马克思主义在指出维护统治阶级的利益是国家的根本性质以后,同时也指出:虽然国家只属于居统治地位的那个特殊阶级,但它又代表着整个社会,使统治阶级整个社会的意志得以实现。因为它除了用暴力把被剥削阶级控制在当时的生产方式所决定的那些条件下之外,它同时也是维持社会秩序、生产秩序和生活秩序,管理社会公共事务的社会公共权力。正因为如此,国家往往表现为整个社会的正式代表,"国家要想发挥作用,就必须按照合乎规律的经济发展的精神和方向履行其社会职能"。同时,恩格斯也指出,"虽然国家是整个社会的正式代表,是社会在一个有形的组织中的集中表现,但是,说国家是这样的,这仅仅是说,它是当时独自代表整个社会的那个阶级的国家;在古代是占有奴隶的公民的国家,在中世纪是封建贵族的国家,在我们的时代是资产阶级的国家。"[②] 总之,维护社会公共利益也是国家本质的体现,但是归根结底是为维护阶级统治的利益服务的。

(二)马克思主义行政哲学的内容框架

首先是行政价值。其一,人民性这一独特的价值体系构成了中国行政伦理的首要的价值规范,而不同于西方行政价值中的参与和利益(西方政治文化中的公民文化是一种参与型的政治文化,政府的权力来自公民的赋予,遵循契约精神,实现公民的要求)。从情感价值取向来说,中国特色的行政伦理对人民的重视体现了马克思主义的群众观立场,是一种以人民为中心的主体性的政治伦理,人民与政府水乳交融、生死与共、密不可分。其二,在"以人民为中心"的价值引领下,探讨行政价值的构成、标准、结构以及过程。在"十四五"规划、"二〇三五年远景目标",以及国家治理体系和治理能力现代化的目标背景下,行政价值不是抽象的话语,而是有着具体的目标和衡量的标准。行政价值研究还要探讨价值的创

---

① 中共中央编译局:《马克思恩格斯全集》第3卷,人民出版社1995年版,第58页。
② 《马克思恩格斯全集》第3卷,人民出版社1995年版,第57页。

建与定义的过程，政府、社会和公民在其中的角色和作用，以及在具体的目标和行政过程中，如何对多样化的价值"标签"进行整合，形成反映人民的利益和需求，并能够凝聚全民共识、发挥整体合力的组织机制。

其次是行政理念。面向国家治理体系和治理能力现代化，在系统分析并吸收传统治国理念，吸纳西方国家现代公共行政和公共管理的新理念，克服"人治""官本位""人身依附""任人唯亲"等弊端，建构具有中国特色、符合国情实际、服务政府发展的服务导向的、以人民为中心的现代的行政理念。这既包括基本的行政价值，包括"为人民服务""对人民负责""受人民监督""让人民满意"等，也包括创新驱动、区域协调、诚信政府、民生福祉、均等化服务、普惠、数字政府、开放政府、公民参与等行政改革创新的引导性理念。同时，也需建构在中国特定的政治制度、经济和社会发展需求的语境下党与政府、人大与政府、政府与市场、政府与社会，以及有为与有限、公正与效率、责任与民主等行政理念的概念关系及其结构。

最后是行政伦理。H. 乔治·弗雷德里克森（H. George Frederickson）认为，公共行政精神既是外显的，也是内隐的。对于个人而言，公共行政精神意味着对于公共服务的召唤以及有效管理公共组织的一种深厚、持久的承诺。行政伦理在中国行政学发展中是一个历久弥新的议题，中国传统行政伦理思想源远流长。早在春秋战国时期，孔子就提出了"为政以德，譬如北辰"（《论语·为政》）的为政原则。自20世纪90年代开始，鉴于市场经济的负面效应，腐败等关涉行政伦理的问题大量出现，中国学者对西方学者20世纪70年代提出的论题进行系统研究。21世纪前十年，行政伦理研究进入了快速发展时期，行政伦理的专著相继出版，代表性的有李春成的《行政人的德性与实践》、王伟和鄯爱红合著的《行政伦理学》、张康之主编的《行政伦理学教程》《公共管理伦理学》等。2010年以后，行政伦理研究进入了相对成熟时期，从宏观研究进入相对微观的研究领域。在学术著作方面，李建华等编著的《行政伦理学》与张康之等编著的《行政伦理学教程》成为中国新时期行政伦理学的代表性教材。其显著特点是向行政伦理的专业门类延伸，如张康之主编的《行政伦理与职业道德》、刘雪丰主编的《公务员履责困境与出路选择》、杨文兵主编的《当代中国行政伦理透视》，全建业的《行政伦理视角下的反腐倡廉问题探讨》、杨凤春的《行政伦理与中国的反腐倡廉——基于内外部控制的行政伦理视角》以及赓炼忠的《论当代中国行政伦理制度化的界限》等著作，都是直面当代中国行政体制改革中的现实问题。[①] 党的十八大以后，以习近平同志为核心的党中央在治国理政中提出的许多新理念、新提法，给行政伦理提供了丰富的来源，如"发展为了人民、发展依靠人民、发展成果由人民共享""不断满足人民群众对美好生活的需要""保证全体人民在共建共享发展中有更多获得感，不断促进人的全面发展""幼有所育、学有所教、劳有所得、病有所医、老有所养、住有所居、弱有所扶""权为民所用""领导干部'五好标准'""把权力关进制度的笼子里"等，这都构成了行政伦理创造性发展的重要基点。

（三）马克思主义行政哲学的新发展

中国特色社会主义理论体系对马克思主义国家学说实现了新发展。中共十八大以来，以习近平同志为核心的党中央提出了一系列治国理政的新理念新思想新战略，进一步丰富、完善和发展了马克思主义国家学说，为中国特色行政学的哲学、思想和文化指明了方向，集中体现在：首次阐明中国特色社会主义制度与国家治理体系和治理能力之间的关系。国家治理体系是在党领导下管理国家的制度体系，国家治理能力则是运用国家制度管理社会各方面事务的能力；首次凝练概括了我国国家制度和国家治理体系具有的显著优势，鲜明指出，我国国家制度和国家治理体系既体现科学社会主义的基本原则，又具有鲜明的中国特色、民族特色、时代特色；首次把中国特色社会主义制度中起四梁八柱作用的制度明确为根本制度、基本制度、重要制度。首次明确党的领导制度在我国国家制度和国家治理体系中的统领地位。进一步明确了国家行政体系在促进经济社会发展和进步、提升人民福祉中的重要地位和作用，全面阐释了人民与政府的关系和服务型政府的内涵。

马克思主义及其中国化的过程中形成的关于人、实践、国家和社会的理论为中国特色的行政哲学和思想的路向指明了方向，就是要坚持人民性与科学性的统一。在所有的社会构造中，人是一切社会生活和实践的主

[①] 赵晖、朱紫祎：《我国行政伦理研究二十年及热点问题分析》，《河南师范大学学报》（哲学社会科学版）2016年第2期。

体，而所有的社会实践最终也要复回到人本身。在马克思的人的本质和国家观中，蕴涵着政府行政的内在价值取向的光辉思想：政府行政本质上维护统治阶级的利益，同时也维护着社会公共利益，但是维护社会公共利益是为维护统治阶级的利益服务的。在资本主义社会，政府行政行为的价值取向是资产阶级的利益，而在社会主义社会，政府的行政行为的价值取向必然是为广大人民群众的利益服务。在由社会主义向共产主义的过渡中，国家是一种必然的存在，这种存在需要理解和认知私有财产和国家权力的本质，不是向非自然状态的倒退，而是积极地扬弃，行政本身要遵从自然规律和社会规律。马克思主义强调，人类劳动实践总是在一定的社会关系中进行的，为了使劳动实践正常进行下去，就需要运用各种规范去调整人们之间的社会关系，这就要求人们的行为必须遵从或符合某种价值观。任何一个社会的政府，都以效率和公平为价值取向。但是，不同社会的政府的效率价值取向和公平价值取向的指向和内涵是不同的。不同社会的政府的效率观与公平观，对于其所处的具体历史时代来说，都具有一定的合理性，但这种合理性不是永恒的，因为生产力的发展和生产关系的变革会打破这种合理性。

在中国特色社会主义发展的过程中，政府行政的价值必定是多元的，并且始终在公平与效率之间对立统一的动态调整之中，政府需要根据不同时期的社会主要矛盾进行科学的选择，并通过自身的科学规范管理和有序运行，促进价值的有效实现，最终满足和实现全体人民的共同利益，这种总的价值取向就是：人民性与科学性的统一。行政国家的中国叙事包括了"党性"与"人民性"的背景观念与"新时代中国特色社会主义思想"的前景话语。[①] 在党对广大人民群众的带领与团结下，中国特色行政学的价值导向是围绕人民的。政府的社会治理目标是保障人民的幸福生活，让人民能享受发展成果，简单来说，就是充分重视人民的幸福，将人民的幸福程度作为衡量标准。人民性这一独特的价值体系，与西方国家的价值理念是不相同的。西方政治文化中的公民文化是一种参与型的政治文化，遵循契约精神，实现公民的要求。在中国，政府治理的"人民性"体现的

---

① 朱正威、吴佳：《新时代公共行政学的中国话语：基于"场景—问题"的经验叙事》，《学海》2018年第1期。

是"服务人民群众""坚持一切行政机关为人民服务、对人民负责、受人民监督""让人民满意",[①] 要将这一中国特色的价值导向融入行政学的科学方法、理论探索和体系建构之中。同时,行政学的理论工作者和实践者要认识到,遵循经济社会发展规律的科学性是人民性的重要保证。要深入、全面理解中国国家行政体系所具有的制度优势,理性认识西方公共行政所具有的长处及其在话语体系、制度化等方面将长期占据优势的客观事实,以发展的观点看待现存的问题。在保持中国特色的行政理论和制度的内核稳定的同时,认真学习和借鉴各国创造的有益成果,在发展中不断进行发现、创造和创新,提升自身的科学性,以更好地为人民性服务。也要认识到,政府只是实现美好社会的一个重要力量而不是全部力量,是体现公共行政公共性的一个重要组成部分而不是全部,而社会公众是推动美好社会构建的另一个重要组成部分。行政学知识体系的未来发展不能忽略公众在民主治理中的必要角色,[②] 而应当积极创造公众参与现代治理的机遇,并将公众参与作为公共管理知识体系构建的一个重要内容。[③]

二 融合社会主义文化和中华传统优秀文化的行政文化路径

任何一种行政体制及其行政过程,都有一定的行政文化作支撑。行政文化是人们在行政生活中形成的并长期影响其行政思维和行为模式的一系列观念、态度、信仰的总和。[④] 行政文化是观念性的,具有塑造、稳定、规范、指导行政系统和行政活动的基本功能。行政文化有其特定的文化内涵,在行政活动的实践过程中,行政文化可以对于参与者或者决策者的行为产生一系列的影响,主要体现在对于行政理念、行政规范和行政道德的影响。行政文化是社会文化的重要组成部分,是基于这个社会过去特定的社会活动、社会发展而随之产生的。不同的社会文化滋生出的行政文化自然也各不相同,相对应的行政体系也会不一样,有几千年历史文化的中国

---

① 《中共中央关于坚持和完善中国特色社会主义制度 推进国家治理体系和治理能力现代化若干重大问题的决定》,新华社,2019 年 11 月 5 日。
② 颜昌武:《公共行政学的大问题:回顾与展望》,《中国行政管理》2018 年第 11 期。
③ 王郅强:《构建具有中国特色的公共管理学科知识体系》,《学海》2019 年第 1 期。
④ 颜佳华、杨志伟:《近 20 年来我国行政文化研究的回顾与展望》,《湖南科技大学学报》(社会科学版) 2007 年第 6 期。

是可以、也应当建立基于自己特色的行政文化基础的行政理论体系的。

当前，中国行政文化建设的经验积累来源于三个方面：一是对我国几千年来中华传统行政文化的传承；二是中华人民共和国成立后集中统一的管理体制对行政文化的影响；三是改革开放以来行政文化吸收国外一些有益的成分结合国情进行有效的探索和积累。这三个方面的行政文化积累和总结，就是当前我国行政文化的基本概况。[1] 从总体来看，当前我国行政文化虽然处于健康、良好的状态，但离国家治理现代化对政府行政管理实践活动所依托的那种现代化的行政文化要求还有差距。

由于中国仍处于现代化的过程中，经济社会的各个领域正在发生持续而深刻的变革，不同性质的行政文化并存。一方面是积极推动行政改革，适应经济社会变革的需求，不断增强与国家治理体系和治理能力现代化的适应性；另一方面是守旧的、保守的行政文化及其惯性仍然长期存在，阻碍了国家治理体系和治理能力现代化的实现。主要体现在五个方面：

一是权力本位观念与主权在民思想并存。悠久的封建历史和长期的计划管制模式构成了权力本位的文化内蕴，在长期的心理积淀和环境氛围下，权力本位逐渐成为一种固有文化。但同时，中国特色社会主义的理论和制度设计本身内蕴了国家的一切权力属于人民，要求政府权力的正当行使和良性运行。

二是保守倾向与开拓精神并存。传统的农耕文化具有保守封闭的内在元素，机械式的官僚组织又具有内卷化和臃肿、集中的弊端，强调服从和"不求有功、但求无过"的态度也影响了公务员的积极性、主动性和创造精神。但经济社会的变动节奏加快，政府竞争的态势渐趋显现，推动政府的管理思维加快转变，开拓进取的事例层出不穷，也在反推和重塑行政的精神取向。

三是"权力"滥用与公正用权的理念并存。市场经济的逐渐成熟和社会的复杂化，利益追求的泛滥扭曲，使一些地方和部门为实现利益的最大化，用各种手段谋求权力的扩大和不当利益合法化。随着依法治国、依法行政的深化，"不患寡而患不均"的传统思想，政府内部自觉按照法律

---

[1] 易昌良：《国家治理现代化进程中的行政文化建设与创新》，《经济研究参考》2014年第63期。

规则和政策办事的观念日益深入，规范用权、按章办事的文化氛围也逐渐形成。

四是官本位的传统观念与公共服务精神并存。中国两千年封建历史的文化传承和中华人民共和国成立后长期实行计划经济体制的惯性，使得官本位思想至今仍有着深厚的生存土壤。但同时，从封建社会家国一体的民本思想到社会主义革命和建设时期的"为人民服务"，再到服务型政府、"以人民为中心"，中国历史和现实也具有现代的、中国特色的强调权力为民所有、所用和制约、监督权力的历史土壤与现实基础，公共服务作为政府的首要价值并成为社会对政府的普遍要求与期望。

五是保守思想与改变现存体制的激进思想并存。随着中国进一步融入世界和经济社会一体化的发展，全球文化交流越来越广泛。随着中国的崛起，西方对中国的态度也趋于复杂，话语体系的竞争将更加激烈。这些多重特征使得在中国与世界的文化交流中，出现了抗拒与包容、创新与接纳、自信与怀疑之间的博弈、冲突与合作。

综上所述，当前的行政文化在推动政府善治方面尚不能完全满足国家治理现代化的基本要求，不能完全实现对促进整个社会和谐和经济社会快速发展所需的精神支持。当前，中国的行政文化的基础和现象是机遇与风险并存、挑战与发展同在，为此，以服务国家治理现代化和政府治理现代化的需求出发，不断创新和丰富行政文化的内涵，构建中国特色的行政文化理论体系，构成了中国特色行政学理论的重要研究途径和内容构成。

行政文化是一个非常宽泛的概念，它包括行政理念、行政价值、行政准则，以至历史的现实的行政现象、行政活动，行政文化学的内容则可以囊括行政文化、行政哲学、行政伦理学甚或行政学本身。行政学理论的文化途径，是一个宽泛的、包容的概念，构成了一个综合的途径和独特的领域。

(一) 中国行政文化史的研究

从行政文化的性质上来看，它不是主观意识的产物，而是在社会特定的政治、经济环境的需求下形成发展起来的，是以社会文化背景为依托的。因此，从行政发展史的角度观照行政文化，要充分考虑中国行政文化的多源性和历史发展的汇源性。中国文化具有一种天然柔性与兼容性。中华文明的发展是一个不断从小变大,并不断融汇并包的产物。关中地带的半坡文化,河南一带的仰韶文化,四川一带的三星堆文化,江浙一带的河姆渡文化,都说明了中国文化的多源性,而多源的文化,在大一统的过程中,并不是简单地被同化,而是在同化与多样性之间,反复地震荡,并最终平静下来,进而在整体上形成了中华民族的主干统一与文化多源多样的形态。在外部关系上,中国的概念,从关中河南一代,拓展到整个中原地区,并最终扩展到了当代中国的绝大多数地方,乃至形成了蔓延至整个东亚的四方朝贡体系,而在这一扩展过程中,绝不是单向的制度形态的输出,而是不断在扩展过程中,与当地的文明融合吸纳,最终形成统一包容的文明体系。① 有学者认为,中国公共管理体系将继续秉承其自古以来形成的核心文明内核,并围绕这些核心文明传承,与不断出现的新兴管理技术相结合,最终实现更为美好的文明体系构建。这些核心文明内核,也将是未来更加广泛的世界公共管理体系中的重要文明内核。包括:(1)仁者爱人:公共管理体系要视所有公民为一家,天下皆手足亲朋;(2)大道自然:公共管理体系贵简不贵繁,贵养民而避害民;(3)众生平等:天下众生,皆同等而出,无分贵贱,权利平等;(4)法无贵贱:天无二日,国无二法,法律之下,人人平权;(5)大同世界:人人平等,富足,常乐,无忧患,无争扰,成大同世界。② 可以说,中华文化和中国传统的治国理政文化是丰富的宝藏,与行政学理论直接相关的知识和经验有的来自民间(民间自组织和自主治理),更多来自统治管理层,以治国理政视角来考察行政学理论的传统知识和经验,是实现行政文化与中国社会的思想与现实的匹配性,理性看待文化的"路径依赖"与理性设计突破之路,具有重要的现实意义。

有学者认为,一个有着完整文化体系和思维方式的国家或民族,由于某种原因而出现了历史演进的断裂带,在重新走上发展正轨的时候,不是在发达形态的新起点上前行,往往是要在断裂的地方找回前行的起

---

① 何哲:《中国需要什么样的公共管理——中国公共管理体系的品格与未来》,《党政研究》2018年第1期。
② 何哲:《中国需要什么样的公共管理——中国公共管理体系的品格与未来》,《党政研究》2018年第1期。

点。中国的行政文化是复杂的、多维度的，要理解其历史发展的"断裂带"，从行政文化演进的历时性与共时性交互的角度，探讨其特定的脉络与取向。

其一，加强对行政文化发展脉络的研究。尤其是在中国历史发展的"断裂"时期，通常也是多种行政文化相互作用、相互激荡，彼此之间产生"化学"反应的重要时间点，需要对这种"融合""博弈"的过程和作用因素进行情境式的综合性分析，理解重要的影响因素和演进脉络、路径依赖与突破。行政文化的变迁路径、模式，行政文化创新的动力、环境和机理，以及行政文化的变迁过程及其与社会文化的重要关系和互动，行政文化变迁与行政体制机制变革的关系和互动作用，都是这一领域的重要研究问题。

其二，探索中国传统行政文化的现代性转化。中国传统行政文化的"缺陷"，既扎根于中国特定的国情之中，有其文化和国情意义上的特殊性，也是一种普遍的、必然的历史局限性的体现，这种文化的深厚土壤尽管并不完全适合于现代行政的需求，但中国历史上的治国理政文化具有极强的可塑性，具有重新解释、诠释和挖掘，以适应时代需求的潜力，这种在特定时空生成的"文本"，需要我们在当今的时空中予以"语境重构"。所谓语境重构，即"有选择地援用、重新定位、重新调整和关联其他话语，以构成自己的秩序的排序方式"。对中国历史上生成和发展的行政文化，重新筛选、定位、调整、补充，使其与当今的时空特征相契合，能够使中国悠久的行政文化重新焕发生机和活力。

其三，探讨行政文化的体制性话语、学术性话语与民间话语的互动演化。体制性话语是一种很有中国特色的话语类型，它包括一系列口头的和书面的行政词语、政治口号、宣传舆论和政策文件等，它与流行于社会上居支配地位的集团的态度、信仰和价值观是相一致的。体制性话语并不完全等同于官方话语体系，更不局限于政府公文语言体系，它的特征主要体现在：第一，中国所特有的革命与改革实践建构了体制性话语的主体部分；第二，体制性话语包含着历史文化因素；第三，体制性话语并不排斥学术话语；第四，体制性话语也不排斥民间话语；第五，体制性话语的更新总会引发一波公共管理领域的研究热潮。[1] 在中国行政学理论的发展中，体制性话语占据了"中心"的地位，但体制性话语中很多词语的"历史起落"十分明显，过分追逐热点的研究，往往随着层出不穷的改革创新而难以深入和延续；学术性话语的更新则受到西方行政学"热潮"的深刻影响；民间话语与学术性话语之间则缺乏互融互通。对于行政文化这一兼具显性与隐性，具有很强的韧性与黏性的领域，需要重新建构三种话语之间的逻辑关系和互动关系，促使行政学体制性的文化话语、学术性的文化话语、民间的文化话语，以党的执政文化和社会文化为基础，以话语互换为媒介，实现行政文化的话语体系的互动式发展、协同式创新。

（二）行政制度文化研究

广义的行政文化构成观认为，行政文化由行政物质文化、行政制度文化和行政精神文化三个层面构成；[2] 行政文化由行政思想、行政制度和行政心理三个基本要素构成。[3] 夏书章认为，行政文化可以划分为行政心理、行政道德、行政精神三个由低到高的层级性行政文化。[4] 对于中国来说，现代的行政文化、行政伦理、行政精神尚未构建出一个被普遍接受、广受认可的体系，而在多层次的行政文化中，由于中国传统治国重"人治"而非"法治"，行政文化在很多情况下是隐性的，强调人本身而非制度的约束。在当今时代，推动中国特色社会主义行政制度的成熟与定型仍是一项长期而艰巨的任务，加强与行政制度关联的行政文化的研究与建构就愈加紧迫。可以说，行政制度既是物质的又是精神的，这是因为行政制度总是一定行政文化观念的外显，在每一项具体的制度规定、体制机制、法律规范之下，都潜藏着一定的理论、原则、规则和思想。这些关于行政体制、行政机制、行政组织、行政法规的观念、规则和思想，可以统称为行政制度文化。当前，中国的行政制度文化在总体上应该是服务型、法治型、合作型和学习型的，它们都对应相应的制度体系，以及支撑制度的理

---

[1] 薛澜、张帆：《公共管理学科话语体系的本土化建构：反思与展望》，《学海》2018年第1期。

[2] 陈洪生：《行政文化的结构与变迁》，郭济《行政哲学导论》，黑龙江人民出版社2003年版，第195—205页。

[3] 彭国甫：《论行政文化结构》，《湘潭大学学报》（哲学社会科学版）1995年第5期。

[4] 夏书章：《行政管理学》，中山大学出版社1988年版，第166—183页。

念、伦理及其保障性的制度形式，对这些制度形式的探讨就成为行政文化途径的一个重要方式。在此过程中，需要注重对国外经验和中外比较的研究。比如，为确保行政伦理法律施行，西方发达国家大都注重建立完善全方位、多层次、立体化的管理监督体制，严格执行，加强惩戒，接受社会各界监督，从而使行政伦理建设常态化。如，美国自上而下皆设立了政府伦理道德管理机构，中央政府设立政府伦理道德管理署，众议院建立了伦理委员会，许多州、市政府和议会也设有伦理道德管理的专职机构。对这些问题的探讨，有助于创造中国行政文化发展的多元化路径，使行政文化不再是"空中楼阁"，而是具有更强的现实指向性和实践性，进而推动行政文化本身和行政学理论的包容性发展。

第二节　坚持中国共产党全面领导的政府治理体系现代化

行政与政治有天生的血缘关系，在行政学说史上，政治与行政的紧张与冲突、协调发展构成公共行政发展的独特景观。如，美国的公共行政一开始就试图在政治与行政分离中完成美国式公共行政的理论构建，而这在当时的环境下为公共行政学的研究设立一片独立的空间，奠定了行政学独立的学科基础。对此，有学者谈到，在政治与行政二分下，公共行政学能够迅速聚焦问题，从而实现学科的独立性。但自20世纪40年代以来，政治与行政二分法受到深刻批判，而这根植于其背后暗藏的深刻悖论：政治与行政不分离则行政无独立可能，效率政治无法实现，独立的行政学不可能立；完全分离又不符合现实中政治与行政实践的关系，会陷入"管理主义"泥淖，不符合宪法框架对行政的规定和制约。[①]

由于具体的制度背景、语言和文化的差异，关于政治与行政的关系，中国与西方存在明显的差异。按照公共管理（或者说传统意义上的公共行政）学科的诞生标志，政治和行政的二分传统对于行政实践和知识生产起到了深远影响。如果我们大体沿袭这个传统来理解公共管理活动本

---

① 夏志强、谭毅：《公共性：中国公共行政学的建构基础》，《中国社会科学》2018年第8期。

身,会发现一些中国场景下的政治与行政关系事实难以被这一路径所涵盖。英文有"Political Science"与"Public Administration"之分,政治科学与公共管理在学科上映射了政治与行政二分的实践传统。但中文语境的"政治",尚不能完全按照英文的所指来替代①。夏书章教授曾提出:"'政'如果不能带来'治',这个'政'就是空的;'治'如果没有一定的'政'来指导,原则就没有办法来表现。"② 这个词语内涵的考察并非简单澄明了汉语语义的差别,而是鲜明揭示了此种语义所呈现的政治与行政关系的中国样态。当我们将"政"和"治"整合考量时,中国公共管理活动自然是在"治"的范畴,而这个"治"一定是在"政"的结构之中,在"政"的价值体系之中,其功能运行自然与"政"深度关联而难以分割。因此,尽管政治与行政关系仍是中国行政学所无法回避的主题之一,但中国语境下的政治与行政不同于西方,其背景和范畴是面向国家治理的,即行政在一个整体的政治与行政体制中的定位和功用,其鲜明的时代特色就是推动党的全面领导下的政府治理体系现代化,这既回答了政府的"外部"关系中最重要的党政关系问题,也指明了新的时代背景下政府行政的目标取向和过程特征。

一 坚持中国共产党的全面领导是中国行政学的最大特色

当代美国著名政治学家亚当·普沃斯基(Adam Przeworski)认为:"如果不考虑政党选举过程,以及每一次选举是否存在一个不同的政党和所有选举都存在同一个政党,国家的运作都是政治家命令的结果。差别在于对国家的政治指令是如何组织和行使的。"③ "无论我们喜欢与否,公共行政天生就是政治化的"④。"行政本质上隶属于政治,是具体的、历史

---

① 朱正威、吴佳:《从实践语汇到学术概念:中国公共管理研究的问题意识与自主性》,《中国行政管理》2020年第1期。
② 夏书章、朱正威:《治国理政之学,善政良治之用——夏书章教授学术访谈》,《中山大学学报》(社会科学版)2020年第1期。
③ [美]亚当·普沃斯基:《政党—国家?——苏联和中国的党、国家与经济改革》,吕增奎译,俞可平、托马斯·海贝勒、安晓波《中共的治理与适应:比较的视野》,中央编译出版社2015年版,第48—86页。
④ 陈斌、刘新萍:《对于新公共管理的再思考:隐喻性的分析方法》,《复旦公共行政评论》(第五辑),上海人民出版社2009年版,第237页。

的，具有民族性、世界性及普遍联系性"①。但在历史上，政治—行政二分法从未成为中国行政学发展的前提和基础。政治—行政二分法是以西方的宪政框架、分权制衡制度设计为前提的，其初衷在于降低政党政治对政府行政专业化的影响，以提高行政效率，而中国实行的是执政党领导下议行合一的人民民主体制，虽然有意志表达和意志执行两种功能之别，但这二者的关系和其背后的制度框架是完全不一样的。一党统揽全局式的政治和行政协调之道也与实行两党或多党制的西方国家迥然不同，在中国实行政治—行政分离缺乏体制合法性。不仅如此，中国的公务员要接受党的领导这一政治性，也与西方国家强调政务官与事务官分离，且事务官须保持"政治中立"有明显区别。因此，政治与行政的中国式关系是中国公共行政学研究的基础性理论课题。中国政治与行政的关系主要表现为中国特色的政党制度下的党政关系。②

在中国，党是政治权威的载体。自 1949 年中华人民共和国成立以来，中国共产党就一直"致力于在党政体制的框架内建设一个理性化的现代官僚体系"③。如今，中国共产党对政府的领导体现在"总揽全局、协调各方"，领导和推动政策执行以及加强监督等方面，反过来，也可以理解为政府对党的执政理念的行政贯彻。在党的全面领导下，行政部门扮演双重角色，既是政治实践的中介，也是建立稳定秩序、管理国家和经济的必要条件。有学者提出，中华人民共和国成立 70 多年来，中国政府治理的成功之道的一个关键是"党政关系运作一体化"的职责分工机制和决策与执行高效互动模式。④ 因此，理解中国公共管理背后特定的历史传统和政治结构，一定要将中国共产党对近现代中国的领导这一关键事实放到中国公共管理的理论建构之中进行充分审视。因为中国共产党的属性、地位及其领导方式，中国公共管理实践语汇才有了体现当代中国经验的源头活

---

① 乔耀章：《行政学美国化：理论支点及其引发的批评与启示》，《湘潭大学学报》（哲学社会科学版）2007 年第 5 期。
② 夏志强、谭毅：《公共性：中国公共行政学的建构基础》，《中国社会科学》2018 年第 8 期。
③ 景跃进：《当代中国政府与政治》，中国人民大学出版社 2016 年版，第 119 页。
④ 唐亚林：《新中国 70 年：政府治理的突出成就与成功之道》，《开放时代》2019 年第 5 期。

水。从学科分类的角度，或许关注党的因素更像是政党理论、党建等学科关注的议题，并非公共管理这种以具体行政内容为焦点的学科的主要议题。然而，正是由于党的领导，中国公共管理的经验世界有了更多相对特殊的现象，而这种现象内嵌于政府的角色认知、政府与市场关系、政府与社会关系的总体图景之中，深刻影响了国家治理的结构与功能。

党政关系和党政体制，并没有自设的教条。党政关系和党政体制也是一个不断探索、持续优化的过程。1942年9月1日，《中共中央关于统一抗日根据地党的领导及调整各组织间关系的决定》首次提出，党应该领导一切其他组织，同时也强调"党委包办政权系统工作、党政不分的现象与政权系统中党员干部不遵守党委决定、违反党纪的行为，都必须纠正"[①]。但自20世纪50年代末期开始，中国开始出现党的工作部门包办政府机构工作的趋势，并发展到"文化大革命"期间通过合并党政机构废除了党和政府之间的正式分工。邓小平同志分析个中缘由，即"在加强党的一元化领导的口号下，不适当地、不加分析地把一切权力集中于党委，党委的权力又往往集中于几个书记，特别是集中于第一书记，什么事都要第一书记挂帅、拍板。党的一元化领导，往往因此而变成了个人领导"[②]。

改革开放初期，1980年召开的五届全国人大三次会议宣布，省党委、市党委和县党委第一书记不再兼任省长、市长或县长的政府职务。1983年10月12日，中共中央、国务院发布《关于实行政社分开建立乡政府的通知》，要求"当前的首要任务是把政社分开，建立乡政府，同时按乡建立乡党委"；"要尽快改变党不管党、政不管政和政企不分的状况"。自此，政社合一的人民公社终结。此后，经济发展的需要推动行政的工具理性超越政治理性，政治治理开始让位于行政治理。尤其是在20世纪80年代后期，中国共产党试图通过党政分开的方式来构建党政关系制度化。由于当时只是单方面强调加强党的政治领导，而忽视思想领导和组织领导，更谈不上实行党的政治领导、思想领导和组织领导的三位一体建设，其结

---

① 中央档案馆：《中共中央文件选集》（第13册），中共中央党校出版社1991年版，第427页。

② 《邓小平文选》第2卷，人民出版社1994年版，第328—329页。

果只能是来不及普遍推行就草草收兵。在20世纪90年代至21世纪头十年这一时期,关于党政关系的探索集中体现在"坚持党总揽全局、协调各方的原则"以及"坚持党的领导、人民当家做主、依法治国有机统一"等原则性规定之上,且此种情况一直延续到党的十九大。

党的十九大报告提出,通过加强党的全面领导,并通过党政分工的方式,把党政关系真正做到制度化,进而有效提升将党和国家重大发展方略转化为真实的发展绩效的能力。党的十九大以后,以习近平同志为核心的党中央进一步强调了党领导一切的政治原则,本着"中国共产党领导是中国特色社会主义最本质的特征""党政军民学,东西南北中,党是领导一切的"基本原则,坚持党对一切工作的领导,"重点是提高党把方向、谋大局、定政策、促改革的能力和定力,确保党始终总揽全局、协调各方"。而行政体制改革的主要目标是"转变政府职能,深化简政放权,创新监管方式,增强政府公信力和执行力,建设人民满意的服务型政府"。2018年2月,党的十九届三中全会通过的《中共中央关于深化党和国家机构改革的决定》和《深化党和国家机构改革方案》,2019年党的十九届四中全会通过的《中共中央关于坚持和完善中国特色社会主义制度 推进国家治理体系和治理能力现代化若干重大问题的决定》,正式确立了党的全面领导下党政关系运行一体化模式的内涵。一方面,党主要是把方向、谋大局、定政策、促改革,确保全覆盖,提升领导力;政府主要是重执行、保落实、优服务、增绩效,确保满意度,提升公信力和执行力,由此形成党政关系运行一体化模式的职责分工机制——"党的领导力—政府的执行力"的二分机制。另一方面,党主要是负责重大方略和政策的决策和监督,而政府主要是负责党的重大方略和政策的执行以及提高政府的行政绩效与民众的满意度,并及时反馈执行中存在的问题,以利于宏观决策的随时随机调整,形成党政关系运行一体化模式的决策与执行高效互动模式——"党的决策权—政府的执行权"的联动机制。[①]

党政联动发展,也是中国公共管理体系的核心特征和逻辑。中国的党政关系,既不是通常理解的以党代政模式,也不是概而化之的党政不分模

[①] 唐亚林:《新中国70年:政府治理的突出成就与成功之道》,《开放时代》2019年第5期。

式，而是形成了有分有合、联动发展的模式。① 党的民主集中制贯穿在政府决策、执行、监督的始终，党政互动形成了事实上的双向决策和监督。从一般意义上讲，执政党对于政府是严格的决策与执行、监督与被监督的关系，然而，由于大部分政府公务员均是党员，因此，在中国公共管理体系中，就形成了双向决策监督的机制。通常意义上认为的党决策而政府执行，或者党监督政府而政府被监督，在中国现实中均是有失于片面的。中国公共管理体系，是党政一起协调共同作出决策并且互相分工，同时由于党员之间有互相监督的权利，在事实上也形成了双向监督的关系，这种关系更好地加强了政策的制定执行。②

总体而言，"党政体制"不仅是理解中国政治和行政体制的关键词，也是理解中国行政学的关键词，这种体制"既超越了政党组织的逻辑，也超越了政府组织的逻辑。它以一种特有的方式将两者整合在一起，自我生成了一种新的逻辑"③。在中国的行政实践中，"政府"历来是广义的，在党的领导下，只有党政分工、没有党政分开；党不仅是执政党，还是施政党。实践表明：中国共产党作为我国的执政党，在运用公共权力的治理行动中，同时展示了执政党"解决公共问题"的施政功能。④ 如何实现好、平衡好党的执政和施政功能，如何避免以党代政、使党和政府在职能和载体上进行合理分工，如何在党的领导下提高公共治理的绩效，就成为中国行政学的根本性议题。

当前，党领导政府的制度建设仍是一个需要持续探索和不断完善的领域。在现行条件下，党对政府的领导主要有四种方式：首先，制定大政方针，提出立法建议，或者通过党对重大工作的领导体制直接贯彻领导意志，或者通过对人大的领导，将党的主张变成国家意志；其次，通过价值引领、组织动员、统筹协调、凝聚骨干等，将党的路线、方针、政策贯彻

---

① 何哲：《中国公共管理体系的核心逻辑及与其他体系的对话》，《中国行政管理》2016年第1期。
② 何哲：《中国公共管理体系的核心逻辑及与其他体系的对话》，《中国行政管理》2016年第1期。
③ 景跃进：《当代中国政府与政治》，中国人民大学出版社2016年版，第6页。
④ 罗晓俊、孔繁斌：《执政与施政：执政党双重功能的一个理解框架》，《江海学刊》2014年第2期。

到各部门、各地区；再次，通过党的各级组织，包括政府中的"党组"来推动党的路线、方针、政策的贯彻，就本级政府、本部门的重大问题作出决策；最后，通过对党政领导干部和公务员的管理，负责各级干部的推荐、提名、任免和管理。从未来需求看，党对政府领导的改进和创新方向，一是规范党与政府的职责特征及界限；二是对党与政府的组织机构设置和职能进行统筹；三是优化和完善党对行政执行过程的领导机制和方式；四是党的政府领导的法治化。

二 中国特色行政学的逻辑起点是"政治与行政的和谐统一"

在中国，"国家治理体系不是外在于执政党的，而是'党领导下'的管理国家的制度体系"①。行政在整个国家制度体系中扮演了关键的实施者的角色，行政的发展能够为经济发展提供制度的动因，行政的有效推动可以使整个社会高效率地运转。"历史赋予中国行政发展和行政现代化的意义，已经远远超过了一般行政体制的承载，从而在中国的改革开放和现代化建设中具有战略性的重要意义。"② 政府行政"包括国家的行动，的确也根植于国家"③，其最主要的特点就是，政治与行政是水乳交融、无法分离的。中国特色的政治与行政关系是强调"党领导下的党政分工"而非"政治—行政二分"。在社会治理形态上，这体现为遵循党和政府主导的多主体合作，而非治理主体上的"多中心"。

在现代国家，"如何组织国家行政结构不仅仅是经济合理性和行政有效性的问题"，"公共行政部门就是政治体系的体现——就是公民与政府实际面对面的地方。行政部门的特点直接决定了公民对政治体系的看法"。④ "国家的制度不仅在行政意义上必须作为一个整体协同运作，其合法性也必须为其所在的社会所认可"⑤，尽管从构成内容上看，政府治理

---

① 杨雪冬：《国家治理现代化与执政方式的完善》，《北京行政学院学报》2016 年第 6 期。
② 周天勇：《中国行政体制改革 30 年》，上海人民出版社 2008 年版，第 153 页。
③ [美] 乔治·弗雷德里克森：《公共行政的精神》，张成福、刘霞等译，中国人民大学出版社 2003 年版，第 196 页。
④ [瑞典] 博·罗斯坦：《政府质量：执政能力与腐败、社会信任和不平等》，蒋小虎译，新华出版社 2012 年版，第 109 页。
⑤ [美] 弗朗西斯·福山：《国家构建：21 世纪的国家治理与世界秩序》，郭华译，学林出版社 2017 年版，第 37 页。

是国家治理的一个组成部分，但我们也必须承认，政府治理是国家治理中较为重要的那部分内容。而且，行政改革的重要性，不仅体现在对政府治理的构建，也直接影响它与其他方面的治理变革之间的关系。一方面，我们必须在政治系统能力提升的背景和框架下考虑政府治理，实施和推进行政改革；另一方面，"代表公共利益的领导是一种道德义务"，行政不能固守于政治回应、官僚机构的特征，以及过于恪守程序，行政改革要致力于追求公共机构的卓越，为公民带来福祉，给他们创造更加美好的生活，这需要有意识的选择和下定决心的行动意志。我们所期望的行政学理论，也不应仅仅是一个公认有效率的政策执行者，而且还应是一个在国家治理中拥有正当性的行动者。[①] 它的话语对象是国家治理体系现代化，要深入探索国家—政党—政府、政府—市场—社会、中央—地方之间的关系结构及其动态发展，包括如何理解党政关系；如何根据时代和环境的变化来确定政府—市场—社会的角色和职能；如何理解不同政府机构在国家治理中的角色，并在强化其各自功能的基础上促进其有效合作；如何处理中央与地方之间、地方政府之间的关系；如何实现有效的区域合作及协同发展；如何处理改革开放、大国崛起和全球治理之间的关系等。[②]

三　中国特色行政学的内容范畴是党全面领导下的多元政治关系及其互动

行政国家是当代世界各国普遍存在的一种政治景观。在我国，一方面是一种独特的"党政体制"，另一方面也是一种行政国家的国家形态。在中国共产党的领导下，人民代表大会与人民政府、人民法院和人民检察院、国家监察委员会有着明确的分工关系：人大及其常委会行使议事权，人民政府行使行政权，人民法院和人民检察院分别行使审判权和检察权，监察委员会行使监察权。只要我们承认这种分工关系的存在，我们就得承认这种分工关系"实际上也就是一种分权的关系"，且行政权在实践中的显著性和优先性形成了一种"法理上的人大集权和实际上的政府主导"

[①] 颜昌武、牛美丽：《公共行政学中的规范研究》，《公共行政评论》2009年第1期。
[②] 薛澜、张帆：《公共管理学科话语体系的本土化建构：反思与展望》，《学海》2018年第1期。

格局。①

中国行政国家建设不仅面临普遍意义上现代国家建构的固有难题，也有着其自身内在的张力，"其建构是一个充满政治智慧与行政技巧的历史过程"②，如何防范强势的行政权力无边界扩展以确保其有限性，如何使掌握巨大行政权力的行政机关接受人大的有效监督等，都将成为推进国家治理体系与国家治理能力现代化必然要面对的问题。

其一，行政体制与国家治理体系的协同机制。人民思想观念的变化、社会流动性的增强、风险社会的到来等，对行政不断提出新的管理、服务乃至管制要求。诸如新冠疫情突发公共危机事件，科层的命令链条和单一、线性的反应和决策机制，几乎必定会由于管理者的有限理性和责任考量，以及信息和能力的限制，导致在某一时间段或环节的集体行动中的非理性。相比西方国家，中国公共部门相互间的联系更为紧密，更有助于发挥系统性、整体性治理。但行政组织的特征和官本位观念，也使行政过程易于滋生官僚主义、本位主义和国家利益部门化、公共利益个人化倾向。为此，需要区分行政部门所承载的公共事务的属性和行动情境，构建人大、政府、政协、人民之间的监督机制，政府系统内部上下级和部门间平级的监督和协调机制，以及政府与社会，包括非营利组织、专家智库的协商与合作机制等。

其二，行政层级的多元制度形式。面对行政层级从上到下权能不断递减的"圈层治理结构"和上下一般粗的"桶形"体制的适应性效率不断减低的困境，以及政策制定和执行中的地方机会主义和部门功利主义，在宏观事务管理的制度层面，需探讨有序实施跨区域、跨层级的制度设计，并在层级间关系上推进事务差异化合作分工和机构差异化设置的制度创新。

其三，行政组织内部制度的多重均衡。基于行政不同领域的制度脉络、制度需求，构建多重制度安排和程序设计。如针对政府部门内部机构的分散化模式存在的"理性化程度不足"，"内部机构参与层级谈判

---

① 何俊志：《作为一种政府形式的中国人大制度》，上海人民出版社2013年版，第43—24页。

② 景跃进等：《当代中国政府与政治》，中国人民大学出版社2016年版，第27—28页。

过程中，产生不易被控制的事实自主权"[1] 等弊端，借鉴发达国家政府部门参谋职能和直线职能的分化逻辑，强化参谋类职能和机构在政府部门内的制度"嵌入"，增强行政制度内部的弹性与协调；在一些职能领域，探索"集中的决策控制权"与"分散的执行自主权"的相互作用等等，可以有效抑制"市场帝国主义"对公共权力的渗透，敏捷回应人民的诉求。[2]

第三节　坚持中国行政学的"中国特色"

从 20 世纪 80 年代到 90 年代中期，中国行政学的主要任务还是引进和介绍西方行政学的知识体系，同时从规范价值层面对中国行政学研究提出了一些判断和设计，从总体上看，都比较宏观。由于国家经济转型和行政体制改革的加速，这一时期中国行政学的研究进入一个泡沫化阶段，即从表面上看，行政学的论文专著、研究队伍、研究资源都在不断壮大，但与此同时，行政学研究暴露出理论脱离实践、效率导向过重、研究方法落后等问题。[3]

2000 年前后，张成福、陈振明、周志忍、蓝志勇、丁煌等一批学者最早关注新公共管理运动和新公共管理理论，提出了行政学向公共管理学的范式转换。20 世纪末和 21 世纪初，治理理论开始进入中国学者的视野，并且迅速成为学术流行语。对于英文 Governance 一词，不同学者提出不同的译法，毛寿龙等主张用"治道"作为对应的中文词，强调治理之道的变革，即治道变革[4]。俞可平强调用"治理"作为对应的中文词，强调好的治理即为"善治"[5]。随后，很多学者从不同的角度，对治理理

---

[1] 杜倩博：《政府部门内部机构设置的组织逻辑与整合策略》，《中国行政管理》2018 年第 9 期。

[2] 杨国栋、张锐昕：《改革开放以来的行政改革：逻辑、表现和取向——基于制度分析视角》，《中国行政管理》2020 年第 7 期。

[3] 刘鹏：《中国公共行政学：反思背景下的本土化路径研究》，《中国人民大学学报》2013 年第 3 期。

[4] 毛寿龙、李梅、陈幽泓：《西方政府的治道变革》，中国人民大学出版社 1998 年版。

[5] 俞可平：《治理与善治》，中央编译出版社 2000 年版。

论进行阐述，并突出治理理论在不同领域和不同层次的应用。① 21 世纪以来，整体性治理理论、公共价值管理理论、数字时代治理等开始在公共行政学界占据重要地位。这些理论都经由中国学者同期介绍到中国，引起了行政学界的关注，产生了一批有价值的研究成果。

习近平同志在 2016 年的哲学社会科学工作座谈会上的讲话中提出："坚持和发展中国特色社会主义，需要不断在实践和理论上进行探索、用发展着的理论指导发展着的实践。""坚持和发展中国特色社会主义必须高度重视哲学社会科学"；"观察当代中国哲学社会科学，需要有一个宽广的视角，需要放到世界和我国发展大历史中去看"；"面对改革进入攻坚期和深水区、各种深层次矛盾和问题不断呈现、各类风险和挑战不断增多的新形势，如何提高改革决策水平、推进国家治理体系和治理能力现代化，迫切需要哲学社会科学更好发挥作用。"②

中国的行政学理论有悠久的知识底蕴和历史传承，但由于古老的公共管理智慧并未能直接催生出具有严格知识范式特征的现代公共管理学科，行政学在引入西方的学科范式和话语体系的过程中，面对改革开放以来日益增长的行政实践的需求，始终面临着如何调和传统与现代、中国与世界，以及构建严格规范的知识体系和解释与指导具体化的改革发展实践之间的张力。行政学理论的"本土化"与中国特色行政学的话语体系建构经历了一个长期演进的历程。

事实上，建立中国特色的行政学是中国行政学恢复和重建之初就确立的目标取向。改革开放初期，行政学恢复与重建的推动者们提出的学科建设目标是"具有中国特色的社会主义行政管理学""中国特点的行政管理学""社会主义行政管理学"等。例如，夏书章在最早呼吁建立中国的行政学理论的时候，就主张要学以致用，倡导"应用型公共管理"；周世逑始终

---

① 孙柏瑛：《当代地方治理：面向 21 世纪的挑战》，中国人民大学出版社 2004 年版；张康之：《社会治理的历史叙事》，北京大学出版社 2006 年版；王诗宗：《治理理论及其中国适用性》，浙江大学出版社 2009 年版；徐湘林：《转型危机与国家治理：中国的经验》，《经济社会体制比较》2010 年第 5 期；张成福、李丹婷：《公共利益与公共治理》，《中国人民大学学报》2012 年第 2 期。

② 习近平：《在哲学社会科学工作座谈会上的讲话（2016 年 5 月 17 日）》，人民出版社 2016 年版，第 2—7 页。

强调建立中国特色的行政学，目标是构建中国特色的行政学的理论体系，该体系有两个基本条件：一是以马列主义尤其是邓小平中国特色社会主义理论为指导；二是不回避现实，要解决中国的实际问题。① 中国行政学必须突出中国特色或本土化，这是学界的共识。正如张成福所说："本土化是中国行政学未来发展的方向和最大的挑战。"② 1994 年，中国台湾公共行政学者吴琼恩首次正式提出"行政学的中国化问题"，指出了行政学本土化的必要性和重要性。③ 但吴琼恩的呼吁并没有引起中国大陆学者的关注。

进入 21 世纪以后，中国行政学的科学化、本土化及其反思运动进入一个全新的阶段。与 20 世纪 90 年代的反思大都限于规范思辨不同的是，这一波行政学反思运动建立在量化和实证研究的基础上，学者们对中国行政学存在的规范性不足的问题提出了更尖锐的批评，指出旧有的行政学研究成果不但谈不上科学的定量研究，甚至也不能说是规范的定性研究，充其量只不过是"剪刀加糨糊"的拼凑整理。与此同时，他们也对增强中国行政学的研究规范和理论建构提出了有价值的建议。④ 关于中国行政学的"本土化"与"中国化"问题，也再次引起了一些知名学者的重视，如刘熙瑞强调，"中国公共管理，就是在此含义基础上的一种有中国特色的管理理论，并进而构成了一种新的管理模式"；它最明显之处是公共管理也必须考虑到共产党领导作用的发挥。实际上，中国的公共管理，是在西方传统公共行政、新公共行政中"公共性"的基础上、新公共管理中"管理性"的影响下、近年来世界通行的"治理"理论中"共治"含义的左右下，结合中国国情而形成的一种全新管理理念，管理模式。⑤ 吴琼

---

① 刘熙瑞、高凯军：《殷殷之意岂敢忘怀——周世逑先生逝世周年纪念》，《中国行政管理》1998 年第 6 期。

② 张成福：《发展、问题与重建：论面向 21 世纪的中国行政学》，《政治学研究》1996 年第 1 期。

③ 吴琼恩：《二十世纪行政学理论的发展趋势与前瞻》，《深圳大学学报》（人文社会科学版）1994 年第 4 期。

④ 刘亚平：《公共行政学的合法性危机与方法论路径》，《武汉大学学报》（人文社会科学版）2006 年第 1 期；何艳玲：《危机与重建：对我国行政学研究的进一步反思》，《中国人民大学学报》2007 年第 4 期；马骏、张成福、何艳玲：《反思中国公共行政学：危机与重建》，中央编译出版社 2009 年版。

⑤ 刘熙瑞：《中国公共管理：概念及基本框架》，《中国行政管理》2005 年第 7 期。

恩也一如既往地强调行政学本土化，指出要注意中国传统文化"人文理性"的优先性，从而超越西方知识体系的逻辑理性。[1] 值得注意的是，在这个阶段，虽然有学者提出中国行政学面临"规范化与本土化的双重困境"[2]，然而受到不破不立思想的影响，这个阶段对学科反思的声音大大超过了学科本土化的诉求，大部分学者认为，中国行政学仍然停留于反思阶段，学科本土化任重道远。

2010年以来，尤其是党的十八大以后，随着行政学理论成果的不断增长和全面深化改革、国家治理体系和治理能力现代化、党和国家机构改革，以及行政领域一系列重大改革和创新举措的推出，行政学的本土化与"中国特色"问题引起一批学者的关注，这种研究的关注又将外来行政学理论体系的"本土化"与中国特色的"中国性"结合起来讨论，陈振明、周志忍、薛澜、蓝志勇、马骏、张康之、竺乾威、娄成武、何艳玲、颜昌武、孔繁斌、何哲、乔耀章等学者都做出了重要贡献。归纳这些学者的观点与共识，主要有以下几个方面：

一 中国特色行政学是传统与现代的统一

有学者认为，中国是如此特殊又具有如此的文化汇源性，中国所需要和构建的公共管理，将具备人类历史上最广泛的聚合性与代表性，也将具有最为广泛的适应性和稳健性。[3] 因为"中国古代行政管理活动源远流长，思想丰富，且与各个时代的政治、经济、文化联系紧密，文献保存也较为完整，这是行政理论本土化的深厚历史土壤"[4]。

在悠久的治国历史之外，中国特色行政学的传统资源还包括中国共产党长期领导革命和社会主义建设的实践。理解中国公共管理背后特定的历史传统和政治结构，一定要将中国共产党对近现代中国的领导这一关键事

---

[1] 吴琼恩：《论公共行政学之本土化与国际化：知识创造和理论建构的特殊性与普遍性》，《公共管理评论》2004年第2期。

[2] 何艳玲：《指向真实实践的中国行政学研究：一个亟待关注的问题》，《中国行政管理》2009年第8期。

[3] 何哲：《中国需要什么样的公共管理——中国公共管理体系的品格与未来》，《党政研究》2018年第1期。

[4] 芮国强：《行政本土化内涵、意义及路径》，《江海学刊》2008年第6期。

实放到中国公共管理的理论建构之中进行充分审视。因为中国共产党的属性、地位及其领导方式，中国公共管理实践语汇才有了体现当代中国经验的源头活水。对行政学理论本质的提炼，并不能仅仅止于地方性，因为知识生产更为崇高的使命在于对更广泛事物的解释力。所谓学科自主性的确立，意味着本土经验能够对话世界命题，能够将地方性现象世界还原到普遍性的理论原理。回到中国公共管理现象世界的知识生产，意味着切实反思中国公共管理实践语词与学术概念间的结构性张力，把"真问题"带回到知识生产中，带回到"大问题"研究的前提和归宿中。进一步形成中国公共管理的话语体系，需要在中国实践中提炼学科的理论语词，在传统文化中汲取学科的智慧和养料，在新技术发展中拓展学科场域和方法，在多学科多元互鉴中建设学科平台。当前，"人民日益增长的美好生活需要和不平衡不充分的发展之间的矛盾"，正是公共行政学中国话语建构的逻辑起点。在贯彻党性、人民性观念原则的基础上，"新时代"的执政话语体系又进一步强调了中国特色社会主义的人本内涵和发展质量，与背景话语一道共同构成了主体性中国的叙事前提。①

二 中国特色行政学面向当代治国理政的真实情境

中国的行政学理论自其创立起就是高度关注中国的治理实践的。有学者认为，"公共行政学者若无法通过经验事实的描述，解释和构建理论，进而推动良制的产生，恐怕有负学科使命"②。因此，公共行政学的中国话语生产，本质上是一种致力于从行政国家的中国场景中阐释真实问题的经验叙事。③ "好的理论是从对实际问题的处理中得到的，对真实世界的严肃问题的探讨是理论进步的主要源泉。""只有深入中国公共行政的真实世界，在这个五彩斑斓的真实世界中寻找研究问题，并将其提炼成科学问题，我们才能找到真正最重要的研究问题，而只有研究这样的问题，才

---

① 朱正威、吴佳：《新时代公共行政学的中国话语：基于"场景—问题"的经验叙事》，《学海》2018年第1期。
② 何艳玲：《中国公共行政学的中国性与公共性》，《公共行政评论》2013年第2期。
③ 朱正威、吴佳：《新时代公共行政学的中国话语：基于"场景—问题"的经验叙事》，《学海》2018年第1期。

有可能真正推动知识的增长。"①

深入真实世界的行政学研究，要实现对行政现象和问题的解释力。这种解释力不是生搬硬套、似是而非，不是为了"特色"而"特色"。行政学理论话语的本土与否，在于它对公共管理的解释力。本土话语具有解释力当然好，本土的话语不能解释的，也没有必要一定要去生造一些所谓中国式的词语或从故纸堆里寻找一些所谓中国特色的东西来装潢门面，比如用"民本"来代替民主，民本中不具备民主所包含的公民的权利和义务这一现代意识。没有解释力，再本土的东西也没用。对一些具备解释力的外来话语也没有必要一定要给它套上一件本土的衣服，就像一定要给一个中国人套上一件长衫才算中国人一样。本土话语不应该排斥有价值的外来话语。作为一个学科，它自然具有这一学科共通的语言，学科研究的规律都具有一般性的特点，这里没有本土和非本土之分。就像数学就是数学，没有中国数学和美国数学之分一样。命令一致对于任何国家的公共管理来说都是一样的。建构中国的公共管理的话语体系不应该是封闭的，它要求我们站在巨人的肩膀上，对一些西方话语，如理论、概念、方法等，能适用的就拿过来，不能适用的就对它进行修正改造或将其抛弃，并在此基础上建构我们的理论和话语体系，这才是我们应该抱有的正确态度。不加分析地一概排除外来话语，事实上就是无视人类在长时间里积累起来的文明成果，这不仅有悖常理，更是一种愚蠢的行为。②

建构行政学理论的本土话语体系通常是针对中国的行政实践而言的。这一建构的基础是中国公共管理提出的现实需求，这一现实需求要求给予学术上的回答。在改革开放四十余年的时间里，中国的行政实践形成了一种有别于西方的做法，这些做法需要进行概念上的提炼和理论上的提升，以解释中国的行政现象，有助于解决面临的实际问题，还可以提供一些具有一般性的东西，从而使本土话语产生世界性的影响。"在这里，一个实际的问题是必须对学术争论和意识形态的批评做一区分。意识形态或许可以对学术提供指导，但学术本身不是为意识形态而存在的。学术的讨论需要有自身的空间，这一空间不能受意识形态的随意入侵，更不能以意识形

---

① 马骏：《公共行政学的想象力》，《中国社会科学评价》2015年第1期。
② 竺乾威：《公共管理话语体系的本土化建构：比较的观点》，《学海》2018年第1期。

态的名义对一些不同的学术观点挥舞大棒，否则就不会有学术上的百花齐放和百家争鸣，不会有学派的产生，也建构不起本土的话语体系。"[1] 中国公共管理在政治与行政关系、政府的角色定位、政府与市场关系、政府与社会关系等维度的语言所指承载了丰富的经验图景，这些经验事实的知识转化需要在确立真实问题、改造学术语言和增强普遍性关怀的道路中得以实现。中国公共管理话语的生成，恰恰在于塑造可以准确回应实践语词所指的知识体系。[2]

三 中国特色行政学兼具普遍性与特殊性

罗伯特·达尔（Robert Alan Dahl）曾言，要创立一门普遍有效的公共行政学理论，似乎不太可能，但可以设想有诸如美国公共行政学理论或法国公共行政学理论这样分国别的行政学理论。[3] 达尔的这番话，提醒我们不能忽视公共行政所赖以生长的社会环境，公共行政研究不能排除特殊性。诚然，许多假以普适理论之名的研究从根本上只是一种特殊主义的地方性知识，但我们不能否认，社会科学研究仍然不能忽视甚至要追求自然科学所具有的普遍有效性。这就要求我们平衡好学术研究的普遍性与特殊性之间的关系。对于当代中国行政学来说，无疑需要彰显本土化特色。但是，我们同样要警惕以本土化为名来消解普遍性的学理逻辑。不管是美国公共行政学理论，法国公共行政学理论，还是中国行政学理论，它们都享有"行政学理论"之名，这就表明它们在一些基本方面有着共同点，都秉持从现实逐步抽象出概念、命题、理论，并通过经验性证据加以检验的基本逻辑。不同之处在于，中国行政学理论是从中国本土的行政实践出发而进行的理论诠释、概括与创新。但是，中国行政学要真正具有长久的生命力，就必须符合知识建构的一般学理逻辑。

"要更好地理解公共行政的本质，就要把行政学放到人类全部事业的

---

[1] 竺乾威：《公共管理话语体系的本土化建构：比较的观点》，《学海》2018年第1期。

[2] 朱正威、吴佳：《从实践语汇到学术概念：中国公共管理研究的问题意识与自主性》，《中国行政管理》2020年第1期。

[3] Robert Dahl. The Science of Public Administration: Three Problems. *Public Administration Review*, 1947, 7 (1): 1–11.

历史文化视野中来考虑。"① 中国行政学的本土化并非局限于中国,而是基于中国场景,对人类社会的行政现象贡献中国人的智慧。② 因此,虽然源自真实世界的问题域从属于不同文化规定性的实践场域,但同时也并未脱离人类命运共同体中行政行为的普遍性。比如,不同语境中的公共行政知识形态,都需要关注并探讨组织机构、公共人事、国家财政、政府绩效、政策创新、风险治理等国际学术界的共同议题。针对这些主题所进行的中国问题描述与中国经验总结,推动着现代中国在世界体系中的话语建构和权力拓展。在当前的世界体系中,西方社会科学同时扮演着为现有国际规则提供政治合法性的角色。③ 换言之,主导社会科学话语生产的西方知识体系是现有权力格局在学术研究中的呈现,同时这种居于主导地位的言说方式也对权力格局起到了生成和维护作用。因此,公共行政学的中国话语建构,应当为世界体系变革和全球秩序变迁提供话语支撑。④

从过程角度来观察,国际化和本土化是一个连续的有机体:国际知识的引进和消化属于国际化,立足本土需求的外来知识的加工和新知识的生产属于本土化,本土化知识的输出又属于国际化的范畴。⑤ 但全球化决不意味着普遍性走出国家的边界而在全球展现自身,也不意味着在任何一个国家和地区得到增强,反而是普遍性的削弱。全球化背景下的所有问题,都需要在具体性的意义上去加以认识和把握,需要在具体的创新过程中去寻求解决方案。⑥ 薛澜提出,中国公共管理学科话语体系的本土化建构实际包含两个方面,一是公共管理学科话语体系在非西方语境中的重新定位与调整,二是公共管理学科话语体系在中国的本土化与发展。并且,这两个方面没有孰先孰后之分,它们是同时发生且相互促进的。中国公共管理学科迫切需要通过"批判的吸收、创造性的思考和平等的交流"来构建

---

① 颜昌武、牛美丽:《公共行政学中的规范研究》,《公共行政评论》2009年第1期。
② 颜昌武:《公共行政学是一门科学吗?》,《中国行政管理》2020年第4期。
③ 杨光斌:《论世界政治体系——兼论建构自主性中国社会科学的起点》,《政治学研究》2017年第1期。
④ 朱正威、吴佳:《新时代公共行政学的中国话语:基于"场景—问题"的经验叙事》,《学海》2018年第1期。
⑤ 周志忍:《迈向国际化和本土化的有机统一:中国行政学发展30年的回顾与前瞻》,《公共行政评论》2012年第1期。
⑥ 张康之:《全球化背景下的公共行政研究取向》,《中国行政管理》2015年第2期。

一种既扎根中国又连接世界的概念体系和理论框架，为公共管理学科做出原创性的贡献。① 在一定意义上，中国的公共管理当然也是一种"特殊主义"的知识体系，其学科话语深深植根于一系列地方性叙事中。然而，本土化并非拒绝国际化。努力将中国公共管理实践的图景真实而生动地勾勒出来，使其融入世界知识体系，是中国回应全球公共管理改革与发展的题中应有之义。②

四　中国特色行政学体现鲜明的科学性与人民性

在学科属性上，中国行政学"是一门治国理政之学"③。"公共行政构建从改革叙事转向现代性叙事方式，其学术关怀的目标是公共行政和现代文明秩序之间的关系，如何基于现代性价值整体地改造中国的政府管理使之嵌入现代文明秩序"④。在中国，行政管理"包括国家的行动，的确也根植于国家"⑤，其最大的一个特点就是，政治与行政是水乳交融、无法分离的。国家基本政治制度是在我国历史文化传承、经济社会发展和革命建设改革实践的基础上确立的。⑥ 脱胎于政治学的学术渊源决定了政治使命应当作为该学科的核心诉求，但公共管理学的政治使命并非是简单为国家意识形态添加注脚，而是以公共性为诉求，将国家治理体系、发展战略、人民福祉作为学术研究的前提和基础。⑦ 中国特色社会主义进入新时代，社会主要矛盾已经转化为人民日益增长的美好生活需要和不平衡不充分的发展之间的矛盾。可以说，新时代的治理需求，覆盖公平、民主、法治、安全、健康等美好生活旨趣，超越了粗放发展阶段的效率追求和简单

---

① 薛澜、张帆：《公共管理学科话语体系的本土化建构：反思与展望》，《学海》2018年第1期。

② 薛澜、张帆：《公共管理学科话语体系的本土化建构：反思与展望》，《学海》2018年第1期。

③ 武勇：《星火燎原恍如昨　探索向前亲其事——记中山大学教授夏书章》，《中国社会科学报》2016年2月15日。

④ 孔繁斌：《中国公共行政学叙事转换中的发展》，《公共行政评论》2013年第3期。

⑤ ［美］乔治·弗雷德里克森：《公共行政的精神》，张成福、刘霞等译，中国人民大学出版社2003年版，第196页。

⑥ 韦庆远、柏桦：《中国政治制度史》，中国人民大学出版社2005年版。

⑦ 朱正威、吴佳：《面向治国理政的知识生产：中国公共管理学的本土叙事及其未来》，《中国行政管理》2017年第9期。

的"物质—文化"维度,① 立体、多维地对个体生活福祉表达了关切,涵盖了"国家权力—公民权利""发展规模—治理供给""城乡""区域""阶层""代际"② 等诸多议题。因此,以人民为中心,优化政府行政管理体制机制,解决发展不平衡不充分的问题,为人民提供更加优质的公共服务和公共产品,满足人民群众对美好生活的需求,是新时代中国行政学的价值取向。

我们应该清楚认识到,中国行政学的话语体系事实上已经是一种存在。其是新民主主义革命以来,中国共产党的领袖和党内知识分子在传统文化的背景下、在现代"五四"新文化运动的影响下、在中国革命长期的实践过程中形成的官方文献中使用的话语体系。问题是,这一话语体系,随着政府部门行政化的增长、行文的规范和制度化开始变异,逐渐增长了文牍、空话、虚化、程序化、意识形态化的行政现实,与群众和民间出现了距离,也逐渐与国际上常用的沟通方式拉开了距离。尊重现有官方语言存在的现实,尊重前人的表达习惯,规范使用字典上有清楚定义或长期以来约定俗成的语言概念,尽可能不生造词或用看不懂、猜不透的新词来表达已有词的意思。与时俱进,开放包容地吸收国际和国内生活语言中的新名词、新定义、新意义,作为丰富话语体系和行政实践的新鲜素材。包容国际世界和中华本土的民间话语体系,学说洋话、民语,使官方的语言现代、简练、直接、通俗易懂。③ "我们建构的公共管理本土话语体系(理论、概念、方法)所具有的最重要的力量,也应该是适应公众的直接需要"④。

所谓学科自主性的确立,意味着本土经验能够对话世界命题,能够将地方性现象世界还原到普遍性的理论原理。比如,我们批判西方治理理论暗含新自由主义价值预设,类似"多中心治理""没有政府的治理"不能

---

① 郭熙保、柴波:《解决新时代社会主要矛盾必须深入贯彻新发展理念》,《光明日报》2017年12月26日。
② 李建华:《怎样理解当代中国的发展不平衡不充分》,http://www.acishan.com.cn/news_tui/2017-10-23/25257.Html。
③ 蓝志勇:《谈中国公共管理学科话语体系的构建》,《国家行政学院学报》2014年第5期。
④ 竺乾威:《公共管理话语体系的本土化建构:比较的观点》,《学海》2018年第1期。

简单套用到中国的社会治理实践，由此进一步反思中国治理的本源含义以及党建驱动下的社会治理经验。但就严格的理论再造而言，这远不是分析的终点。因为即便是新自由主义话语隐含了政治秩序竞争的因素，但自由本身，并不是社会主义治理体系所拒斥的价值理念。这就意味着，回到中国公共管理的现象世界，还要以普遍性的知识原理作为参照系，在"类"的意义上审视中国经验、提炼中国话语。比如从治理效能的角度，反思公共治理的多主体关系的不同形态，回答中国治理经验如何回应了自由、民主、公正等社会主义核心价值体系。只有在这个维度上的比较和对话，才能有效形成中国公共管理学科自主性，而非简单地将中文实践语词中的某个词以拼音的方式翻译成外文，也绝非用"特殊"来回应"普遍"的质疑。学术中的中国，必须可以回应普遍性诉求，可以在普遍学科价值框架下进行话语输出。[①] 回到中国公共管理现象世界的本身，要求我们对现象的研究不能预设既有的知识框架或逻辑前提，尤其不能预设一个域外治理实践或理论的标准。同时，应当通过梳理、阐释中国经验，并在比较的视野中审视中国经验，进一步丰富和发展公共管理学的一般知识和理论。[②]

五 中国特色行政学具有更广泛的包容性和创造力

关于中国与世界，有学者将其简化为三个关键词，即批判的吸收、创造性的思维和平等的交流。[③] 这说明中国的行政学的理论建构不仅是曾经师从于西方，也是要吸收、批判与创造相结合，才能构建具有中国气象的行政学理论。

一方面，中国特色行政学应具有更包容的学科视野。蓝志勇认为，公共管理的实践需要使用来自所有学科的理论和技术，有时候也需要发明相关的技术。政治学的威权理论、社会学的精英理论、心理学的行为理论、人口理论、大转型理论、经济学的就业理论、社会福利理论、数据科学的信息理论等，都是公共管理学科的最爱，可以说，是最好的"副食品"。

---

① 朱正威、吴佳：《面向治国理政的知识生产：中国公共管理学的本土叙事及其未来》，《中国行政管理》2017 年第 9 期。
② 朱正威、吴佳：《面向治国理政的知识生产：中国公共管理学的本土叙事及其未来》，《中国行政管理》2017 年第 9 期。
③ 王绍光：《中国政治学三十年——从取经到本土化》，《中国社会科学》2010 年第 6 期。

这些理论，可以算作公共管理学的外围理论，构建理论的基础，也有不少理论的新突破和在公共管理领域的运用，出自公共管理学者之手。如现代数据安全理论、信息技术使用的模型、社会冲突管理，甚至人工智能的管理理论。[1]

另一方面，要以好的研究为导向，广泛地吸收和借鉴其他国家的、中国传统的和马克思主义的话语，创造具有坚定的政治和民族特性、较高科学价值的实践意义的行政学理论。传统的中国公共行政学研究和西方主流社会科学研究存在相当大的不同。如何看待这种不同，取决于对什么是好的研究的认识。如果我们承认有一个可以被共同接受的判断研究质量高低的标准，我们就需要深入研究和比较两种研究范式的优缺点。只有在研究质量（包括理论的构建和应用，文献的使用，研究方法的选择，研究技术工艺）的各个方面都能达到国际先进水平，才可以进行有效对话与沟通。在这个基础上谈"本土化"，就是要将对中国具体的公共行政问题放在构建国际主流社会科学理论研究的场景下去思考。

当前，国际行政学理论界的一个重要观点是，公共行政研究的当务之急不是故步自封地苛求学科身份和边界，而应采取一种更具包容性的交叉学科观念，借鉴不同学科领域的最新理论成果来促进公共事务的有效治理。也正因为如此，佩里在南加州大学所作主题报告时才会以"弥合"作为关键词来回应身份危机：不仅要打破公共行政与其他学科之间的学科壁垒，"使公共行政成为一个更具包容性的学科，鼓励来自不同学科的理论家和实践者共同提高专业实践的知识水平"[2]；同时也要弥合公共行政实践与理论之间的隔阂，将问题研究与理论探究结合起来，为公共行政学身份危机的解决贡献力量。[3] 在此，中国行政学的机遇在于中国行政学有非常广阔的空间，不仅能贡献于国际公共行政学领域，也可以贡献于其他学科（比如政治学、社会学、管理学等）。换言之，没有过早地给自己确定边界，没有画地为牢，是中国公共行政学的优势。中国公共行政学界由

---

[1] 蓝志勇：《公共管理学科的理论基础与基础理论》，《学海》2020年第1期。

[2] James L. Perry. Is Public Administration Vanishing? . Public Administration Review, 2016, 76 (2): 211–212.

[3] 徐扬：《与"危机"同行：公共行政学的四个学科困境——从詹姆斯·佩里的提问出发》，《中国行政管理》2017年第9期。

于历史原因带来的学科和学术研究队伍的多元化,在这方面是非常宝贵的资产。同时,不仅在研究主题上,中国行政学可以超越相对狭窄的美国公共行政学;在研究方法上由于后发优势,中国公共行政学也有潜力少走弯路,进而超越美国公共行政学研究。①

---

① 于文轩:《中国公共行政学研究的未来:本土化、对话和超越》,《公共行政评论》2013年第1期。

第五章

构建以人民为中心的政府行政体制

全心全意为人民服务是中国共产党的根本宗旨,中国共产党作为中国的执政党,在政府行政体制建设方面始终坚持以人民为中心,不断健全完善人民代表大会制度,促进人民更好行使国家权力,着力建设服务型政府、法治政府,加强社会建设,保障人民当家做主、持续增进民生福祉,为实现广大人民更美好的生活向往而不断努力。

第一节 促进人民行使国家权力与服务型政府建设相协同

中国是社会主义国家,国家的一切权力属于人民,人民行使国家权力的机关是全国人民代表大会和地方各级人民代表大会。党的十九大报告明确提出,"人民代表大会制度是坚持党的领导、人民当家做主、依法治国有机统一的根本政治制度安排"。党的十九届四中全会强调,"支持和保证人民通过人民代表大会行使国家权力""保证各级国家机关都由人大产生、对人大负责、受人大监督。支持和保证人大及其常委会依法行使职权,健全人大对'一府一委两院'监督制度"。在我国,人民代表大会是人民行使国家权力的最重要的国家机构,服务型政府是要为人民服务、对人民负责、受人民监督、让人民满意。加强人民代表大会的制度建设与服务型政府建设之间,存在很强的自洽性和同一性。从政府的角度,在"以人民为中心""服务人民"的价值导向下,加强对人大负责、受人大监督,以及工作协同的制度设计和制度过程,是更好地加强行政机关建设的重要前提和条件。

一 政府与人民代表大会关系的四重维度

与西方"三权分立"国家政权架构不同,在我国,人民代表大会是国家权力机关,政府由人大产生、对人大负责、受人大监督。人大与政府的关系主要存在于四个维度:

第一,人大是代表人民行使国家权力的机关,人大与政府是决定与执行、监督与被监督、协调一致开展工作的关系。首先,人大制定的法律、法规和决议与决定,代表了人民的意志和利益,政府必须坚决予以执行。其次,人大代表人民对政府工作进行监督,政府必须依法对人大负责并报告工作,接受人大的监督。最后,人大督促政府依法行政,把工作做得更好,保证人民赋予的权力真正为人民谋利益。人大与政府的工作都是为了实现人民的根本利益,是决策权、执行权的合理分工,存在相互配合、协调一致开展工作的关系。

第二,人民代表大会是党全面领导制度的重要组成部分,通过国家政权机关实施党对政府的领导,是加强和改善党的领导的重要组成部分;坚决、高效地执行人大的法律法规和决定,受人大监督,也是政府工作中全面贯彻党的领导的题中应有之义。

第三,人民代表大会既是国家权力机关,也行使国家立法权。人大与政府之间存在立法与执法,依法治国与依法行政的密切协同的关系。

第四,人民代表大会是人民当家做主的重要体现,要保障"人民依法通过各种途径和形式管理国家事务、管理经济文化事业、管理社会事务",在国家机关中,政府与人民发生着最为直接和紧密的联系,从人民权力和权利的行使,以及人民利益的维护和表达的角度,政府与人大之间存在很强的同一性。

二 建设服务型政府

在中国共产党的民主革命与国家治理话语体系中,"为人民服务"始终被作为政党行动逻辑的终极落脚点,"党性与人民性相统一"的背景观念本身就构成了现代中国进行服务型政府建设的基本动因。2005年政府工作报告首次提出"努力建设服务型政府",在此前后,西方的新公共服务理论经由一些学者的引荐,在国内产生了较大影响。但从本质上说,与其他理论不同的是，新公共服务理论在国内的传播具有明显的佐证性特质。这种佐证性特质的产生主要基于中国本土行政的价值特性。在本土行政体系中，"服务"一直是中国共产党领导下的行政实践的根本目标与核心价值追求，而源自西方的新公共服务理论以一种较为系统的理论形式对服务的内涵及其缘由等进行了阐述，为服务型行政实践的展开提供了较好的理论参考。因此，从价值层面上看，新公共服务理论的引入，并不是要输入一种新的价值理念，而是要引入一种佐证服务价值之必要性的新视角。从这个意义上说，新公共服务理论的最大价值之一在于其提供了一种社群主义式的思维逻辑，从而凸显了公民责任、公民参与、重视人和重视公民权等政府服务的基本维度，这些维度与本土所倡导的集体主义、公共利益、以人为本思维等是存在着嫁接空间的。

在新公共服务理论被引荐到国内之前，本土在公共服务供给及服务型政府建设方面的理论与实践即已展开。在理论上，"公共服务"概念早在20世纪90年代初就已受到一些学者的关注，而在实践中，服务型政府的建设实践在2000年前后就已在一些地方政府中展开。可以说，服务型政府的构建与公共服务供给质量的提升，在新公共服务理论正式引入时已经成为国内学术界与实践领域关注的重点。21世纪初期，学者们纷纷试图对服务型政府的内涵进行界定，但又莫衷一是、没有达成共识，而新公共服务理论的提出，一定程度上为服务型政府的理论研究与实践发展提供了思路，从而使新公共服务理论一经提出便受到了国内各界较高程度的关注。[①] 可以说，倡导和弘扬公共行政的服务性原则，是根植行政国家实践的典型中国话语，它可以和新公共服务进行比照和理论对话，但并不意味着它是新公共服务理论体系下的中国案例。[②] 因此，服务型政府是一个具有鲜明中国特色和中国话语的行政学理论概念。

服务型政府理论并不满足于对传统思想建构起来的政府及其社会治理的局部批判，而是希望在整体上去为适应后工业社会要求的政府及其社会

[①] 王升平：《西方行政理论本土化的形态与逻辑探析——以公共行政主流理论的交融与转化为例》，《治理研究》2019年第6期。

[②] 朱正威、吴佳：《新时代公共行政学的中国话语：基于"场景—问题"的经验叙事》，《学海》2018年第1期。

治理模式建构作出清理地基的工作，并在此基础上作出理论创新。① 而且，中国行政学研究中所提出的服务型政府建设课题，也不能简单地视为行政学本土化的表现，而是站在人类社会治理从管理行政向服务行政转变的宏观视野中提出的新课题。对于管理学途径的行政学理论，服务型政府提供了一个明确的价值导向，就是从属于服务需要的管理。服务型政府有望打通一个调节效率与公平的通道，"首先自觉地推动效率追求转化成一种文化，即形成效率文化，然后，在再度浮现到公共行政的显性结构中时，从属于公平的目的"②。以服务型政府为价值导向和理论依据的行政学理论研究内容主要包括：第一，公共服务供给机制和方式的选择与评估研究。如何针对实际问题，引入市场竞争机制、工商管理方法及信息技术，更新管理方式，用现代化的公共管理方法和技术（政府工具）来保障"服务型政府"的实现，就成为当前行政学研究的重点和难点之一。第二，政策分析及方法技术的研究。在服务型政府建设中，加强公共政策分析方法及技术的研究，对于提高公共政策研究的应用性、现实性和本土化具有重要意义，也是政府重要的决策参考和知识来源。第三，公民参与的研究。尽管政府治理中国的公民参与首先是一个价值问题，但也必须要有管理技术方法的支持和保障。研究如何拓宽公众参与决策的渠道，如公民听证或咨询委员会、民意调查和公众舆论、公民论坛、非营利组织的参与、关键公众接触和官民个别接触、基于网络的公民参与的新形式（如网络民意调查、网络选举、虚拟社区、网络公共论坛等）。

三　实现政府由人民当家做主与为人民服务的统一

政府与人民代表大会的关系是具有鲜明中国特色行政学的内容，如何加强、改善和完善政府与人民代表大会之间的关系，无论对行政理论还是实践而言，都是一个极为重要的问题。从政府行政管理实践的角度，政府需要进一步明确职能定位，作为法律实施的重要主体，必须担负起法律实施的重要职责，坚定不移地建设法治政府、实施依法行政；政府要对人大负责，受人大监督，在与人大的关系中密切同人民群众的关系，服务人

---

① 张康之：《全球化背景下的公共行政研究取向》，《中国行政管理》2015 年第 2 期。
② 张康之：《公共行政的显性结构与隐性结构》，《行政论坛》2017 年第 1 期。

民。从我国政府建设的目标取向看，人大与政府的协同关系应当在服务型政府建设中得到集中体现和实现，服务型政府建设是要"为人民服务、对人民负责、受人民监督"，需要探讨的问题是：第一，构建"以人民为中心""人民当家做主"的人大组织制度、议事规则，以及论证、评估、评议、听证制度与政府管理中的公共参与、公共监督等制度的有机结合和协同协作；第二，探讨人大监督政府的政府回应制度、问责制度等制度规则的建设，确保人大对政府的监督能够落到实处；第三，在一切为了人民的价值理念下，构建以人民为中心、人民参与的人大与政府的沟通协作机制，使人大对政府的监督、政府管理中的公共意见和呼声能够无障碍地贯通，从而在公共政策和治理过程中有效地发挥国家权力机关与执行机关的系统合力。

第二节　加快全面依法治国背景下的法治政府建设

法律途径是行政学研究的历史源头之一和重要线索。在法国、德国的学科体系中，行政学具有鲜明的法学传统，是一种权威性、规则化的国家管理活动。在美国，威尔逊虽然通过"政治—行政分离"确立了学科独立的基点，但随后又修正了自己的观点，转而认为"行政问题本质上就是政治问题"[1]。威尔逊后期摒弃了明确的行政学独立思想，将行政学广泛植根于政治学、历史学、法学、经济学等学科的知识基础上[2]，甚至提出"行政学从本质而言是一门公共法律学"[3]。怀特也早就关注了法律和管理的交融问题。

20世纪80年代以来，面对行政学理论研究和改革实践对"工具理性"的痴迷、对"价值理性"的背离，公共行政宪法学派呼吁"重建行

---

[1] Daniel W. Martin. The Fading Legacy of Woodrow Wilson. *Public Administration Review*, 1988, 48 (2): 632–634.

[2] M. Curtis Hoffman. Paradigm Lost: Public Administration at Johns Hopkins University, 1884–1896. *Public Administration Review*, 2002, 62 (1): 12, 18–19.

[3] Daniel W. Martin. The Fading Legacy of Woodrow Wilson. *Public Administration Review*, 1988, 48 (2): 632–634.

政国家"（Refounding Administrative State）。研究者提出了具体主张，例如，公共行政研究必须立足于从根本上影响政府架构和运行过程的联邦宪法，分权、公民权、联邦主义、法治、司法裁决对行政的影响和约束应该成为公共行政追求的目标。① 公共行政实践者应该确保宪法规定的原则得到落实，使政府真正成为民有、民治、民享的政府；应通过设计出满足美国公民不同需要的参与程序，使公共行政过程成为美国联邦宪法奠定的民主体系的核心要件。② 罗森布罗姆和克拉夫丘克认定行政学的三大基石是政治、法律和管理主义，认为行政学的法律途径尽管一直受正统的管理途径的压制，但它已经发展成为一种重要的研究途径，法律途径主要是将公共行政视为在特定情境中应用法律和施行法律的活动，法律途径有三个源头：行政法、行政司法化的发展和宪法。③

在以中国共产党的领导、人民当家做主和依法治国有机统一为特点的政治设计中，执政党领导人民制定法律，公共行政的权力来源于中国共产党的领导和法律的赋予，在执政党的领导下依法行政，执行执政党领导出台的政策，因而其权力的公共性来自以"为公"为目的的执政党和作为"公器"的法律的赋予。④ 1997 年，党的十五大把依法治国确定为治国的基本方略，随后这一方略被写入《中华人民共和国宪法》。1999 年颁布的《关于全面推进依法行政的决定》提出，从提高政府立法质量、加大执法力度确保政令畅通、强化监督三个方面推进依法行政。1999 年颁布的《行政复议法》，在防止和纠正违法或不正当的行政行为，保护公民或社会组织的合法权益方面具有重要意义。2002 年，党的十六大提出，要进一步转变政府职能，改进管理方式，形成行为规范、运转协调、公正透明、廉洁高效的行政管理体制。2004 年颁布的《全面推进依法行政实施纲要》提出了建设法治政府的目标，明确了要完善行政监督制度和机制，

---

① Stephanie P. Newbold and David H. Rosenbloom, *The Constitutional School of American Public Administration*. New York：Routledge：2017：5-6.

② John M. Bryson, Designing Public Participation Processes. *Public Administration Review*，2013，73（1）：23-24.

③ ［美］戴维·H. 罗森布鲁姆、罗伯特·S. 克拉夫丘克：《公共行政学：管理、政治和法律的途径》（第五版），张成福等译，中国人民大学出版社 2002 年版。

④ 夏志强、谭毅：《公共性：中国公共行政学的建构基础》，《中国社会科学》2018 年第 8 期。

强化对行政行为的监督,推进政府信息公开的目标。2005 年颁布的《公务员法》明确了政府工作人员的行为规范,将模范遵守宪法和法律作为公务员义务的首要要求。2010 年出台的《国务院关于加强法治政府建设的意见》全面规定了依法行政和法治政府建设,是法治政府建设的支柱性文件。在依法治国方略和实践持续深入的过程中,法治政府、依法行政成为法学界和行政学界关注的重要领域。

　　党的十八大以来,以习近平同志为核心的党中央将法治政府建设提升到了新的高度,十八大报告将法治政府基本建成确立为到 2020 年全面建成小康社会的重要目标之一。2013 年印发的《国务院工作规则》明确提出,政府要带头维护宪法和法律权威,建设法治政府。2013 年,党的十八届三中全会对全面深化改革进行了任务部署,确立了推进法治中国建设的总体目标与法治政府建设的地位与作用。2014 年 10 月,党的十八届四中全会发布的《中共中央关于全面推进依法治国若干重大问题的决定》明确,"深入推进依法行政,加快建设法治政府";"法律的生命力在于实施,法律的权威也在于实施";"各级政府必须坚持在党的领导下、在法治轨道上开展工作,创新执法体制,完善执法程序,推进综合执法,严格执法责任,建立权责统一、权威高效的依法行政体制,加快建设职能科学、权责法定、执法严明、公开公正、廉洁高效、守法诚信的法治政府"。2015 年,中共中央和国务院专门发布《法治政府建设实施纲要(2015—2020 年)》,详细规定了法治政府建设的总体目标、基本原则、衡量标准,以及主要任务和具体措施,如完善依法行政制度体系、推进严格规范公正文明执法、强化对行政权力的制约和监督、依法有效化解社会矛盾纠纷、全面提高政府工作人员法治思维和依法行政能力等。2017 年,党的十九大明确将"坚持全面依法治国"作为新时代坚持和发展中国特色社会主义的基本方略之一,部署了"建设法治政府,推进依法行政,严格规范公正文明执法"的重要战略任务,决定成立中央全面依法治国领导小组,提出"到 2035 年基本实现社会主义现代化",其重要标志是"法治国家、法治政府、法治社会基本建成"[①]。2019 年,党的十九届四

---

① 习近平:《决胜全面建成小康社会　夺取新时代中国特色社会主义伟大胜利——在中国共产党第十九次全国代表大会上的报告》,《人民日报》2017 年 10 月 28 日。

中全会明确提出,"完善立法体制机制""坚持科学立法、民主立法、依法立法,完善党委领导、人大主导、政府依托、各方参与的立法工作格局""加强对法律实施的监督。保证行政权、监察权、审判权、检察权得到依法正确行使"。2020年11月16日,习近平总书记在中央全面依法治国工作会议上强调,"推进全面依法治国是国家治理的一场深刻变革",对解决法治领域突出问题提出"坚持党对全面依法治国的领导""坚持以人民为中心""坚持在法治轨道上推进国家治理体系和治理能力现代化""坚持依法治国、依法执政、依法行政共同推进,法治国家、法治政府、法治社会一体建设""坚持全面推进科学立法、严格执法、公正司法、全民守法"等具体要求。

纵观全面依法治国的认识和实践演进,法治政府已经成为全面依法治国的重要一环,既在法治建设的梯次上起到关键的执行作用,也在法治建设的领域和过程中起到关键的承转推动作用。探讨全面依法治国背景下的法治政府建设是中国特色行政学的突出特色。

一 法治政府建设的鲜明特色

有学者认为,"中国特色法治"与西方国家法治有着多方面的区别,最重要的体现在四个方面:其一,"中国特色法治"坚持中国共产党对国家的全面领导,党的领导是"中国特色法治"最重要最根本的特色,而西方国家法治实行两党或多党轮流执政的政党轮替制:各政党通过竞选,通过与不同利益集团的利益交换和利益的不断整合、不断洗牌而取得或失去执政地位;其二,"中国特色法治"坚持人民代表大会制,人民代表大会制度是国家最根本的政治制度,而西方国家法治实行以总统制或议会制为政体形式的"三权分立",各种国家权力间相互制约平衡;其三,"中国特色法治"坚持控制公权力,把权力关进制度的笼子里,防止其任性、恣意、滥用,充分发挥公权力的正能量,最大限度地保障权为民所用,而西方国家法治坚持极端的控权论,推崇重控权而轻国家治理效率的形式法治;其四,"中国特色法治"坚持保障人权,保护公民权利自由与促进公民积极履行义务,维护社会公共利益,而西方国家法治坚持自由主义和个人主义至上,推崇偏重公民政治权利而轻视公民社会经济权利的片面人权。① 法治政府是中国特色法治的重要内容，在很多方面也彰显了中国特色，体现了中国特色社会主义制度和国家治理的独特优势。

（一）坚持中国共产党领导和"为了人民"是法治政府的首要特色

法治是中国共产党治国理政的重要方式，法治政府是全面推进依法治国的重要环节和构成内容，因此，中国法治政府建设是中国共产党全面推进依法治国的法治政府，坚持中国共产党的领导是其鲜明特征，又由于中国共产党、国家政权和政府的性质与宗旨，决定了法治政府建设的最终目标仍然是保证人民充分行使当家做主的权利，维护人民当家做主的地位。自1997年中央将依法治国确定为治理的基本方略开始，政府在依法治国的过程中始终充当了"排头兵"的角色，在行政领域率先取得了显著进展和成效。

其一，法治政府建设的目的、任务、要求和实施过程都是在中国共产党的领导下推动和实施的。2014年10月23日，中共十八届三中全会通过的《关于全面推进依法治国若干重大问题的决定》提出，各级政府必须坚持在党的领导下，在法治轨道上开展工作，创新执法体制，完善执法程序，推进综合执法，严格执法责任，建立权责统一、权威高效的依法行政体制，加快建设职能科学、权责法定、执法严明、公开公正、廉洁高效、守法诚信的法治政府。2015年12月27日，中共中央、国务院发布《法治政府建设实施纲要（2015—2020年）》，进一步明确了法治政府建设的指导思想、总体目标、基本原则、衡量标准、主要任务和具体措施。2020年11月16—17日，中国共产党在历史上首次召开了中央全面依法治国工作会议，习近平总书记强调，全面依法治国是一个系统工程，要整体谋划，"法治政府建设是重点任务和主体工程，要率先突破，用法治给行政权力定规矩、划界限，规范行政决策程序，加快转变政府职能。要推进严格规范公正文明执法，提高司法公信力"。贯穿法治政府建设的全部过程，中国共产党的领导是最重要的特色和最坚实的保障。

其二，法治政府建设的目的是"为了人民"。近年来，中国推进依法行政、建设法治政府特别强调和重视民意与民益，所进行的改革和务实举

---

① 姜明安：《论新时代中国特色法治政府建设》，《北京大学学报》（哲学社会科学版）2018年第1期。

措,其目的和宗旨都是为了实现"人民对美好生活的向往"。无论是大力推进简政放权,取消大量给群众设置关卡的行政审批,还是倡导和促进"互联网+","让数据多跑路,让群众少跑腿";无论是在食品安全领域严格执法,护航百姓"舌尖上的安全",还是在生态环境领域"零容忍"铁腕治污,为百姓守护碧水净土蓝天,都是根据民意和为了民益,确确实实让人民群众有了更多的获得感,从而彰显中国特色法治政府"努力为人民服务"这一宪法宗旨。

(二) 坚持权力控制和程序制约是法治政府的重要特色

法治,并不仅仅是一种形而上的价值诉求,或者程序化的规则训诫,它更是一种特定时空背景下的社会实践,它与特定历史场域下的其他社会实践深深地联系在一起,它也必须回应特定时空背景下特定民族的社会、政治诉求。[①]"法律的正义只有通过公正的程序才能得到真正的实现。因为公正的程序是正确认定事实,正确选择和适用法律,从而作出正确判断的根本保证。因此,程序公正的原则是现代行政程序的起码要求,是现代行政民主化的必然要求"[②]。在中国,"国家行政管理承担着按照党和国家决策部署推动经济社会发展、管理社会事务、服务人民群众的重大职责。"基于政府行政在国家治理体系中的定位,相对于西方"三权分立"下的政府,中国政府承担了更广泛的行政立法功能,进而在依法治国中更凸显其作用。在这一背景下,加强对行政立法的"依法"控制和"良好"行政就更为重要。

其一,注重行政立法程序、条件和机制建设。完善政府立法体制机制、加强重点领域政府立法、提高政府立法公众参与度、加强规范性文件监督管理是法治政府建设的重要内容。在行政决策中,科学化、民主化、法治化是发展的重要方向,在一些实践中,实行立法精准立项、引入第三方评估工作机制、加强立法后评估等,使政府立法质量和效率不断提高。"十三五"时期,行政规范性文件监督力度不断加强,国务院办公厅印发《关于加强行政规范性文件制定和监督管理工作的通知》《关于全面推行行政规范性文件合法性审核机制的指导意见》,行政规范性文件制定程序

---

① 付子堂、常安:《民生法治论》,《中国法学》2009 年第 6 期。
② 罗豪才:《行政法学》,北京大学出版社 2005 年版,第 348 页。

和监督管理得到规范，合法性审核机制普遍建立，从源头上有效减少了越权文件、违法文件的出台。

其二，强调对行政权力的约束和控制。在法治政府建设中，把行政权关进制度的"笼子"是重要目标，强调行政管理过程从实体到程序都要以"看得见""摸得着"的正义实现为基本目标导向。如政府大力推动的建立"三张清单"，即权力清单、责任清单、负面清单。通过清单明明白白地向人民群众宣示：政府应该做什么，可以做什么，不应该和不能做什么，并以此确定"法定职责必须为，法无授权不可为，法定职权职责依法为"的原则。为把行政权关进制度的"笼子"里，不仅通过行政组织法和清单限定、控制政府的权力边界，而且还通过行政程序法规范政府行使权力的方式。例如，政府行使行政决策权，过去没有程序制约，常常导致决策过于随意。有鉴于此，党的十八届四中全会确定了决策的严格制约程序：公众参与、专家论证、风险评估、合法性审查、集体讨论决定。程序制约不仅限于行政决策，其他行政行为亦同。

（三）坚持严格执法，追求形式法治与实质法治统一是法治政府的重要特色

与西方国家法治偏重于"程序"不同，中国法治政府建设追求形式与实质并重，坚持严格规范公平文明执法是法治建设的关键内容之一。

其一，改革行政执法体制。2018年3月，中共中央印发《深化党和国家机构改革方案》，要求深化行政执法体制改革，开展市场监管、生态环境保护、文化市场、交通运输、农业等领域综合行政执法改革，各地普遍推动行政执法力量重心下移，整合基层行政执法力量，行政执法体制机制不断完善。

其二，注重行政执法过程管理。完善执法程序、严格执法责任，推进严格规范公正文明执法。新一代信息技术也应用于执法过程中，为执法质量提升和监管提供了重要助力。2018年，国务院办公厅印发《关于全面推行行政执法公示制度执法全过程记录制度重大执法决定法制审核制度的指导意见》，在全国全面推广行政执法"三项制度"，从源头上防止和纠正执法不作为、乱作为等问题。一些地方政府依托大数据、物联网等技术，建设了"智慧监管·云中心"，司法部"行政执法监督批评建议"平台在中国法律服务网上线运行，该平台不同于投诉举报和案件办理平台，

而是行政执法监督工作听取群众意见建议的新渠道。

二 法治政府研究的多元途径

改革开放以来，中国的法治政府的理论研究取得了丰硕成果[①]：

第一，提出了"法治政府"概念并就其基本内涵、本质特征、内在要求和价值取向达成共识。法治政府就是按照法治原则运作的政府，政府的一切权力来源、运作和行为都要受到法律的规制。法治政府理念认为，政府依法产生，以法定权力为基础，以法治为治理方略，依法行政、程序管理的政府，其核心是限制政府权力，强调政府的权力受法律制约，保障公民权利。法治政府理念主要包含三个基本含义：一是政府依法产生和建立，即政府的存在具有法律依据并通过了法定的程序；二是政府依法行政，即政府的行为具有法律依据；三是政府的行为依法受到监督和控制。[②]

第二，加深了对依法行政本质的认识。现代行政法治原则得到普遍接受，"依法行政的本质是依法规范、约束行政权力。具体来说，依法行政是依法治权而不是依法治事，是依法治官而不是依法治民，是依法治自己而不是依法治别人"[③]。现代行政法治既是实体法之治又是程序法之治，因此行政管理中应当做到实体规范与程序规范并重，使"行政程序法律制度构成现代行政法治的核心"[④]。

第三，日益重视对依法行政与政府职能转变、行政管理体制改革和行政管理方式创新之间关系的研究。法治政府理论研究越来越重视政府职能转变的方向、途径和行政管理体制改革的原则、思路。但总的来说，中国法治政府的研究主要来自法学视角，近年来，政治学视角的研究也逐渐增多，而行政学理论领域仍未将法律价值融入行政学理论的核心主题之中，

---

① 宋振威、熊文钊：《新中国法治政府建设的回顾与展望》，《行政管理改革》2019年第7期。

② 王邦佐等：《建设服务政府、责任政府、法治政府的内涵与机制研究》，上海市政治学会《政府新理念：关于服务政府、责任政府、法治政府的研究》，上海人民出版社2004年版，第12页。

③ 曹康泰：《全面推进依法行政实施纲要辅导读本》，中国法制出版社2004年版，第10页。

④ 应松年：《行政程序立法研究》，中国法制出版社2001年版，第32页。

在政治学和行政学的主要期刊中，法治政府建设仍是一个较少论及的领域。

"国家社会生活越往前发展，越需要有至高无上的法律权威来平衡、协调日趋复杂的各种矛盾和失衡。"[①] 从法治政府建设的现实需求角度看，法律途径应是我国行政学理论发展的重要取向和内容。

（一）法治与政治融合的途径

重视法治政府是新时代中国特色法治的重要特征，法治政府是与法治国家理论紧密建立在一起的，依法治国、依法执政与依法行政密不可分。从这一角度分析，在中国，政治与法律之间并非是截然不同的两种途径，而是在很多方面呈现出结合性的特征。

在宏观层面，行政学理论的法治途径需要探讨法治政府与法治国家、依法执政与依法行政之间的关系；在中观层面，行政学理论的法治途径需要从政府出发，探讨国家机构组织法的建构，在行政权力的制约和监督的层面，从法治角度探讨党与政府、政府与人大、政府与政协、政府与司法机关之间的系统协调和相互监督关系；在微观层面，行政学理论的法治途径需要从人民的需求出发，探讨法治政府建设的价值来源、价值取向和构成，以及依法行政中的公民参与问题。

（二）法治与管理融合的途径

在行政学理论的未来发展中，将法律纳入主流的研究途径已经成为一种趋势。第三次明诺布鲁克会议上，与会者提出整合法律和管理的解决途径由三种要素构成：第一，作为引导原则，公共法律可以被用来指导和促进，而不是限制和阻碍行政行为；第二，政策执行反映了公共法律中被奉若神明的民主价值，而不是接受到目前为止热衷于管理主义并抛弃民主价值的不完善的公共管理；第三，公共管理者能塑造公共行政的法律基础，法律和管理的整合将可以大大加速。[②] 第三次明诺布鲁克会议参会者一致认同这种途径的优点，它包括以市场为基础的效率、效益和以法律为基础

---

① 赵宝煦：《政治转型：从人治到法治》，徐湘林《民主、政治秩序与社会变革》，中信出版社 2003 年版，第 90 页。

② Robert K. Christensen, Holly T. Goerdel, Sean Nicholson-Crotty. Management, Law, and the Pursuit of the Public Good in Public Administration. *Journal of Public Administration Research and Theory*, 2011（21）.125 - 140.

的民主价值，如公平和透明等。[①]

当前，我国社会主要矛盾转变为人民日益增长的美好生活需要和不平衡不充分发展之间的矛盾。"民众利益需求的快速增长对政府管理不断提出全新命题，要求政府通过改革适应和满足民众各方面需求；同时，民众对政府过度依赖的惯性思维以及认识的局限性，往往又会对政府改革抱有过高期待，在中国政府各项制度尚处于深化完善期的当下，民众与政府之间包容性可能会受到一定程度的挑战"[②]。行政学理论的法治途径需要与管理途径相结合，尤其是关注当前政府改革和创新的重大问题，如从"政治锦标赛""运动式治理"转向依法行政，强调法律和规则约束，减少自由裁量权和非正式规则及行政方式的私人化运作，增进人民对政府的信任。具体而言，可以聚焦以下问题：政府职能"放管服"改革和行政审批制度改革；行政执法体制改革，规范行政执法行为；完善行政权力监督机制，建立多元化的法律救济途径；信息立法工作与政府管理和服务创新；树立和提高行政机关工作人员特别是领导干部依法行政、行政为民的观念和能力。

（三）西方行政法理论的本土化路径

西方行政法理论的本土化进程，具有回应本土特殊实践的内在诉求。在行政法治建设上，由于中国传统文化中缺乏社会权利保障意义上的法治思维，而马克思主义经典作家对于如何实现行政法治体系的有效构建又缺乏具体的、实操性的论述，由此，从西方引入一定的行政法治理念及相应的行政制度构建经验，是本土实现后发性知识超越、推进本土行政制度建设快速发展的重要路径。因此，在中国的行政法治建设过程中，无论是在理念层面，还是在具体制度层面，都部分吸收和借鉴了西方的行政法治逻辑。在理念层面上，2014 年发布的《中共中央关于全面推进依法治国若干重大问题的决定》指出，"行政机关要坚持法定职责必须为、法无授权不可为"，这与西方行政法治所倡导的"法无授权即禁止"逻辑存在着一

---

① Robert K. Christensen, Holly T. Goerdel, Sean Nicholson-Crotty. Management, Law, and the Pursuit of the Public Good in Public Administration. *Journal of Public Administration Research and Theory*, 2011（21）．125–140．

② 娄成武、董鹏：《中国公共行政学本土化研究：现状与路径》，《公共管理学报》2017 年第 3 期，第 14 卷。

定的相通性；该《决定》中的"把公众参与、专家论证、风险评估、合法性审查、集体讨论决定确定为重大行政决策法定程序"等提法，则在一定程度上体现了对西方行政程序法制构建相关理论与经验的吸收。但尽管如此，本土对西方行政法治体系建设理论与经验的吸收亦有其不可逾越的前提，那就是必须与本土的制度体系、治理理念、宏观行政架构等相契合，必须与人大制度、政党制度及其相应的政治—行政关系等的内在要求、运行逻辑相适应。这种契合和适应的达致，要求我们通过对理论与经验的科学剪裁，避开西方式行政法治中所内蕴的阶级属性和自由主义价值观，以防止理论引鉴的风险。[1]

第三节　加强社会建设增进民生福祉中的政府作用

社会建设，是中国特色社会主义事业总体布局中的重要组成部分，主要是指民生事业建设、社会事业建设、社会制度和体制机制建设、社会结构建设，以及社会治理。社会建设的内涵和本质是以构建和谐社会为宗旨，以保障和改善民生为重点，公平合理地配置社会资源和社会机会。改革开放以来，我国的社会政策和民生保障从平均主义、城乡二元结构、政府主导和社会动员的实施方式，向现代意义上的公正取向、体系化建设和多元治理结构转变。但由于发展过程中过度重视经济而产生的经济政策与社会政策的不平衡、市场机制过度渗透到社会资源分配领域而引起的社会分化加剧，以及政府在公共产品提供方面的责任缺失，导致在民生基本需求的保障上，旧有的城乡反差过大的问题并没有完全解决，新的收入差距扩大带来的问题又进一步凸显。党的十六大以来，包括社会建设在内的构建社会主义和谐社会理论和"努力使全体人民学有所教、劳有所得、病有所医、老有所养、住有所居"的目标与承诺，推动了公共政策从偏重经济政策到重视社会政策的转变，也凸显了民生建设在中国特色社会主义事业中的价值和意义。但由于长期的问题积累，社会政策的恢复性发展，

---

[1] 王升平：《西方行政理论本土化的形态与逻辑探析——以公共行政主流理论的交融与转化为例》，《治理研究》2019年第6期。

并没有从根本上扭转民生发展相对滞后的局面，新形势下经济新常态和经济结构调整，又给民生建设带来了新的挑战。党的十八大以后，社会建设成为"经济建设、政治建设、文化建设、社会建设、生态文明建设"的"五位一体总布局"的重要内容，取得了显著成就：脱贫攻坚取得全面胜利，绝对贫困问题得到历史性解决；社会保障体系趋于完善，兜底民生功能不断增强；社会秩序和谐有序，社会活力不断增强。但随着我国社会主要矛盾转化为人民日益增长的美好生活需要和不平衡不充分的发展之间的矛盾，"不断提升人民群众获得感幸福感安全感"的要求更加迫切，当前仍然面临的"民生保障存在短板，社会治理还有弱项"的问题，还需政府积极发挥各方面的作用。

一　把握民生保障与经济发展的辩证关系

民生与发展是统一的，发展是为了改善民生，没有发展，改善民生便无从谈起。习近平总书记指出，民生工作直接同老百姓见面、对账，承诺了的就一定要兑现，要做到件件有着落、事事有回音，让群众看到变化、得到实惠。群众对生活的期待是不断提升的，需求是多样化、多层次的，而我国仍处于并将长期处于社会主义初级阶段，改善民生不能脱离这个最大的实际而提出过高目标，只能根据经济发展和财力状况逐步提高人民生活水平，做那些现实条件下可以做到的事情。不能开空头支票，也要防止把胃口吊得过高，否则，只会适得其反，有可能落入"中等收入陷阱"。由于过度福利化，用过度承诺讨好民众，结果导致效率低下、增长停滞、通货膨胀，收入分配最终反而恶化。要坚持从实际出发，将收入提高建立在劳动生产率提高的基础上，将福利水平提高建立在经济和财力可持续增长的基础上。

二　发挥社会政策的"托底"作用

从世界各国的经验教训来看，推进结构性改革，重点和难点在社会政策上。西方国家实行多党制，各政党代表不同利益集团，在社会政策上难以形成共识，为了选票什么都可以承诺，最后往往是一纸空文。中国是中国共产党领导的社会主义国家，党和国家就是为人民谋利益的，更好统一认识，在社会政策上把握好基调。党的十八大以来，党中央积极主动地认识新常态，适应新常态，引领新常态，冷静观察、从容应对，保持战略定力，加强顶层设计，特别是加强和改善宏观调控。一方面，通过调结构、转方式、保民生，保证了民生方面的必要投入；另一方面，对宏观政策进行了重要调整，有力地促进了经济社会大局的稳定。在宏观政策的大思路中，把社会政策与宏观政策、微观政策并列，并明确要求社会政策要发挥"托底"的作用。这种宏观政策基本思路的重要变化，是党中央面对国内外形势的复杂变化和人民群众新期待的一种科学研判和积极回应，对政府在社会建设领域的职责和作用提出的新要求，主要体现在以下方面：

健全困难群众基本保障体系。做好困难群众和困难家庭高校毕业生的就业援助工作。对有特殊困难的离校未就业高校毕业生实行全程就业服务，免费提供职业技能培训、就业岗位培训、职业介绍、职业指导等公共就业创业服务。重点针对零就业家庭、残疾人、低保对象和破产企业失业职工等，通过政府投资开发公益性岗位和开展就业援助行动等措施予以托底安置。

确保各项基本社会保障待遇及时足额兑现。构建完备的服务网络，提高服务水平，确保基本养老金、失业保险金按时足额发放，确保医疗保险、工伤保险、生育保险待遇依规及时兑现。解决好经济下行、结构调整和转型升级过程中产生的部分群众生活困难问题，保障失业人员的基本生活。不断提高社会保险基金运行质量和监管水平，确保基金完整安全。

健全城乡社会救助体系。加强城乡最低生活保障、农村特困户救助、灾民救助工作，加强医疗、教育、住房、司法等专项救助工作，保障城乡困难群众基本生活。

加快推进和完善大病保险制度。坚持低水平起步，合理确定筹资水平、待遇支付等政策，建立和完善重特大疾病保障机制，努力减轻群众大病就医的负担，基本消除在基本保障范围内因经济原因看不起病的现象。

稳妥慎重做好最低工资标准调整工作。以保障劳动者及其家庭成员基本生活为底线，兼顾企业的人工成本承受能力，把握好调整幅度和节奏，研究探索科学合理的最低工资标准确定和调整机制。

解决好因拖欠工资等事件引发的劳动者权益保障问题。加大劳动保障领域突出违法问题的整治，抓紧出台全面治理拖欠农民工工资问题的政策措施，深入开展工资支付情况专项检查，实行劳动保障监察执法与刑事司法联动，健全治理机制，切实维护劳动者的合法权益。

三 建立经济发展和扩大就业联动机制

在制定经济发展规划、确定经济发展速度时，优先考虑扩大就业规模的需要，通过优化产业结构、提高服务业就业比重、稳定制造业就业比重、发展新兴产业和民营经济、促进小微企业发展创造更多就业岗位，扩大就业规模，更好发挥市场调节就业的作用，健全政府促进就业目标责任制和就业工作协调机制，强化政府促进就业的责任。

健全促进就业公平的体制机制。进一步消除城乡、行业、性别、身份、残疾等影响平等就业的制度障碍和就业歧视，加快落实以常住人口为主要对象的就业失业登记制度改革，逐步使外来劳动者与当地户籍人口平等享受政策扶持。加大人力资源市场监管力度，营造公平就业环境。在事业单位招聘方面，完善和落实事业单位公开招聘工作规定；在国有企业招聘人员方面，全面推行分级分类的公开招聘，探索建立国有单位招聘信息统一公开发布制度。

完善城乡均等的公共就业创业服务体系。充分发挥公共就业人才服务机构作用，搭建公共就业创业服务平台，努力构建覆盖城乡的公共就业创业服务体系。提升政府公共服务能力，为城乡劳动者提供及时便捷高效的就业创业服务。进一步加强人力资源市场管理，积极发展人力资源服务业，健全人力资源合理流动机制和市场监管体制。

构建劳动者终身职业培训体系。健全面向全体劳动者的职业培训制度，完善就业技能培训、岗位技能提升培训和创业培训工作机制，使每个劳动者都有机会接受就业技能培训，使每个企业职工都能得到技能提升培训，使每个创业者都能参加创业培训。健全政府职业培训补贴制度，提高补贴资金的使用效益，发挥政府补贴的激励和引导作用。进一步提高职业培训质量，提升劳动者技能和转岗就业能力。

四 加强社会保障制度建设

开展社会保险制度改革。整合城乡居民基本养老保险制度、基本医疗保险制度，实现城乡居民在制度上的公平和公共资源上的共享。全面推进全民参保登记计划，完善社会保险关系转移接续政策，适时适当降低社保险费率。

建立健全社会保障制度可持续发展体制机制。建立健全合理兼顾各类人员的社会保障待遇确定和正常调整机制；健全社会保障财政投入制度，完善社会保障预算制度，明确政府所承担的社会保障责任，更好发挥公共财政在民生保障中的作用。

加强多层次社会保障体系建设。在不断完善城乡最低生活保障制度的同时，把着力点逐步转向城乡统筹，推进城乡制度整合和待遇衔接。建立健全符合国情的住房保障和供应体系，更加公平有效地解决住房困难群众的住房问题。积极发展补充社会保险和商业保险，实施税收优惠等支持政策，加快发展企业年金、职业年金等补充社会保险和关乎民生的商业保险，构建多层次社会保障体系。健全特殊群体的服务保障制度，建立社会养老服务体系，发展老年服务产业，健全农村留守儿童、妇女、老年人关爱服务体系，健全残疾人权益保障制度，健全困境儿童分类保障制度等。

五 缩小收入分配差距

共享发展是实现社会主义公平正义的根本战略与途径。"自觉主动缩小地区、城乡和收入差距，让发展成果更多更公平惠及全体人民"是社会主义的本质要求、"十四五"规划和2035年远景目标的重要任务，也是政府必须积极主动承担的责任。

促进收入分配更合理有序。深化收入分配制度改革，不断增加劳动者特别是一线劳动者报酬，努力实现劳动报酬增长和劳动生产率提高同步。完善市场评价要素贡献并按贡献分配的机制，完善以税收、社会保障、转移支付为主要手段的再分配调节机制。保护合法收入，规范隐性收入，遏制以权力、行政垄断等非市场因素获取收入，取缔非法收入，明显增加低收入劳动者收入，扩大中等收入者比重，努力缩小城乡、区域、行业收入分配差距，逐步形成橄榄型分配格局。

扩大中等收入群体。一是完善收入分配制度。坚持按劳分配为主体、多种分配方式并存的制度，把按劳分配和按生产要素分配结合起来，处理好政府、企业、居民三者分配关系。二是健全现代产权制度。加强对国有资产所有权、经营权、企业法人财产权保护，加强对非公有制经济产权保护，加强知识产权保护，增强人民群众财产安全感。三是打破城乡分割的二元体制。加快城镇化进程，使越来越多的农民转变为市民；调整产业、就业结构，减少第一产业产值比重和就业人数，大大增加第二产业特别是第三产业产值比重及其就业人数，增加灰领、白领岗位人数，增加技能工人和专业技术人员人数。通过以上多项措施为"扩中"提供人员来源支撑。四是深化教育、医疗体系改革。加快教育体制改革，使高等教育、职业教育与人力资源市场需求更好对接，强化职业培训提高各类劳动者素质；加快医疗体系改革，提高公共服务的均等化水平，促进城乡之间、东中西部地区之间、不同所有制用人单位劳动者之间人力资本的均衡提升，从而实现中等收入群体的扩大。

六 构建中国特色和谐劳动关系

劳动关系是生产关系的重要组成部分，是最基本、最重要的社会关系之一。劳动关系是否和谐，事关广大职工和企业的切身利益，事关经济发展与社会和谐。构建和谐劳动关系，需要充分发挥党委领导和政府主导作用，加强与社会各方的协调配合，健全党委领导、政府负责、社会协同、企业和职工参与、法治保障的工作体制。政府需要准确把握社会主义市场经济条件下劳动关系的性质和定位，探究和把握劳动关系运行规律，推进劳动关系领域改革，创新劳动关系协调机制，进一步推进劳动关系双方沟通协商制度化，健全协调劳动关系三方机制，建立畅通有序的职工表达合理诉求渠道，改进和完善劳动纠纷调处机制和劳动保障监察执法体制，有效预防和化解劳动关系矛盾。政府要把依法治理劳动关系矛盾作为构建中国特色和谐劳动关系的重要原则，善于按照法治理念、精神思考劳动关系问题，将改革实践中行之有效的经验及时上升为法律，进一步健全劳动关系法律法规体系，在法律框架内研究解决劳动关系矛盾，提高构建和谐劳动关系的法治化水平。政府还要注重依法保障农民工合法权益，特别关注其获得劳动报酬的基本权益。

第六章

构建中国特色的行政运行机制

不同于西方国家的政府治理理念,中国政府在经济社会管理中发挥着积极作用,并随着经济社会发展需要相应调整"政府—市场—社会"的关系模式,以最大效用地提升政府效能,服务经济社会健康持续发展;同时,在政府间关系方面,也持续通过政府体制改革,建构"领导—分工—协作"的府际关系,以更好地落实中央政策、服务广大群众、实现国家发展目标。

第一节 构建多元互动合作的"政府—市场—社会"关系

政府与市场、社会的关系,以及政府行政组织内部的关系涉及行政权力行使的范畴和方式,构成了行政学理论的基石和行政过程的原则依据。中国特色社会主义市场经济体制、共建共治共享的社会治理体系决定了中国行政学要探索建立独特的政府与市场、社会关系的基本理论。

一 "决定性作用—更好作用"的政府与市场关系

马克思、恩格斯认为:"一切政治权力起先总是以某种经济的、社会的职能为基础的……在政治权力对社会独立起来并且从公仆变为主人以后,它可以朝两个方向起作用。或者按照合乎规律的经济发展的精神和方向去起作用,在这种情况下,它和经济发展之间就没有任何冲突,经济发展就加速了。或者违反经济发展而起作用,在这种情况下,除去少数例外，它照例总是在经济发展的压力下陷于崩溃。"① 在历史唯物主义看来，生产力和生产关系之间的矛盾、经济基础与上层建筑之间的矛盾，是推动一切社会发展的基本矛盾。经济基础决定上层建筑，上层建筑对经济基础具有反作用，当上层建筑适合经济基础状况时，就会促进经济基础的巩固和完善，反之就会阻碍经济基础的发展和变革，这时变革和调整上层建筑中与经济基础不相适应的部分，使之与经济基础状况相适应，就能更好地为经济基础服务。经济基础决定上层建筑，这是社会发展的一般规律。但是在特殊的历史条件下，上层建筑的变革，有可能对社会发展起决定作用，也就是说，政治上层建筑的变革有可能成为影响经济基础发展变化的决定因素。

经济基础与上层建筑的一个核心问题是如何实现资源的优化配置，迄今为止，人类社会发明了两种主导方式，一是计划，二是市场，前者主要靠政府主导，后者主要靠企业及各类社会组织主导。经过西方发达国家几百年来的不断试错和20世纪、21世纪资本主义国家与社会主义国家的竞争发展经验比较，由市场主导资源配置的做法成为当今世界各国的普遍选择，而政府主要发挥其在资源配置过程中不可或缺的规则制定、秩序监管、公正维护、服务提供等基础性作用，市场和政府也由此成为推动人类社会发展与进步的两种主导性力量。②

中国是社会主义国家，在公有制为主体的基础上成功地建立起市场经济体制，是马克思主义政治经济学中国化的重大创新实践。改革开放40余年来，中国成功实现了社会主义公有制与市场经济的结合，完成了从计划经济向市场经济转轨。纵观中国经济改革和社会主义市场经济体制的发展历程，从理论到实践需要创新性处理的关键性和核心性问题是政府与市场的关系问题，整个经济体制改革的实践历程也是围绕这一逻辑路径展开的。自1978年党的十一届三中全会确立将工作重心转移到经济建设上来之后，当代中国走上了市场化取向的改革开放道路。从1988年开始，政府的产业管理部门逐步撤销，适应市场经济的制度供给和制度创新不断出

---

① 《马克思恩格斯全集》第20卷，人民出版社1971年版，第198—199页。
② 唐亚林：《新中国70年：政府治理的突出成就与成功之道》，《开放时代》2019年第5期。

现。1992年10月，党的十四大报告提出建立社会主义市场经济体制的战略目标,[①] 其目的在于全面培育社会主义现代化建设的内生动力。对于如何发挥市场和政府在资源配置中的作用，如何处理好政府和市场的关系问题，中国共产党经历了从1992年党的十四大报告强调发挥"在社会主义国家宏观调控下对资源配置起基础性作用"，到2013年党的十八届三中全会通过的《中共中央关于全面深化改革若干重大问题的决定》强调"处理好政府和市场的关系，使市场在资源配置中起决定性作用和更好发挥政府作用"的革命性转换历程。究其原因，在于面对全球化时代复杂的国际竞争局势，面对一国所处的历史发展阶段以及在世界产业链、供应链、价值链体系中的方位等重要因素的制约，充分运用市场机制和政府机制的合力，综合运用经济手段、法律手段和必要的行政手段，是形成基于发展动力的政府与市场关系边界清晰化的基本战略和政策选择的必然结果，其关键在于如何聪明地使用多样化的政策工具组合。比如，对政府如何发挥作用的认识，传统上看重政府对市场直接干预与否以及干预的程度如何，而忽视综合运用如财政政策、税收政策、环保政策等政策工具的作用。政府干预的程度与效率之间不一定呈正比关系，因此应该将重点放在探讨"政府干预的形式、效率而非程度"这一重大问题上。

卡尔·波兰尼（Karl Polanyi）认为，现代社会的源泉和基础是市场经济，然而，由于市场经济的运行总是伴随着一些令人侧目的社会和环境的代价，市场体系的扩张或者市场化运动就会遭遇来自社会的"社会自我保护"运动的制约，国家治理必须在市场化运动和社会自我保护运动之"双向运动"中进行艰难的平衡。[②] 由于"中国是一个行政权力占主导地位的国家，中国的改革从一开始就始终围绕着行政权的分化和重组这一中心在进行，即使经济改革，也始终围绕着这一中心议题"[③]，因此，"构建职责明确、依法行政的政府治理体系"不可回避的一个关键问题，就

[①] 新华网:《加快改革开放和现代化建设步伐 夺取有中国特色社会主义事业的更大胜利》,http://fuwu.12371.cn/2012/06/11/ARTI1339404174023982.shtml,2019-10-15。

[②] 马骏:《经济、社会变迁与国家重建：改革以来的中国》,《公共行政评论》2010年第1期。

[③] 张成福:《发展、问题与重建——论面向21世纪的中国行政学理论》,《政治学研究》1996年第1期。

是如何更好地把握和建构政府与市场的关系，如何适应经济发展的需要，持续实现政府的改革和创新。2012年党的十八大后，中国在政府治理领域着重推进了以权责清单为抓手，以"放管服改革"（简政放权、放管结合、优化服务）为主线，以划清政府权力边界来调整政府与市场关系为目标的政府治理现代化改革进程。目前，中国的各级政府在机制与制度层面通过列举权责清单、划定行政权力边界的方式，把回应市场和社会主体以及公民的需求作为政府治理现代化的要义，基本确立了"负面清单""权力清单""责任清单"三单建设体系，初步达成了市场和社会主体"法无禁止即可为"，政府部门"法无授权不可为""法定职责必须为"的原则，基本理顺了政府、市场、社会的各自活动范围和功能，创设了规范政府与市场和社会三者关系的基本制度体系，从而建构了把政府与市场、社会关系从理顺走向定型，进而形成制度化政府治理格局的发展动力体系。但现代社会的政治、经济的各种情况瞬息万变，社会各种事务日益复杂，出现了政治与行政、行政与经济的相互制约、相互分离的趋势。中国经济社会也在经历着历史性的深刻变化，随着市场经济的逐步完善，不同群体形成差异化的利益诉求与利益表达方式，催生出多元化的社会主体和多样化的社会利益，而高度扩张的利益诉求和快速分化的社会阶层，带来社会结构的不断变化，使得公权力与私权利的相互关系呈现出前所未有的"新样态"。国家权力、行政权力、公民权利、社会组织权利的界限变得不那么"清晰"，各种权力与权利之间的不断博弈，要求我们重新审视公共领域的秩序状态，在国家、社会、组织、公民之间的互动中，把握公共管理领域的自由与秩序的平衡，促进塑造平衡互动的治理秩序。① 经济结构和社会结构的变化，要求国家治理结构也必须实现转变，即：针对利益主体与利益诉求的多元化，国家必须建构强大的利益整合能力；针对资源配置的非均等化，国家必须建构强大的再分配能力；针对市场失灵，国家必须建构强大的市场规制能力。② 为此，关于政府与市场的关系的程度和手段仍是影响经济发展、政府治理体系和治理能力现代化的关键问题，在政府与市场的关系上，行政学理论需要关注以下三方面的问题域。

---

① 王郅强：《构建具有中国特色的公共管理学科知识体系》，《学海》2019年第1期。
② 何艳玲：《中国公共行政学的中国性与公共性》，《公共行政评论》2013年第2期。

第一，核心价值与多元价值的平衡。在中国，行政学理论的价值理性具有先在性，脱离核心价值体系的行政学理论研究在中国并不具备生存土壤，体现在政府与市场关系上，无论是在理论层面还是实践层面，本土公共行政的价值逻辑仍然是马克思主义的或传统式的，其基本假定在于，行政生活是基于自身的生产力状况及政治与文化逻辑而生发出来的，它是服务于社会、服务于人民、服务于政治的一种工具性、衍生性存在，政府与人民之间的关系也不是一种企业—顾客式关系，而更倾向于是一种"委托—代理—服务"式关系。① 这需要我们重新认识市场及其资本的力量与限度，以及政府在经济以及社会治理中所扮演的角色。我们需要重新认识发展，发展并非是资本的积累和财富的增长，还包括社会的和谐、文化的繁荣以及个人的成长等多个方面。

随着市场的扩张和社会主义市场经济的完善，中国的社会也具有波兰尼所讲的"市场社会"或者泛经济的社会的特征。这一社会的最大特征在于经济领域与政治领域，甚至与道德文化领域的分离。社会中的一切均被市场化或者商品化，不仅仅土地、劳动力、产品被商品化，作为交换媒介的货币也被商品化，"一切皆可定价"的法则使得社会日常生活也被商品化。② 市场导向的公共管理，将追求个人利益等同于公共利益，不仅导致了公共价值的衰败，而且忽略了市场价值与社会公共价值的不同，使得市场成为独立于政治与社会之外的非道德领域。市场导向的公共政策与治理，同时导致了环境的恶化，加剧了社会的不平等，以及社会关系的普遍异化。因此，行政学应以当代中国马克思主义政治经济学为理论依据，认识市场及资本的力量与限度，以及政府在经济和社会治理中所扮演的角色。经济和市场经济并非终极的目标，而是达成目标的手段，我们需要在市场的价值与社会的价值之间求得平衡。③ 面对日益复杂而多变的公共事务，在贯彻党的执政理念和承担经济社会治理的职责使命之间，行政学理

---

① 王升平：《西方行政理论本土化的形态与逻辑探析——以公共行政主流理论的交融与转化为例》，《治理研究》2019年第6期。

② 张成福：《意识的转化与内在革命——关于我们时代公共行政大问题的对话》，《中国行政管理》2019年第10期。

③ 张成福：《意识的转化与内在革命——关于我们时代公共行政大问题的对话》，《中国行政管理》2019年第10期。

论仍要从具体的情境和能力出发，充分把握效率与公平、管制与服务、解制与法治、规范性与弹性、科学理性与民主参与的矛盾和互补，建构核心的价值取向，以及多元化的价值选择之间的共通与冲突，实现具体情境下最优的价值选择。

第二，"政府—市场"的多种制度形式和实现方式。就主要的特征而言，政府、市场具有不同的逻辑。行政的逻辑是通过立法和科层等级组织对人类活动进行理性化和高效率的调节规制。市场的逻辑是保障自由的交易秩序，以及互利互惠。两种逻辑在不同的环境约束和行为选择下表现出较大的差异性，即"政府—市场"的范畴、形式和机制"大—小""强—弱"的差异，以及不同的制度嵌套的"混合安排"。改革开放以来中国社会的制度变迁，自打破高度集权的计划经济体制和高度政治化的行政管理体制开始，政府从全能政府转向有限政府，市场经济迅速生长。这一实践历程是前所未有的创新创造，"向更少的行政干预转变，减少对服务的直接供给和管理会使治理变革更为复杂，而远不是更加容易"[1]。目前，政府—市场的制度安排在何种领域或何种程度上能够更具效率并能够增进公平公正，尚处于持续摸索之中。从未来的发展需求来看，行政学理论需要关注中观和微观层面，兼顾多元价值和现代公共治理精神，在党和政府，政府与市场、社会的多元关系互动中，探索多样化的行政管理和公共服务方式：一是"政府—市场"主体边界的混合制度创新。在复杂多变的行政环境中，"为了能有效地进行治理，政府就必须保证治理体系和治理关系的开放性，在与其他治理主体的相互承认中保证治理的顺利进行"。在治理体系和治理关系中，政府与市场、社会不应是单一的权力链条，而应是协商、合作、参与、谈判的关系，与之相应，不仅在政府和市场、社会之间，而且在"市场—政府""市场—社会""政府—社会"之间，须以制度层次和公共事务属性来探索跨边界的"混合"组织形式和制度机制，促进多主体关系建设及制度化构建。二是多样化的治理创新途径。由于行政经常处于与环境的交互和调适之中，一个有效的变革途径是将其嵌入更大的政治、经济和社会的运行规则框架之中，在理念、规则和行动机制

---

[1] ［美］托尼·赛奇：《中国改革中变化的政府角色》，丁开杰等译，《经济社会体制比较》2002年第2期。

上，使行政制度与社会外生限制之间建立更紧密的联系，通过合理确定多元的治理主体在制度过程中的角色和作用，实现开放式、参与式与合作式创新。三是多元化的公共治理主体之间的流动渠道。"一个社会中的某些成员可能会看到问题的'真实'性质，但是却无法改变制度。必须使那些能够作出政治决策的人也具有这种想法；然而，政体能否将这种人'安置'到决策制定的位置上并不是不言而喻的。"增进行政机构与企事业单位、社会组织之间的人才流动，将会为改变制度创造契机。①

第三，政府掌舵的多元主体协同共治理论。恩格斯说，无产阶级政党的"全部理论来自对政治经济学的研究"。列宁把政治经济学视为马克思主义理论"最深刻、最全面、最详尽的证明和运用"。党的十一届三中全会以来，我们党把马克思主义政治经济学基本原理同改革开放新的实践结合起来，不断丰富和发展马克思主义政治经济学。面向"两个一百年"的奋斗目标，习近平提出，要"不断开拓当代中国马克思主义政治经济学新境界"②。现代经济的发展，使任何一个以往的经济理论都受到极大的挑战，也需要行政学理论的解答，这要求行政学的理论研究既要坚持马克思主义经济学的基本原理和方法论，更要同我国经济发展实际相结合，不断形成新的理论成果。比如，在当今经济领域，任何企业，一旦做大和有了竞争优势，就会追求控制环境，推行垄断。信息不对称、公共物品供给不足、交易成本的存在是常量，就是说，政府干预是天然的必须，不是"如果"才有的行动。在现代社会，技术和管理能力的提高使得这些传统上的"小"问题变得越来越大，规模型大企业操纵市场的能力也越来越大，政府要干预的需求也越来越大，是公共管理的新挑战。③

政府与企业的关系也出现了两种趋势：一是政府与企业之间的协作，另一种是政府与企业的竞争。在过去的几十年中，从信息通信技术到社会网络到复杂的契约，复杂的问题需要非政府主体参与解决，多种多样的促

---

① 杨国栋、张锐昕：《改革开放以来的行政改革：逻辑、表现和取向——基于制度分析视角》，《中国行政管理》2020 年第 7 期。
② 习近平：《不断开拓当代中国马克思主义政治经济学新境界》，《前进论坛》2020 年第 10 期。
③ 蓝志勇：《公共管理学科的理论基础与基础理论》，《学海》2020 年第 1 期。

进协作的因素不断增加。虽然在竞争和协作之间的竞争还可能会继续存在，但是协作在公共组织之间必将变得日益重要，需要探讨关于政府与市场之间良性、互动关系的多元主体的协同共治理论。就政府而言，这一时代的特征在于"政府与其他的行动者（企业、协会、非营利组织以及公众）一起介入政策过程"。其结果是，公共政策的制定与执行或所谓的"指导社会"再也不是政府的单独行动，或与其他一两家的联合行动，而往往被一个复杂的、由各种不同的行动者（他们都有自己的特殊利益、资源和专长）组成的治理网络所取代。① 追求"更好"的政府作用，是以有效治理为标准，不等同于自由主义语境中的"不干预"或"少管"，也不同于对政府管制的简单呼吁。"更好"意味着从规避市场失灵出发，关注"管"的效能，而非"管"的多少。② 多元主体的协同共治，应坚持党与政府在治理网络中的掌舵地位，党与政府是治理的主导力量，多元治理主体参与是政府治理的有益补充。比如，目前从市场监管这个领域入手嵌入协同共治的制度安排，最容易获得各方共识。③

二 "负责—协同—参与"的政府与社会关系

马克思主义经典作家认为，国家是社会的产物，历史上的一切国家，包括自诩为最民主的资本主义国家，都没有避免这样一个现实："社会为了维护共同的利益，最初通过简单的分工建立了一些特殊的机关。但是，随着时间的推移，这些机关——为首的是国家政权——为了追求自己的特殊利益，从社会的公仆变成了社会的主人。"④ 如何使国家权力真正恢复它的普遍性质，使社会的普遍利益真正体现出来，并在国家政权中得到集中的反映，便成为所有国家面临的重大问题。按照经典的西方政社关系分析的传统，根据政府和社会相对力量的状况，主要有"强政府、弱社会；弱政府、强社会；强政府、强社会"等模式。早期的理论探索，

---

① Robert Denhardt, Thomas Catlaw. *Theories of Public Organization* (7th). New York: Cengage Learning 2015: 209.
② 朱正威、吴佳：《面向治国理政的知识生产：中国公共管理学的本土叙事及其未来》，《中国行政管理》2017年第9期。
③ 宋世明：《从公共行政迈向公共管理》，《国家行政学院学报》2018年第1期。
④ 《马克思恩格斯选集》第3卷，人民出版社2012年版，第54页。

聚焦于政府大包大揽和社会力量自适应的两极，将政府和社会视为一种此消彼长的对立关系。随着"强政府与强社会"实践的兴起，政府与社会的共生关系得到了更多关注。对于大一统、单一制传统下的中国场景而言，多年高度集中的政治经济体制似乎也注定了强势政府对社会生活的主导地位。然而，中国社会的经验表明，社会建设在党和政府的主导中得到推进，政社合作的实践也进一步提升了党的执政能力。同既有理论模式相比，党领导下的社会建设路径赋予了所谓"政社共生"新的机制和实现方案。①

改革开放始于经济体制改革，在计划经济体制到市场经济体制的转型过程中，适应市场经济的制度供给和制度创新不断出现，为经济发展创造了良好环境，政府运作效率得以提升。与此同时，政府推动经济发展的角色被过度强化，管制加剧和利益寻租带来的负面问题开始凸显。对此，2005年政府工作报告首次提出"努力建设服务型政府"。2013年以后，"面对过去单纯强调市场机制与政府干预的抽象两方，而忽略了第三方——百姓的诉求所造成的社会问题"②，中央将改革和经济发展的落脚点向民众倾斜，确立了"以人民为中心"的发展思想，强调"坚持和完善共建共治共享的社会治理制度"；"加强和创新社会治理，完善党委领导、政府负责、民主协商、社会协同、公众参与、法治保障、科技支撑的社会治理体系"；"建设人人有责、人人尽责、人人享有的社会治理共同体"；高度重视发展中的民生问题，要求"健全幼有所育、学有所教、劳有所得、病有所医、老有所养、住有所居、弱有所扶等方面国家基本公共服务制度体系"，确立了行政在"政府—社会"的国家治理体系中的角色定位。

1. 行政在社会治理中的"复合"功能

形成和完善党委领导、政府负责、社会协同、公众参与、法治保障、科技支撑的社会治理体制，政府作为不可或缺的力量嵌入国家治理体系的

---

① 朱正威、吴佳：《面向治国理政的知识生产：中国公共管理学的本土叙事及其未来》，《中国行政管理》2017年第9期。

② 鄢一龙等：《大道之行：中国共产党与中国社会主义》，中国人民大学出版社2015年版，第2页。

复合空间之中，既对强化中国共产党的全面领导起着支撑性作用，又对整合社会多元资源共同参与国家治理起着引导性作用。这一新变化，使得行政不再是单纯的政策执行领域，而逐渐成为在坚持党的全面领导下充分调动国家、市场、社会、民众的力量，实现国家和社会治理合理化、规范化、程序化、法治化的复合系统与行为过程。行政学理论需要充分理解这一历史性的变化，重新建构政府在社会治理中的定位、角色、功能和作用，以及实施的具体形式和方法。

2. 行政在民生保障中的"普惠"功用

我国民生领域还有不少短板，行政学理论应予以热切关注。一方面，提倡以人民为中心的公共价值建构。以人民为中心的公共价值创造，核心思想是强调行政的职能并非单纯地遵照执行，而是一个能动的涉及战略管理的公共价值创造过程，要把公民本位的服务型政府、以人为本的国家治理观、以人民为中心的发展思想、以多元协商为过程特征的公共性求取形式、以"五位一体"分域体现的公共价值等融入具体的民生领域，去探讨如何在具体的行政领域和行政过程中体现和实现这些价值。另一方面，注重价值理性与技术理性之间的协调。由于民生问题是具体的、迫切的问题，关注"事实"本身，提倡严谨的科学方法尤为重要。既要探讨民生问题中行政方式的转变，比如，从行政到基于价值的共同领导（合作治理），"要为公众服务，公共行政官员不仅要了解和管理他们自己的资源，而且还要认识到并且与其他的支持和辅助资源联系起来，使公众和社区参与这一过程。他们必须以一种尊重公众权和给公众授权的方式共享权力并且带着激情、全神贯注并且正直地实施领导"[①]，探讨政府主导的互动治理的意向、工具和行动等；同时，又要研究政府的治理和服务技术，这既包括行政的运作方式，也包括政府与人民之间的互动、协商和共治的渠道、工具和手段，民生问题的表现、提出和进入议程，政策（措施）制定以及实施的过程，尤其要关注新技术的变革和信息系统的变化所带来的影响。

---

① ［美］珍妮特·登哈特、罗伯特·登哈特：《新公共服务》，丁煌译，中国人民大学出版社 2004 年版，第 146—149 页。

第二节 推动行政组织制度与运行过程的科学化

中国行政学的发展同美国一样脱胎于政治学，最早的行政学的唯一专业——行政管理，就是归属于政治学科门类之下。但在改革开放前期的效率至上的背景下，其中一个重要的学术导向，亦高度注重探讨如何提高政府管理效率，以促进经济和社会发展。在1997年版的学科目录中，公共行政学被命名为公共管理，并被置于管理学的大门类之下，这无疑加强了公共行政学的管理学定位。在此背景下，中国行政学开始发展出一种非常强烈的管理主义倾向，并在一些管理工程背景的研究者那里呈现出一种工程主义的倾向。对此，一些学者也提出了批评，如："像企业那样运作和管理的想法在中国也许比在美国更有市场""许多看似'科学'的公共行政研究实质上并没有推动知识的增长，堆积得越来越多的经验事实也未能增进我们对真实世界中的公共行政的理解。"[1] 只有"通过观察和挖掘'嵌入在结构中的事件'，才有可能把握行政实践中更真实和更丰富的细节，并形成更加接近于事实的解释"[2]。管理和组织途径的行政学理论研究，需要聚焦于真正的学术问题，以规范的定性方法和定量方法进行分析阐释，在社会科学方法交融中快速推进。综合当前国际行政学的发展趋势和中国行政学的管理和组织特性，我们认为以下三个方面将彰显行政学理论的管理途径的中国特色。

一 构建"领导—分工—协作"的府际关系

府际关系是"政府间关系"，不仅包括中央与地方关系，而且包括地方政府间的纵向和横向关系，以及政府内部各部门间的权力分工关系。当前，在全球视野中，各国府际关系普遍呈现出地方分权和自治、府际合作与多中心治理等发展趋势。相比世界大多数国家而言，中国的政府间联系

---

[1] 马骏：《公共行政学的想象力》，《中国社会科学评价》2015年第1期。
[2] 何艳玲：《指向真实实践的中国行政学研究：一个亟待关注的问题》，《中国行政管理》2009年第8期。

更为紧密，更有助于发挥系统性、整体性治理效能。自中华人民共和国成立以来，中国就开始进行府际关系的探索，到目前为止，已经基本形成了特色鲜明的、符合中国国情的府际关系的理论和实践。

（一）府际关系的基本类型

首先是上下级政府间关系。其中最重要的是中央与地方关系。发挥中央和地方两个积极性是党一脉相承的治国理念。自1956年毛泽东主席提出"中央和地方两个积极性"的著名论断后，发挥中央和地方两个积极性成为我国处理中央地方关系的纲领性指南。我们党始终强调以中央和地方两个积极性原则为基础来调整中央与地方关系，经过几十年的发展，这一原则已从政治原则转变为宪法原则，并逐步走向制度化。党的十八大以来，以习近平同志为核心的党中央反复强调在处理中央地方关系中充分调动中央和地方两个积极性，并赋予其新的制度内涵。党的十八届三中全会提出建立事权和支出责任相适应的制度；党的十八届四中全会明确要"推进各级政府事权规范化、法律化，完善不同层级政府特别是中央和地方政府事权法律制度"；党的十九大强调要"建立权责清晰、财力协调、区域均衡的中央和地方财政关系"，以适应全面深化改革、实现国家治理现代化的客观要求；党的十九届三中全会明确提出，要理顺中央和地方职责关系，中央加强宏观事务管理，地方在保证党中央令行禁止前提下管理好本地区事务，设置和配置各层级机构及其职能；党的十九届四中全会进一步提出"构建从中央到地方权责清晰、运行顺畅、充满活力的工作体系"。这一系列新理念、新战略的提出，使中央与地方职能分工日益规范明确，中央地方权力纵向配置的制度体系日益完善，中央和地方两个积极性从原则框架落实为更加具体的制度。总的来看，在发挥中央与地方两个积极性原则的指导下，中央与地方关系已经形成了一系列重要的原则、规范和任务取向：一是维护国家法制统一、政令统一、市场统一；二是理顺中央和地方权责关系，合理划分中央和地方各领域事权与支出责任，加强中央宏观事务管理；三是明确不同治理层级政府职责，赋予地方政府更多自主权，支持地方创造性开展工作；四是规范垂直管理体制和地方分级管理体制；五是建立权责清晰、财力协调、区域均衡的中央和地方财政关系；六是实现中央地方责权配置由政策主导向立法主导的转移。地方政府的上下级关系也是重要内容：一是实行条块结合的政府部门管理体制，如在不同的政府部门和职能权限上，根据实践需要，在垂直管理和属地管理的程度和功能上，予以不同的设置；二是在协调上下级政府关系的过程中，还从层级关系角度做出过努力，如设置大区政府、推进省直管县和撤乡并镇。

其次是政府部门间关系。目前我国各层级政府都有多个所属部门，如环保、卫生、民政、公安等，这些部门基于分工履行政府管理的不同职责。同域政府部门间在管理权限上不可避免地存在着一些交叉，在工作开展中需要多个部门协同完成，这是部际关系需要协调的原因所在。此外，虽然这些部门隶属于同一政府，但是部门职能、组织结构和人员配备都是独立的，部门利益影响沟通协调，部门间关系的协调并非易事。[①] 在政府部门间关系的协同上，中国一方面借鉴西方"整体性治理""大部制"等政府机构进行重新整合，如2010年、2014年、2018年，中国政府机构改革都在不同程度上采用了"大部制"的做法，2018年以后更是将"大部制"推向了地方政府。另一方面，组建领导小组协调政府部门间关系。领导小组是在中国政治文化中成长起来的，成为各级政府和部门解决问题的重要行为模式，一定程度上解决了政府部门间关系协调问题，是协调政府部门间关系的中国实践创新。"领导小组"这一部际协调模式，是在法无明文、部门间关系不规范的情况下，依靠领导的职务权力、个人权威来协调政府各部门的关系，一般由所涉及部门的上级领导担任组长，促使各部门共同应对问题。当然，部际关系协调的未来趋势应该是通过法律明确各政府部门的职责及应对共同问题时的合作机制。此外，电子政务、数字政府也为政府部门间关系的协同提供了重要的助力。随着政务服务"一网、一门、一次"改革在全国推开，全国一体化在线政务服务平台的建设，使以公民为中心的部门业务整合和流程再造取得了实质性进展。在部门间业务协同上，已形成了行政服务大厅式的实体性一站式服务、平台式的网络一体化服务，以及线上线下融合的整合性服务相结合的基于技术和数据的部门间业务协同模式。

最后是地方政府间关系。当前，我国地方政府间关系包含相邻地方政

---

① 汪建昌：《府际关系协调的中国经验：实践创新与理论总结》，《领导科学》2019年第10期（下）。

府间关系以及不相邻地方政府间关系。"为了迎接和应对全球化带来的机会与挑战,当今世界的新区域主义方兴未艾"①。公共管理学界对相邻地方政府间关系研究较多,形成了区域公共管理理论。在区域一体化的过程中,区域公共管理成为学界研究的热点问题。区域协同发展是我国国民经济发展的重大战略,京津冀协同发展、长江经济带发展、粤港澳大湾区建设、长三角一体化发展,以及城市群、现代化都市圈建设都需要政府间关系的重新建构,区域合作治理作为一种治理实践和研究问题的重要性日益凸显。中央和地方相继出台了促进区域一体化的各种规划,为相关的地方政府间合作确定了目标和要求,提供了政策支持和法理依据。地方政府间合作也发展成了多样化的模式,比如,联席会议是一种松散型的府际关系协调模式,为需要协调的政府提供协商平台,在实践中成为地方政府间经常使用的府际关系协调模式。联席会议让地方政府自愿平等参与、共同协商讨论,为解决区域公共问题提供协商平台,在一定程度上实现了区域政府间的整合。但这种合作方式存在权威不足的问题,在关键问题上缺少约束力。总体而言,联席会议提供了一个议事平台,在没有更好的合作方式之前,不失为一种有效的区域政府合作模式。除了联席会议的方式,中国政府还发展出对口支援方式来协调地方政府间关系。尽管对口支援过程中有中央政府的协调干预,但对口支援仍然是一种地方政府间关系协调模式。对口支援在本质上是块块间的互动,是一种地方政府府际关系。"系列对口支援政策在实施过程中建立了支援地区与受援地区之间人为的联系,这实际上扩展了府际关系的范畴"②。普遍存在的东、西部省份间的对口支援关系,对于完成国家的西部发展战略起到了重要的推动作用。中国的府际关系模式发端于中华人民共和国成立之初,是当时促进民族国家整合化、重建社会政治秩序和推动现代化的基本选择。中国的区域治理有着鲜明的特色:其一,它是由党和政府主导的,这是由单一制国家的权力结构决定的。其二,区域治理的过程中地方政府之间存在竞争、协同的多重关系,中央政府在其中起到了重要的调解作用。其三,随着区域间联系的发展,合作的行动范围已跨越纵横方向上的政府关系,溢出了政府边

---

① 陈瑞莲、孔凯:《中国区域公共管理研究的发展与前瞻》,《学术研究》2009年第5期。
② 杨龙、李培:《府际关系视角下的对口支援系列政策》,《理论探讨》2018年第1期。

界，大量政府外的主体如企业、非政府组织、公民等，将进入公共治理的体系中。① 在这一合作治理体系中，政府不再是治理行为的垄断者，而是与多元主体基于平等、信任、互惠的原则，建立起广泛的、多样化的公私合作伙伴关系，通过讨论、谈判、协商共同解决问题。②

（二）府际关系的模式——"领导—分工—协作"

西方关于府际关系模型的研究，大多是从实践的角度，考察一国府际关系的历史进程和演变，并进一步通过模型的抽象和简化来描述不同府际关系的特征，比如戴维·威尔逊和克里斯·盖姆概括了代理模型、权力依赖模型、政策共同体与网络三种模型。③ 奈斯（Nice）构建了竞争模型、相互依赖模型、功能模型来分析美国的府际关系运作，④ 阿格拉诺夫和麦克奎尔（Agranoff and Mcguire）描述了自上而下模式、捐助—受援模式、管辖为基础的模式、网络模式四种府际关系模型，但这些模型对于中国的府际关系都缺乏解释力。边晓慧、张成福认为，府际关系对于国家治理的功能和重要性表现在以下三个方面：宪法结构安排（宪法层面）、区域功能分工（行政层面）以及政策的制定与执行（管理层面），并构建和区分了四种府际关系发展模式：控制模式；互动模式；合作模式；网络模式。⑤ 许艺彤、靳继东将中国的府际关系总结为纵向竞争、横向竞争、合作关系三种关系。⑥ 谢庆奎认为中国的府际关系在中央与地方（省级政府）的关系上体现为倾斜分权、纵向分权、经济分权；在地方政府之间的府际关系层面，体现为倾斜分权、垂直分权、经济分权；各地区政府之

---

① 边晓慧、张成福：《府际关系与国家治理：功能、模型与改革思路》，《中国行政管理》2016年第5期。

② 刘兴成：《区域合作治理：重塑府际关系的新趋向》，《学习论坛》2020年第2期。

③ ［英］戴维·威尔逊、克里斯·盖姆：《英国地方政府》，张勇等译，北京大学出版社2009年版，第183页。

④ 欧信宏、史美强、孙同文、钟起岱：《府际关系：政府互动学》，台北：空中大学印行2004年版，第42—43页。

⑤ 边晓慧、张成福：《府际关系与国家治理：功能、模型与改革思路》，《中国行政管理》2016年第5期。

⑥ 许艺彤、靳继东：《中国府际关系实践特点与重构思路研究》，《社会科学辑刊》2016年第1期。

间的府际关系是互相支援，共同发展，以及联合与合作。① 这些研究都从不同层面揭示和解释了中国府际关系的特征。

从中国府际关系的核心特征，以及党和国家明确的府际关系的基本原则和发展方向，可以归结中国特色的府际关系为"领导—分工—协作"模式。首先是领导。我国是典型的单一制国家，中央政府拥有政治权利，地方政府是中央政府为了管理地区事务而设立，其所有权利来自中央的授权，地方依附于中央。《中华人民共和国地方各级人民代表大会和地方各级人民政府组织法》第55条规定："全国地方各级人民政府都是国务院统一领导下的国家行政机关，都服从国务院。"第59条规定，县级以上的地方各级人民政府行使的职权包括：执行"上级国家行政机关的决定和命令""领导所属各工作部门和下级人民政府的工作"。因此，在中央政府与地方（省级政府）关系、地方政府的纵向关系上，是下级服从上级的隶属关系，是领导与被领导的关系，上级政府拥有很强的权威，这既体现在政令的下达与执行上，也体现在行政区划的多样化上，诸如经济功能区、国家级新区、主体功能区的区划，省直管县等，上级政府始终具有并负有在府际关系中的领导职责和作用。其次是分工。中国是社会主义国家，要实现的是全体人民的共同利益，在这一共同目标下，各政府层级之间、地方政府之间，以及政府部门之间都是分工协作的关系。这在中央财政转移支付、地方政府对口支援，以及主体功能区划分和区域协同发展等方面得到了集中的体现。再次是协作。同级地方政府和不同地区的不同级地方政府之间也存在强烈的竞争关系，这种竞争关系还曾一度扭曲化，但中央政府"通过限制和鼓励地方政府所采取的各种竞争策略，或者通过提升地方政府采取竞争策略的能力等"② 来规约和影响地方政府的竞争，使竞争控制在合理的范围内，其竞争可理解为"中央政府管制下的地方政府有限竞争"③。纵观长期以来地方政府之间关系的主流趋势，仍是多种形式的合作关系。在地域范围内，东北、东南、西北、西南、华北、华

---

① 谢庆奎：《中国政府的府际关系研究》，《北京大学学报》（哲学社会科学版）2001年第1期。
② 刘亚平：《当代中国地方政府间竞争》，社会科学文献出版社2007年版，第61页。
③ 汪伟全：《当代中国地方政府竞争：演进历程与现实特征》，《晋阳学刊》2008年第8期。

中都有合作，毗邻地区合作和跨域合作平行推进，如图们江、珠三角、三峡地区的区域合作，闽浙边区的毗邻地区合作，北京与内蒙古、上海与新疆、天津与甘肃的跨域合作等。还有福建省与50多个国家部委、央属企事业单位的共建海峡西岸经济区的部省合作，西北五省区在经济技术领域的合作，上海与江苏、浙江的合作等。① 从合作形式上看，有联席会议、签订合作协议和意向书、设立联络办事机构、采取联合行动等。

（三）府际关系的发展趋向

在我国，府际关系一直是政府改革与创新的重要内容。随着市场化、民主化、城市化、信息化的不断推进，现代府际关系强调动态思维下的多元治理主体的互动与合作。第一，在纵向府际关系上，超越集权与分权，构建中央与地方的协作治理。在宏观事务管理的制度层面，需有序实施跨区域、跨层级的制度设计。可借鉴西方经验，探讨在中央和地方成立府际关系和管理的协调性机构，如关系委员会、咨询委员会等。为了有效推动纵向府际合作关系的建立，要探讨充分发挥公共财政工具的作用。第二，在横向政府间关系上，超越管辖基础的行政区治理，推动平行政府间的合作与协同。探讨由中央牵头成立跨域性的协调治理机构，鼓励地方政府间成立区域规划委员会，以加强互动与合作。第三，在政府与市场、社会关系上，打破公私界限，实现多元主体的网络协作治理。突破政府界限，促进市场力量、社会力量参与治理，加强政府、企业、非营利组织的互动与协作已成为我国府际关系改革的重要内容。当前，要实现多元主体的协作治理，关键在于尊重企业组织、非营利组织的利益和追求，合作关系应建立在独立、自愿、平等的基础之上。这三个方面的发展趋向都对政府的治理能力提出了更高的要求，一方面，要求政府重新审视自身的能力及其限度，以整体利益和长远利益为导向，突破藩篱，从依靠行政命令的"强制者""旁观者"管理转变为依靠共识、激励和协议的合作式治理，进一步提升科学决策能力、公共服务能力，并发展新的沟通、谈判、协商等交往能力，以及聚合多利益群体的诉求和差异化的能力，共同达成治理目标的实现。

---

① 颜德如、岳强：《中国府际关系的现状及发展趋向》，《学习与探索》2012年第4期。

二　面向政府改革和创新的行政组织及其过程

作为人类活动协调与合作的形式，组织是人类社会最普遍的现象，在人类文明发展中极为重要，人类社会的进步依赖于组织的发展。工业社会以来，组织化的客观进程不断将人们推向组织之中，组织逐渐成为社会行动者和集体行动的主要形式，组织在国家和社会生活中的作用日益突出，"个体只有通过组织或以组织的形式才能参与公共生活。公共行政本质上体现为组织活动"①，"各个层次的政府都要依赖公共组织，以规划和执行其公共政策"②。就未来发展而论，如何准确认识人类社会治理模式更替和演进的历史规律，科学把握公共组织尤其是政府组织变革的方向，则是决定政府改革成败的关键性认知前提。③

传统公共组织（行政组织）理论源于20世纪初期的韦伯（Max Weber）和泰勒（Frederick Taylor）等人的著作，它以"官僚制"（科层制）作为主要的研究对象，将官僚制当作公共组织的最佳表现形式，视规则、精确性和专业分工为组织结构和生产力的关键。从20世纪60年代开始，官僚制从理论到实践都受到了人们的质疑和批判。新公共行政学要求一种新的组织理论，但"他们提出的解决方案也太少"。20世纪70年代以后，经济学范畴的"理性人假设""交换范式""公共选择"等概念逐步融入了公共行政的话语体系，强调用私人组织的管理技术来改进政府绩效，但人们又发现，"公共行政与企业管理只有在所有不重要的方面才是相似的"④。官僚制似乎又是必不可少的，"对于大规模的政府组织和行政官僚制，我们别无选择"⑤。福克斯和米勒总结道，"尽管传统的官僚制行政模式已经死亡，尽管学术界不停地为其举行送葬仪式，但其灵魂仍徘徊于公

---

① 杨艳、贾璇、谢新水：《公共行政行动主义转向的学理阐释：基于组织的视角》，《学习论坛》2020年第1期。

② [美]雅米尔·吉瑞赛特：《公共组织管理》，李丹译，上海译文出版社2003年版，第1页。

③ 杨艳、贾璇、谢新水：《公共行政行动主义转向的学理阐释：基于组织的视角》，《学习论坛》2020年第1期。

④ 颜昌武：《公共行政学的大问题：回顾与展望》，《中国行政管理》2018年第11期。

⑤ Dwight Waldo. Democracy, Bureaucracy, and Hypocrisy: A Royer Lecture. *Institute of Governmental Studies*, 1977: 1–23.

共行政研究的上空,并在所有的管理理论方面以及在几乎每一个实际的公共机构中都能看到它的影子"①。随着官僚制行政范式日益为人们所摒弃,"超越官僚制"就成了公共行政学各家的主流看法。但遗憾的是,无论是来自公共选择学派的范式重构,还是以企业家政府为基础的新公共管理,抑或是呼吁政治价值的新公共行政和新公共服务,乃至融合不同学科方法的后现代公共行政,都未能建立起一种令人信服的新学科范式。他们对传统官僚制模式批判虽然不乏锐利之处,但精心构筑的替代性制度选择却更像是空中楼阁。②

公共组织理论研究的是公共组织性质、结构、设计方式、组织过程或组织行为、组织环境、组织变革与发展一类的组织问题。③ 组织既是实施公共行政的平台和保障,更是我国党和政府的核心竞争力。但在行政的组织理论方面,相关理论仍然多为西方管理学中的"舶来品"。应当在政治学、行政学、组织理论以及管理学一般理论的基础上,总结中国党和政府的组织、领导、协调、执行力、运行机制、考核方式的成功经验,构建具有中国特色的行政组织学。对于中国的行政组织的认识,有着不同的观点。有学者以官僚制组织为衡量中国行政组织的参照系,如:"转型期的中国并没有建立起真正意义上的官僚制,官僚制的理性精神和科学化的设计要求依然值得中国公共行政组织学习"④;"建构与完善现代官僚制是实现中国行政现代化的有效途径之一"⑤。更多的学者则是在批判西方官僚制的基础上提出超越官僚制,如祝灵君⑥、靳永翥⑦等学者以"后官僚制"精神为指导,探讨超越"官僚制"之道。还有一些学者在官僚制和

---

① [美]查尔斯·福克斯、休·米勒:《后现代公共行政》,楚艳红等译,中国人民大学出版社2002年版,第4页。
② 徐杨:《与"危机"同行:公共行政学的四个学科困境——从詹姆斯·佩里的提问出发》,《中国行政管理》2017年第9期。
③ 陈振明、孟华:《公共组织理论》,上海人民出版社2006年版,第265页。
④ 魏娜:《官僚制的精神与转型时期我国组织模式的塑造》,《中国人民大学学报》2002年第1期。
⑤ 艾子校:《官僚制:中国行政现代化的陷阱?》,《行政论坛》2005年第2期。
⑥ 祝灵君:《从"打破"官僚制到超越官僚制——当代中国执政党建设的另一种逻辑分析》,《马克思主义与现实》2010年第5期。
⑦ 靳永翥:《西方官僚制发展历程与后官僚制改革——兼议当代中国政府人事制度改革与创新》,《西南民族大学学报》(人文社会科学版)2004年第10期。

中国公共行政组织的现实样态的比较中阐述中国公共行政组织的特性，如张璋认为，中国政府组织并非以理性为基础的西方官僚制，而是融合价值理性和工具理性的复合官僚制。① 刘圣中认为，党组织和官僚制机构是我国公共行政的两大组织基础，中国公共行政的总体模式是党领导和整合下的官僚制行政。② 还有学者以工具理性和政治协调构成的二维分析框架分析，认为中国公共行政组织处于 A 类组织状态，即行政组织低度工具理性与政治对行政组织的高度领导。③ 西方学者也关注这一问题，2015 年，瑞典学者博·罗斯坦教授在《高速增长与低政府质量的中国式悖论——当"干部组织"遇到马克斯·韦伯》一文中，从行政组织的角度探讨"中国发展悖论"，他认为中国的行政组织并非理性官僚制，而是一种"干部制组织"（Cadre Organization），"干部制组织"中居于首位的并非规章指导或经济激励，而是对政策方针的忠诚甚至热心，它和官僚制组织的最大差别不在专业能力水准而在能力的运用上，它在目标实现上具有灵活机动性，具有应对不同状况的优势。④ 西方学者对中国行政组织的认识虽然存在立场上的偏颇，但启发我们关注中国治理系统中一些未被关注到的体制特点。

中国公共行政组织呈现出高度的复杂性和特殊性，深入全面地把握中国公共行政组织的特征绝非易事。首先在类型特征上，中国政治对行政的领导不仅体现在代表人民意志的人大对行政的领导上，而且体现在代表最广大人民群众根本利益的执政党对行政的领导上，呈现出一种双重叠加的状态。其中执政党对行政的领导是根本性的领导，使得中国政治对行政的领导一直保持在较高程度，具体表现为：党对干部的绝对领导，鲜明的政治意识形态，政治忠诚是干部必须具备的最重要的品质，领导的超强权

---

① 张璋：《复合官僚制：中国政府治理的微观基础》，《公共管理与政策评论》2015 年第 4 期。

② 刘圣中：《政党整合下的官僚制行政——当代中国公共行政的组织行为分析》，《公共管理学报》2005 年第 2 期。

③ 杨妍：《基于"中国发展悖论"的中国公共行政组织再审视：一个"理性—政治"的分析框架》，《中国行政管理》2019 年第 7 期。

④ Bo Rothstein. The Chinese Paradox of High Growth and Low Quality of Government: The Cadre Organization Meets Max Weber. *Governance: An International Journal of Policy, Administration and Institutions*, 2015, 28 (4).

威，政治学习运动的经久不衰等。其次在组织环境上，具有政治的高度稳定性和持续性。中国共产党的领导与政治统治体系的配合，使得中国的政治系统面对不断变化的内外部环境时保持着既能吸收内化外在优势、又具备自我修复弹性的柔性稳定。在组织运行上，是中国公务员队伍中中共党员的高比例这一特征，使得党的领导直接嵌套在中国的公共行政组织之中，为公共行政组织提供直接有效的领导条件。以上是中国行政组织的典型特征，也是优势所在。但组织角度的行政也存在突出的不足，如：缺乏自我批判与反省，包括制度规则不够完善，对公职人员的约束和监督不足，以及工具理性的欠缺。

行政组织研究要立足于中国的复杂性、特殊性及其环境特征，并尤为关注完善中国特色社会主义行政体制中的重大现实性问题。第一，行政体制问题。包括决策、执行、组织、监督之间的分工与协调，行政服务、行政执法、行政监督的系统建设与协同。第二，行政组织结构。机构、职能、权限、责任的科学化。第三，府际关系。面向中央与地方"两个积极性"的理论创新，依据"理顺中央和地方权责关系，加强中央宏观事务管理"；"减少并规范中央和地方共同事权"；"赋予地方更多自主权，支持地方创造性开展工作"；"优化政府间事权和财权划分"；"构建从中央到地方权责清晰、运行顺畅、充满活力的工作体系"等，探讨中央与地方的组织建构和组织关系的实践问题。研究行政区划设置，区域、中心城市、城市群与纵向行政体制和级别的关系问题。

随着现代社会的发展，公共组织理论也发生了重大变迁。"传统的公共行政研究，将研究的起点和重心放在公共组织，主要是政府及其运作方面"，其焦点和核心是单个组织的经济、效率和效能。尽管这种研究提供了观察、理解行政现象的有益视角，但"它提供的是一个'割裂'的、碎片化的理解行政世界的方式，这种方式无助于我们完整地理解真实的行政世界……公共行政是一个由多元行动者组成的网络"[1]。因此，从组织视角分析，中国的行政组织优势与劣势并存，并面临现代性与后现代性的双重情境与使命。探讨中国的行政组织问题，有三条途径：

---

[1] 张成福：《重建中国公共行政的公共理论》，载马骏《反思中国公共行政学：危机与重建》，中央编译出版社2009年版，第95页。

一是回到组织自身。将行政组织视为一个重要的研究领域,对在政治管理和政策执行过程中发挥重要作用的各种组织的结构形态、行为方式、制度环境,进行细致入微的研究,要注重广泛运用多学科的知识,如心理学、社会学等,对组织的微观问题的研究。到现在为止,"没有任何一个组织模型完全废除和排斥过如下理念,即组织的立足点是人与人之间为了完成某个特定的目标而达成的理性的合作"[1]。"不管公共组织在抽象概念中被定义得多么消极,一旦把公共组织看作是一群人的集合(包括公务员和政治任命官员)……公共组织就会恢复生命力。"[2] 由于具体的行政组织在真实的政府运作过程中,所面临的制度环境迥然不同,权力大小、责任轻重亦不相同。行政学的研究如果不深入其中,难免浮在问题的表面,从而难以真正地理解国家行政机制的运作。本着思想独立、精神自由的学术态度,着力避免"研究者为现有文献中的概念和模型所左右,有意无意间寻找符合现有范式的证据或者给出简单的'解释',而不愿意选择更加艰辛的探索之路,去发现和理解我们周围的世界到底发生了什么"[3] 的机会主义行为。同时,需要认真开展田野调查。在当下的学术环境下,从事这样的学术研究当然面临困难、甚至存在着风险;但是,如果学术研究避重就轻,回避关键性问题,如何能够有效地履行学术使命?又如何能够取得令人尊敬的学术贡献呢?[4]

二是组织与环境的关系研究。公共行政面临的大问题是探索公共组织的性质及其如何与环境发生联系。因此,立足于我国公共组织尤其是国家(政府)组织的现实,在借鉴国内外公共组织理论研究成果的基础上,探讨公共组织的类型、特征及其与私人组织的关系、公共组织体制与结构及其变革、公共组织中的权力制约与运作,公共组织的管理过程或管理功能(决策、领导、协调和控制等)、公共组织的管理方式(尤其是流程再造、

---

[1] [美] 雅米尔·吉瑞赛特:《公共组织管理》,李丹译,上海译文出版社2003年版,第8页。

[2] [美] 费斯勒·凯特尔:《行政过程的政治》,陈振明译,中国人民大学出版社2002年版,第144页。

[3] 周雪光、赵伟:《英文文献中的中国组织现象研究》,《社会学研究》2009年第6期。

[4] 李学:《制度化组织:塞尔兹尼克组织与公共行政思想述评》,《公共行政评论》2014年第2期。

绩效管理和战略管理)、公共组织领导行为、公共组织文化、公共组织发展等方面的主题。①

三是技术与组织的关系研究。探讨行政组织以信息流为核心的结构、过程和技术的互动和变革模式，以及行动的过程中制度规则的构造及其角色功用；探索跨部门合作治理和政民合作的组织过程的理想愿景和现实问题，以及保障两类合作的组织过程良性运转的制度规则；探讨如何构建具有中国特色的数字政府的组织过程及制度规则的实践范式。

在过去的几十年中，从信息通信技术到社会网络再到复杂的契约，复杂的问题需要非政府主体参与解决，多种多样的促进协作的因素不断增加。虽然在竞争和协作之间的竞争可能还会继续存在，但是协作在公共组织之间必将变得日益重要。当然，政府与其他公共管理主体在多元主体中的地位并不是一样的：政府承担着公共事务"元治理"的角色，其他公共管理主体除了作为公共事务管理者外，还往往保留社会普通行为者的角色，仍要接受政府的管理与监督；政府对其他社会公共管理主体无法自主调节的冲突，仍具有最终调节的权威；政府对其他公共管理主体无力承担或解决的问题，仍扮演着"最后一着"的补救功能。②

将来的公共组织将有更多协作，边界更具有渗透性，与公共部门还有其他行政辖区、私人和非营利部门之间有更多联系。最终，公共组织的未来主要关注行动的过程，结构将被看作与行动相互联系的而不是独立于行动之外。③从原子化个人角度出发的公共行政理论，以官僚制组织为其理想的组织形态，追求普遍性的规则化治理。如果要将组织从环境控制的追求中解放出来，从而构建合作型组织，就要让组织内的成员从工具化的"组织人"转变成合作中的行动者；要让组织外的公民从社会治理的旁观者变为共管共治的行动者，就必须彻底"改变认识社会的视角，即从共同体的角度去认识社会，以人的共生共在为出发点去形成相应的制度和社

---

① 陈振明、薛澜：《中国公共管理理论研究的重点领域和主题》，《中国社会科学》2007年第3期。
② 刘熙瑞：《中国公共管理：概念及基本框架》，《中国行政管理》2005年第7期。
③ 孙珠峰、胡伟：《公共行政的发展趋势：西方的预测与中国的逻辑》，《上海交通大学学报》（哲学社会科学版）2014年第6期。

会问题解决方案"①，这一方案就是公共行政的行动主义。②

关注行政过程的行政组织研究应当注重从经验层面上研究组织行为，而不是简单地从组织的正式结构进行主观推定，以揭示真实的行政过程和社会影响。因此，需要注重行政组织过程的经验研究，这也就是在具体情境下政府改革和创新的行政过程的研究，这一研究面向有着众多的主题，需要将组织重建、体制变革、机制创新、职能转变、流程再造和管理方式更新以及相互关系的调整有机地结合起来，尤其也要关注网络社会和新的信息技术给政府行政带来的机遇与挑战。"随着全球化、信息化与市场化进程的高度交织，特别是互联网社会的影响日益深化，互联网和其他众多新技术有可能对权力、职能、责任和控制进行实质性分配"③，在经历了信息技术革命的三次浪潮后，中国的信息技术产业发展水平与西方发达国家已经接近或同步，为此，对于数字政府及其治理领域的研究，中国行政学要由"跟跑"到"并跑"，或者某一问题域的"领跑"，深入探讨信息技术变革政府行政过程的方式、手段、过程和路径，等等。

---

① 张康之：《合作的社会及其治理》，上海人民出版社2014年版，第120页。
② 杨艳、贾璇、谢新水：《公共行政行动主义转向的学理阐释：基于组织的视角》，《学习论坛》2020年第1期。
③ Al-Jamal, M. Abu-Shanab, E. The Influence of open government on e-government website: the case of Jordan. *International Journal of Electronic Governance*, 2016, 8（2）: 159–179.

第七章

建设中国特色的公务员制度

改革开放初期,随着政治体制和经济体制改革的推进,中央着手开展党和国家领导体制改革,在国家行政机关试行国家公务员制度。公务员制度是中国干部人事制度的重要内容,伴随着改革开放的进程逐步确立、发展并不断改革完善,为干部队伍建设提供了坚实的制度保障。总体而言,公务员制度的建设历程可以划分为以下三个主要阶段:

一是1978—1992年,关于公务员制度的研究论证和试点探索阶段。1978年12月召开的党的十一届三中全会,明确了全党工作的着重点转移到社会主义现代化建设上来,也开启了干部人事制度领域广泛、深刻的改革历程,经过几年时间的调查研究和反复论证,中央确定了实行公务员制度的改革思路,1987年召开的党的十三大,明确提出了实行国家公务员制度的改革任务;1988年国务院机构改革专门设立了人事部,承担推进公务员制度的主要职能,之后,在多个国务院部门和地方政府开展公务员制度建设的试点工作,为公务员制度的正式实行奠定了基础。

二是1993—2011年,公务员制度的确立实施和规范完备阶段。1993年8月,历经多次修改定稿的《国家公务员暂行条例》发布实施,标志着当代中国公务员制度的正式确立;之后经过几年时间的实施推进,为落实中央提出的关于完善公务员制度的相关要求,全国人大常委会于2005年4月审议通过了《中华人民共和国公务员法》(以下简称《公务员法》);2008年国务院机构改革时,中央设立了国家公务员局,专职负责公务员管理的各项工作,为落实和改进公务员制度提供了组织保障;这一时期,公务员管理相关配套制度建设的步伐加快,关于公务员考核、处分、录用、奖励、任免、申诉等配套政策陆续印发,公务员管理的相关制度逐步形成较完备的体系。

三是自2012年以来，公务员制度的深化改革和优化完善阶段。党的十八大报告提出了"完善公务员制度"的总体任务，党的十八届三中全会进一步明确了深化公务员分类改革等具体要求；为落实中央精神，行政执法类和专业技术类公务员分类管理、职务职级并行等制度规定先后出台实施，公务员管理制度体系进一步完备；2018年，中央发布《深化党和国家机构改革方案》，决定将国家公务员局并入中央组织部，以加强党对公务员队伍的集中统一领导，建立健全统一规范高效的公务员管理体制，进一步优化完善公务员制度。

第一节　研究论证和试点探索公务员制度

1978年召开的党的十一届三中全会，明确了全党工作的着重点转移到社会主义现代化建设上来。为适应经济体制改革和社会发展形势的需要，中央要求改变一切不适应的管理方式、活动方式和思想方式，改革干部管理体制。党的十一届三中全会指明了我国干部人事制度改革的方向，此后，以党和国家领导体制改革为突破口，中央推动研究论证和试点探索国家公务员制度，开启了干部管理制度改革的新时期。

一　根据中央改革精神研究论证实行国家公务员制度

1978年12月召开的党的十一届三中全会指出，全党工作的着重点应该转移到社会主义现代化建设上来；这也就必然要求多方面地改变同生产力发展不适应的生产关系和上层建筑，改变一切不适应的管理方式、活动方式和思想方式，因而是一场广泛、深刻的革命。[①] 为适应经济体制改革和社会发展形势的需要，改革开放初期，中央着手研究推进干部人事制度改革。

1979年9月，中央组织部召开全国组织工作座谈会，会议研究制定了《关于加强领导班子建设的几点意见》《关于干部教育工作的通知》

---

① 中共中央文献研究室：《三中全会以来重要文献选编》（上），人民出版社1982年版，第4页。

《关于干部制度改革的意见》等重要文件,对加强领导班子建设、推进干部制度改革等问题进一步统一了认识,明确了改革干部结构、建立干部考试和考核制度、精简机构等改革任务,以适应"四化"建设的要求。

1980年8月,邓小平同志发表了《党和国家领导制度的改革》的重要讲话,明确提出要勇于改革不合时宜的组织制度、人事制度,强调指出干部人事制度改革的"关键是要健全干部的选举、招考、任免、考核、弹劾、轮换制度,对各级各类领导干部职务的任期以及离休制度,要按照不同情况,作出适当的明确的规定"[1]。邓小平同志关于干部人事制度改革的重要论述,实质上涉及公务员制度建设的主要内容。

随着干部制度改革的推进,加强干部管理工作的制度化建设提上了议事日程。1984年,中央组织部和劳动人事部组织有关单位的工作人员及一部分专家、学者着手起草《国家工作人员法》。1985年,中央书记处讨论《国家工作人员法》草案,会议讨论决定改名为《国家行政机关工作人员条例》。同年12月,根据中央政治体制改革研讨小组的统一部署,成立了干部人事制度改革专题研讨小组,研讨小组在多次调查研究的基础上逐步形成了建立国家公务员制度的思路,并在《国家行政机关工作人员条例》第十稿的基础上修改形成了《国家公务员条例》的第一稿,此稿对第十稿主要进行了六个方面的修改,包括总则中关于立法目的、公务员范围、公务员分类的表述,增加了一项公务员权利的保障,修改了考试录用的具体规定,强化调任转任回避的操作规定,增加了工资保险福利中对定期开展工资水平调查和适时调整的规定,增加了关于人事机构的规定。此外,还对考核和奖惩制度、功绩晋升制度、培训制度等内容进行了一些文字上的修改。[2]

二 明确建立国家公务员制度的改革任务

经过一个阶段的研究论证,到党的十三大召开前夕,实行国家公务员制度的思路得到了中央认可。1987年5月,中央政治体制改革研讨小组听取了干部人事制度改革专题组汇报,认为在我国建立国家公务员制度的

---

[1] 《邓小平文选》第2卷,人民出版社1994年版,第327页。
[2] 侯建良:《公务员制度发展纪实》,中国人事出版社2007年版,第38—41页。

考虑基本可行，并经中央同意将《国家行政机关工作人员条例》修改为《国家公务员暂行条例》，对政府机关干部从"进、管、出"各环节的相关管理制度作出明确规定。

1987年10月，党的十三大报告针对"国家干部"概念过于笼统、缺乏科学分类等干部管理制度方面的问题，明确指出"进行干部人事制度的改革，就是要对'国家干部'进行合理分解，改变集中统一管理的现状，建立科学的分类管理体制"；"当前干部人事制度改革的重点，是建立国家公务员制度，即制定法律和规章，对政府中行使国家行政权力、执行国家公务的人员，依法进行科学管理"；并明确要求"当前要抓紧制定国家公务员条例及相应的配套措施，组建国家公务员管理机构"。

三 设立人事部负责建立和推行国家公务员制度

为落实中央关于干部人事制度改革的精神，建立和推行国家公务员制度，推动人事制度分类改革，1988年召开的第七届全国人民代表大会第一次会议决定，撤销劳动人事部，分设国家劳动部和国家人事部，人事部的主要职责是：建立和推行国家公务员制度，研究拟定国家公务员的职位分类、考试录用、考核、职务升降、培训、奖惩、工资福利、退休退职、权利保障和工作纪律等项法规，并负责组织实施。

为更好地推行国家公务员制度，中央决定将公务员暂行条例交由新成立的人事部继续修改完善。人事部专门成立了公务员暂行条例修改小组，一方面对条例进行反复修改，另一方面抓紧制定配套措施。在此基础上，从1989年4月开始，首先在国务院六个部门即审计署、海关总署、国家统计局、国家环保局、国家税务局、国家建材局进行试点；从1990年下半年开始，在哈尔滨、深圳两个副省级城市进行公务员制度试点。[1] 根据人事部的部署，这些试点的目标为：全面进行公务员制度的试验、摸索和总结公务员管理各个环节的经验；通过试点，进一步检验和修改《国家公务员暂行条例》及各项配套法规；探索现有政府机关工作人员过渡为国家公务员的办法等；[2] 经过几年的试点工作，尽管各试点单位和地方由

---

[1] 徐颂陶、孙建立：《中国人事制度改革三十年》，中国人事出版社2009年版，第43页。
[2] 田培炎：《公务员制度试点的回顾与反思》，《法学研究》1994年第1期。

于发展基础等各种原因的影响,试点推进情况也有所不同,但总体而言收到了良好的效果,为正式建立公务员制度积累经验、奠定基础。

1992年年初,邓小平同志视察南方并发表重要谈话,推进我国改革开放和现代化建设事业进入新的阶段。同年10月召开的党的十四大提出,要加快人事劳动制度改革,逐步建立健全符合机关、企业和事业单位不同特点的科学的分类管理体制和有效的激励机制;要"尽快推行国家公务员制度"。

第二节 确立实施并逐步规范公务员制度

《国家公务员暂行条例》于1993年8月正式颁布实施,标志着当代中国公务员制度的正式确立;随后,人事部陆续制定了多项配套政策,推动公务员制度稳步实施并不断发展;2005年,《公务员法》的制定颁布,进一步提升了公务员制度的规范化,相关部门先后出台关于公务员管理各方面的相关法规政策,公务员制度体系快速发展并日益完备;2008年,国务院机构改革专门设立了国家公务员局,专职负责公务员管理的有关工作,推进公务员队伍建设和相关制度建构持续发展。

一 公务员制度正式确立及实施发展

1993年8月,国务院正式颁布《国家公务员暂行条例》,决定从1993年10月1日起,开始在各级国家行政机关实行国家公务员制度,到1998年年底全部到位。至此,我国公务员制度正式建立起来了。[①]

《国家公务员暂行条例》共有18章88条。在第一章"总则"部分规定,条例适用范围为"各级国家行政机关中除工勤人员以外的工作人员","各级人民政府组成人员的产生和任免,依照国家有关法律规定办理";要求"国家公务员制度贯彻以经济建设为中心,坚持四项基本原则,坚持改革开放的基本路线;坚持为人民服务的宗旨和德才兼备的用人标准;贯彻公开、平等、竞争、择优的原则"。之后在第二、三章分别规定公务员的"义务与权利"及"职位分类"之后,第四至十六章按照公

---

① 徐颂陶、孙建立:《中国人事制度改革三十年》,中国人事出版社2009年版,第44页。

务员的"进、管、出"各个管理环节,逐章对"录用""考核""奖励""纪律""职务升降""职务任免""培训""交流""回避""工资保险福利""辞职辞退""退休""申诉控告"进行了规定。在第十七章"管理与监督"中明确,"国务院人事部门负责国家公务员的综合管理工作,县级以上地方人民政府人事部门,负责本行政辖区内国家公务员的综合管理工作"。最后的"附则"部分规定,"本条例由国务院人事部门负责解释"。条例自1993年10月1日起施行,"施行的具体部署和步骤由国务院规定"。

《国家公务员暂行条例》继承我国干部人事制度的优良传统,总结了干部人事制度改革的成功经验,借鉴国外公职人员管理的有益做法,适应了建设社会主义市场经济体制的需要,是我国政府机关人事管理的总章程、标志着我国各级国家行政机关中实施国家公务员制度的开始。[①]《国家公务员暂行条例》颁布后,为扎实推进条例的实施,1993年11月15日,国务院印发《国家公务员制度实施方案》,要求各级各地结合机构改革和工资制度改革,有计划、有步骤地进行;争取用三年或更多一点时间,在全国范围内基本建立起国家公务员制度,然后再逐步加以完善。

随后,人事部陆续出台了多项配套规定和实施方法,主要有:《国家公务员考核暂行规定》(1994年)、《国家公务员录用暂行规定》(1994年)、《国家公务员职位分类工作实施办法》(1994年)、《关于实施国家公务员考核制度有关问题的通知》(1995年)、《国家公务员辞职辞退暂行规定》(1995年)、《国家公务员奖励暂行规定》(1995年)、《国家公务员申诉控告暂行规定》(1995年)、《国家公务员职务任免暂行规定》(1995年)、《关于实施国家公务员考核制度有关问题的补充通知》(1996年)、《国家公务员被辞退后有关问题的暂行办法》(1996年)、《国家公务员培训暂行规定》(1996年)、《国家公务员任职回避和公务回避暂行办法》(1996年)、《国家公务员职位轮换(轮岗)暂行办法》(1996年)、《国家公务员职务升降暂行规定》(1996年)等。这些涉及公务员管理各环节的配套政策,为《国家公务员暂行条例》的实施提供了具体

---

① 吴江、张敏:《我国公务员制度的发展历程与改革》,《中国人事科学》2018年第1—2期。

的操作基础,公务员制度在中央和地方各级相关部门的推动下稳步发展。

1997年,党的十五大报告提出,要"深化人事制度改革,引入竞争激励机制,完善公务员制度,建设一支高素质的专业化国家行政管理干部队伍",进一步推动了公务员制度的发展;2000年,中共中央办公厅印发《深化干部人事制度改革纲要》,要求抓紧研究制定公务员法,对公务员制度的进一步规范完备提出了明确要求。

二 逐步形成较完备的公务员制度体系

进入新世纪,国际形势发生了广泛而深刻的变化,对我国干部制度建设提出了新的要求。为此,中央于2000年发布《深化干部人事制度改革纲要》,明确了21世纪头10年干部人事制度改革的任务和举措,要求加强对《国家公务员暂行条例》等法律法规执行情况的监督检查,抓紧研究制定《国家公务员法》等法律法规,逐步健全党政机关干部人事管理的法规体系。党的十六大报告也强调指出,要改革和完善干部人事制度,健全公务员制度。

《公务员法》研究起草工作从2000年8月启动,历时近五年,草案经过20余次修改。2005年4月,十届全国人大常委会第十五次会议审议通过了《公务员法》,于2006年1月开始实施。《公务员法》是我国干部人事管理第一部具有总章程性质的法律,在我国干部人事制度发展史上具有里程碑意义。[1]

在《国家公务员暂行条例》基础上制定的《公务员法》,内容分为18章107条,主要有两方面规定:一是关于公务员制度和公务员管理的总括性规定,包括公务员制度的指导思想、基本原则,公务员的范围、条件、义务与权利,公务员的职务与级别,公务员管理机构以及违反《公务员法》的法律责任等;二是关于公务员管理各个环节的基本管理制度的单项性规定,包括公务员的录用、考核、职务任免、职务升降、奖励、处分、培训、交流回避、工资福利保险、退休、申诉控告、职位聘任等。

与《国家公务员暂行条例》相比,《公务员法》主要有以下几方面的

---

[1] 张柏林:《推进干部人事工作科学化、民主化、制度化的重大举措——学习贯彻〈中华人民共和国公务员法〉》,《求是》2005年第20期。

发展和创新：一是扩大调整了公务员的范围。《公务员》第 2 条规定，公务员是指依法履行公职、纳入国家行政编制、由国家财政负担工资福利的工作人员。这就将公务员范围由行政机关工作人员扩大到中国共产党机关、人大机关、政协机关、审判机关、检察机关和各民主党派机关的工作人员。二是确立了分类管理原则。《公务员法》第 8 条规定，"国家对公务员实行分类管理"；第 14 条规定，国家实行公务员职位分类制度。公务员职位类别按照公务员职位的性质、特点和管理需要，划分为综合管理类、专业技术类和行政执法类等类别。国务院根据本法，对于具有职位特殊性，需要单独管理的，可以增设其他职位类别。各职位类别的适用范围由国家另行规定。三是改革完善了职务级别制度。按照党的十六大关于完善干部职务和职级相结合的制度的要求，《公务员法》改革完善了现行的职务级别制度，使职务和级别的关系更加合理，改变了单一化的职务设置，为公务员提供多样化的职业发展阶梯。四是对职位聘任制度作出了明确规定。《公务员法》设专章对职位聘任专门作出规定，第十六章第 95 条规定，机关根据工作需要，经省级以上公务员主管部门批准，可以对专业性较强的职位和辅助性职位实行聘任制。另外，《公务员法》还对一些制度作了较大的补充完善，创设了执行公务责任规定、公务员辞职或退休后的从业限制、人事争议仲裁等制度，进一步丰富和健全了各项管理的制度。[①]

为保障《公务员法》的顺利实施，2006 年 4 月，中共中央、国务院发出《关于印发〈中华人民共和国公务员法〉实施方案》的通知，实施方案还附发了五项法规性文件：《公务员范围规定》《公务员登记实施办法》《公务员职务与级别管理规定》《综合管理类公务员非领导职务设置管理办法》《参照〈中华人民共和国公务员法〉管理的单位审批办法》，为正确理解执行《公务员法》提供了权威的法律依据。[②]

为贯彻中央关于实施《公务员法》的相关要求，中央组织部和人事部加快制定了相应的配套法规政策。2007 年 1 月，中央组织部、人事部印发《公务员考核规定（试行）》；4 月，中央组织部、人事部、总政治

[①] 张柏林：《推进干部人事工作科学化、民主化、制度化的重大举措——学习贯彻〈中华人民共和国公务员法〉》，《求是》2005 年第 20 期。

[②] 徐颂陶、孙建立：《中国人事制度改革三十年》，中国人事出版社 2009 年版，第 45 页。

部印发《人事争议处理规定》；11月，中央组织部、人事部又下发了《公务员录用规定（试行）》。2008年，中央组织部、人事部先后印发《公务员奖励规定（试行）》《公务员调任规定（试行）》《公务员职务任免与职务升降规定（试行）》。人力资源和社会保障部成立后，与中央组织部一起制定了《公务员申诉规定（试行）》。以《公务员法》为核心，中国特色公务员法律法规体系基本形成，公务员管理机制日益健全，激发了队伍的生机与活力。①

三 设立国家公务员局专职负责公务员管理工作

2008年7月，按照《国务院机构改革方案》新成立的国家公务员局对外办公。根据国务院批准的国家公务员局主要职责、内设机构和人员编制规定，国家公务员局主要承担以下职责：会同有关部门起草公务员分类、录用、考核、奖惩、任用、培训、辞退等方面的法律法规草案，拟订事业单位工作人员参照公务员法管理办法和聘任制公务员管理办法，并组织实施和监督检查；拟订公务员行为规范、职业道德建设和能力建设政策，拟订公务员职位分类标准和管理办法，依法对公务员实施监督，负责公务员信息统计管理工作；完善公务员考试录用制度，负责组织中央国家机关公务员、参照公务员法管理单位工作人员的考试录用工作；完善公务员考核制度，拟订公务员培训规划、计划和标准，负责组织中央国家机关公务员培训工作；完善公务员申诉控告制度和聘任制公务员人事争议仲裁制度，保障公务员合法权益等。从1988年组建人事部，设立相应内设机构负责建立和推行国家公务员制度，到2008年组建国家公务员局，在国家一级设置综合管理全国公务员工作的职能机构，公务员管理体制的变迁发展，充分体现了党中央、国务院对公务员管理工作的高度重视。

2009年，中央发布《2010—2020年深化干部人事制度改革规划纲要》，明确提出要完善公务员职位分类制度，健全综合管理类公务员管理办法，建立专业技术类、行政执法类公务员职务序列和管理办法；继续推进规范公务员津贴补贴工作，实施地区附加津贴制度，推进公务员福利制

---

① 吴江、张敏：《我国公务员制度的发展历程与改革》，《中国人事科学》2018年第1—2期。

度改革，改革完善公务员社会保障制度；研究制定聘任制公务员管理办法，明确聘任职位，规范聘任条件、程序、待遇及聘期管理等。

第三节　健全公务员管理体制

党的十八大以来，中央深化推进公务员分类管理改革，探索推行公务员职务职级并行制度，进一步修改完善《公务员法》，公务员制度体系更加完善；调整党和国家干部管理机构，优化干部管理体系，建立健全统一规范高效的公务员管理体制。

一　全面深化公务员制度改革

党的十八大报告提出了"完善公务员制度"的总体任务；党的十八届三中全会通过的《中共中央关于全面深化改革若干重大问题的决定》进一步明确要求，深化公务员分类改革，推行公务员职务与职级并行、职级与待遇挂钩制度，加快建立专业技术类、行政执法类公务员和聘任人员管理制度。完善基层公务员录用制度，在艰苦边远地区适当降低进入门槛。相关部门根据中央要求陆续出台了多项公务员管理的相关制度，涵盖公务员管理的诸多方面和环节。

一是制定公务员选用、考核等日常管理办法，进一步规范公务员管理工作。2013年1月，中央组织部、人力资源和社会保障部出台了《公务员公开遴选办法（试行）》，对公开遴选的原则、程序与权限、纪律与监督等作出了明确规定。2014年9月，中央组织部、人力资源和社会保障部、国家公务员局发布《关于做好艰苦边远地区基层公务员考试录用工作的意见》，提出了一系列旨在解决当前艰苦边远地区基层岗位招人难、留人难的改革措施，旨在增加新录用人员的稳定性；同月还印发了《关于深入开展公务员平时考核试点工作的通知》，明确了公务员平时考核的原则、内容和指标，规范了平时考核的程序和方法，并对平时考核结果使用进行了规定。2015年11月，中央组织部、人力资源和社会保障部、国家公务员局印发《公务员录用面试组织管理办法（试行）》；2016年8月，人力资源和社会保障部公布《公务员考试录用违纪违规行为处理办法》，进一步规范了公务员录用组织管理和违纪违规行为处理程序。2017

年 4 月，中央组织部、人力资源和社会保障部、国家工商总局、国家公务员局联合印发《关于规范公务员辞去公职后从业行为的意见》，明确了公务员辞职后从业行为的相关规定。

二是探索实施公务员职务职级并行制度，拓展公务员的职业发展通道。2015 年 1 月，《关于县以下机关建立公务员职务与职级并行制度的意见》实施；经过几年实践，中央办公厅于 2019 年 3 月印发《公务员职务与职级并行规定》，《关于县以下机关建立公务员职务与职级并行制度的意见》以及 2006 年 4 月中共中央、国务院印发的《公务员法》实施方案附件四《综合管理类公务员非领导职务设置管理办法》同时废止。

《公务员职务与职级并行规定》在第一章"总则"中明确，国家根据公务员职位类别和职责设置公务员领导职务和职级序列。职级是公务员的等级序列，是与领导职务并行的晋升通道，体现公务员政治素质、业务能力、资历贡献，是确定工资、住房、医疗等待遇的重要依据，不具有领导职责；公务员可以通过领导职务或者职级晋升。担任领导职务的公务员履行领导职责，不担任领导职务的职级公务员依据隶属关系接受领导指挥，履行职责。

《公务员职务与职级并行规定》在第二章至第六章分别就"职务与职级序列""职级设置与职数比例""职级确定与升降""职级与待遇"以及"管理与监督"作出了明确规定，为推行公务员职务与职级并行、职级与待遇挂钩制度，健全公务员激励保障机制，建设忠诚干净担当的高素质专业化公务员队伍提供了制度保障。

三是推进公务员分类管理制度建设，提升公务员管理科学化水平。实行干部分类管理是提升干部管理工作的重要基础。1993 年颁布的《国家公务员暂行条例》就提出要实行"职位分类"，在"国家行政机关实行职位分类制度"；2005 年制定的《公务员法》进一步明确："公务员职位类别按照公务员职位的性质、特点和管理需要，划分为综合管理类、专业技术类和行政执法类等。国务院根据本法，对于具有职位特殊性，需要单独管理的，可以增设其他职位类别。各职位类别的适用范围由国家另行规定。"

党的十八大以来，相关部门根据中央要求，进一步推进不同类别公务员分类管理制度。2015 年 9 月，中央全面深化改革领导小组通过了《法官、检察官单独职务序列改革试点方案》；12月，又通过了《公安机关执法勤务警员职务序列改革试点方案》和《公安机关警务技术职务序列改革试点方案》，以促进法官、检察官和警察队伍的专业化。2016年7月，《行政执法类公务员管理规定（试行）》《专业技术类公务员管理规定（试行）》正式印发，分别对两类公务员的"职位设置""职务与级别""职务任免与升降"以及"管理与监督"等相关制度作出了细化规定，推进公务员分类管理制度加快落实。2017年9月，中央全面深化改革领导小组发布《聘任制公务员管理规定（试行）》，明确聘任制公务员是指以合同形式聘任、依法履行公职、纳入国家行政编制、由国家财政负担工资福利的工作人员，并对聘任制公务员的"职位设置与招聘""聘任合同""日常管理"和"纪律监督"等管理工作进行了规定，为规范管理聘任制公务员提供了依据。

二　修订完善《公务员法》

随着中国特色社会主义进入新时代，党和国家事业取得了历史性成就，发生了历史性变革，对公务员队伍建设和公务员工作提出了许多新要求，《公务员法》的一些规定也出现了一些不适应、不符合新形势新要求的地方，需要与时俱进地加以修订完善。[①] 为此，中央结合中国特色社会主义进入新时代的形势需要，在总结近年来干部选拔任用、公务员分类管理、职务职级并行以及聘任制等制度改革经验的基础上，进一步修订完善《公务员法》。

2017年3月，《公务员法》修订工作正式启动。中央组织部、人力资源和社会保障部、原国家公务员局开展专题调研、组织课题研究、广泛征求意见，邀请立法部门有关专家和部分省级公务员主管部门的业务骨干组成修法工作小组进行深入研讨，研究起草《公务员法》修订草案初稿。2018年12月29日，修订后的《公务员法》经第十三届全国人民代表大会常务委员会第七次会议审议通过，并于2019年6月1日开始实施。

修订后的《公务员法》由原来的18章107条调整为18章113条，增加6条，实质性修改49条，个别文字修改16条，条文顺序调整2条，主

[①]《中华人民共和国公务员法（修订对照版）》，党建读物出版社2019年版，第47页。

要在以下几个方面作出了补充调整和完善：一是突出了政治要求。把习近平新时代中国特色社会主义思想作为公务员制度必须长期坚持的指导思想。把坚持和加强党的领导、坚持中国特色社会主义制度等一系列政治要求，体现到立法目的、管理原则、条件义务等规定中，把落实好干部标准贯穿公务员管理全过程和主要环节，进一步彰显了中国特色。二是调整完善公务员职务、职级等有关规定。进一步推进公务员分类改革，改造非领导职务为职级，实行职务与职级并行制度，对领导职务与职级的任免、升降以及与此相关的条文进行了修改。三是调整充实从严管理干部有关规定。将第九章章名"惩戒"调整为"监督与惩戒"，增加了加强公务员监督和公务员应当遵守的纪律等规定，修改完善了回避情形、责令辞职、离职后从业限制等规定，增加了在录用、聘任等工作中违纪违法有关法律责任的规定。四是贯彻落实党中央关于加强正向激励的要求，健全完善公务员激励保障机制，加强了对公务员合法权益的保护。五是根据公务员管理实践需要，对分类考录、分类考核、分类培训等进一步提出明确要求，对公务员考核方式、宪法宣誓、公开遴选等方面作了修改。[①]

新修订的《公务员法》充分体现了党的十八大以来中央关于干部工作的新精神新要求，旗帜鲜明地把公务员制度坚持中国共产党的领导，坚持以习近平新时代中国特色社会主义思想为指导，贯彻落实新时代党的组织路线，坚持党管干部原则，落实好干部标准等一系列政治要求写入法中。明确公务员是干部队伍的重要组成部分，是社会主义事业的中坚力量，是人民的公仆，强化了公务员的政治属性。在公务员的条件、义务、任用、考核、培训等重要环节突出政治标准、强化政治素质。这些修改和完善，集中体现了公务员政治性、先进性、示范性的要求，为建设高素质专业化的公务员队伍提供了法律保障。[②]

三 健全统一规范高效的公务员管理体制

为适应新时代全面深化改革任务的新要求，2018年2月召开的党的十九届三中全会通过了《中共中央关于深化党和国家机构改革的决定》，

[①] 《中华人民共和国公务员法》（修订对照版），党建读物出版社2019年版，第54页。
[②] 《建设高素质专业化公务员队伍的法律保障》，《人民日报》2018年12月30日。

随后，中央发布了《深化党和国家机构改革方案》，对深化党和国家机构改革作出了全面系统的具体安排。

《深化党和国家机构改革方案》指出，为更好落实党管干部原则，加强党对公务员队伍的集中统一领导，更好统筹干部管理，建立健全统一规范高效的公务员管理体制，将国家公务员局并入中央组织部。调整后，中央组织部在公务员管理方面的主要职责是，统一管理公务员录用调配、考核奖惩、培训和工资福利等事务，研究拟订公务员管理政策和法律法规草案并组织实施，指导全国公务员队伍建设和绩效管理，负责国家公务员管理国际交流合作等。

国家公务员局并入中央组织部后，中央组织部充分发挥公务员管理职能，以2018年最新修订的《公务员法》为依据，集中修订和制定了多项公务员管理的相关制度规定。2019年8月，制定《公务员平时考核办法（试行）》；同年10月，修订《公务员录用规定》《公务员调任规定》《公务员培训规定》；同年12月，制定《公务员范围规定》《公务员登记办法》《公务员职务、职级与级别管理办法》《参照〈中华人民共和国公务员法〉管理的单位审批办法》。2020年12月，制定《公务员转任规定》，修订《公务员考核规定》《公务员奖励规定》《公务员辞退规定》《公务员辞去公职规定》。2021年8月，制定《公务员录用考察办法（试行）》《公务员初任培训办法（试行）》《行政执法类公务员培训办法（试行）》，修订《公务员录用违规违纪行为处理办法》《公务员公开遴选办法》。2022年3月，修订发布《公务员申诉规定》等。随着公务员管理的配套制度陆续制修订和发布实施，以《公务员法》为核心的公务员管理制度体系更加完善。

第四节　完善中国特色公务员制度体系

中国古代创造了最早以考试为标准选拔官员的科举制度而领先于当时的世界，并成为现代公务员制度的前身。延续了3000余年的科举制是中国古代对"公共部门"人才选拔的一大创举，是对全世界独特的历史性贡献，其一些原则和精神直至今日仍然闪耀光芒。近代以来，中国也不乏对公务员制度的积极探索，梁启超对照中西官吏设置，提出了以官为国民的"公奴仆"的新观念，孙中山提出"公仆观"。南京临时政府建立后，先后颁布了《任官令》《文官考试令》《文官考试委员会官职令》三个草案对文官制度进行规划，开创了中国近代文官制度的先河。1912年10月，北洋政府公布《中央行政官官等法》，初步实行了较为科学的职位分类法。南京国民政府成立考试院，并颁布了《公务员考试法》《公务员任用法》《公务员考绩法》《公务员惩戒法》等一系列法规。

早在民主革命时期，中国共产党在革命斗争中逐步形成了党的干部路线、干部政策和干部制度。中华人民共和国成立以后，中国共产党根据社会主义革命和建设对干部工作的实际需要，重新制定一系列干部管理制度和政策，并逐步形成由组织部门统一管理、人事部门具体协助执行的干部人事管理体制。改革开放以后，随着经济体制改革和各项改革的展开，社会主义市场经济体制逐步建立，依法治国与依法行政全面实施，在此背景下原有干部人事制度不适应市场经济发展和民主政治建设的矛盾日益凸显。主要是，国家干部概念宽泛笼统，缺乏科学分类，管理权限过分集中，管理方式陈旧单一，管理制度不健全，用人缺乏法制，优秀人才难以脱颖而出，用人不正之风难以根除等。1980年8月18日，邓小平同志作了《论党和国家领导制度的改革》的重要讲话，拉开了我国干部人事制度改革的序幕。1987年召开的党的十三大正式提出，在我国建立和推行国家公务员制度。1993年8月14日，《国家公务员暂行条例》正式颁布，标志着当代中国公务员制度的正式确立。公务员制度经过12年的运行，许多改革成果需要以更高的立法层次确立和巩固。2006年1月1日正式实施的《公务员法》，成为我国干部人事管理方面的第一部总章程性质的法律，是干部人事管理科学化、法制化的里程碑。2018年12月29日，全国人大常委会第十五次会议通过新修订的《公务员法》，这是《公务员法》实施12年后的首次修订，进一步贯彻落实了习近平新时代中国特色社会主义思想，加强中国共产党对公务员队伍的集中统一领导，贯彻落实党的十九大关于建设高素质专业化干部队伍战略部署，吸收干部人事制度改革与各地创造的新经验新成果，有针对性地解决公务员管理实践中的突出问题，推动中国特色公务员制度与时俱进、完善发展、成熟定型。

一 凸显中国公务员制度的独特性

在公务员制度领域，中国既有深厚的历史传承，具备独特的思想和文化优势，也在现实中形成了中国共产党领导的"坚持德才兼备、选贤任能，聚天下英才而用之，培养造就更多更优秀人才的显著优势"的重要制度优势，加强对中国公务员制度的研究探索，将成为构建中国特色行政学理论体系的组织管理方面的创新性、突破性的重要途径，也构成了行政学理论的组织和管理途径研究的中国话语体系的世界性表达的重要内容。

中国公务员制度的形成过程就是不断探索中国社会主义特色与符合党政人才成长规律的过程。具体体现为四大特色：

一是坚持政治标准。把习近平新时代中国特色社会主义思想作为公务员制度必须长期坚持的指导思想。把坚持和加强党的领导、坚持中国特色社会主义制度等一系列政治要求，体现到立法目的、管理原则、条件义务等规定中，把落实好干部标准贯穿公务员管理全过程和主要环节，把建设信念坚定、为民服务、勤政务实、敢于担当、清正廉洁的高素质专业化公务员队伍作为依法管理的目标和要求，进一步彰显了中国特色。

二是坚持"党管干部的原则"。坚持党对干部工作的领导，是我国公务员制度区别于西方国家公务员制度的主要特点。中国公务员制度的建立，是对干部队伍实行分类管理的结果，而公务员制度又对公务员队伍实行了更加细化的分类管理。实施公务员职务与职级并行制度，划分为综合管理、专业技术和行政执法三个类别，划分为选任制、委任制、聘任制三种任用方式，并规定了相应的管理办法。在坚持分类管理的同时，又实行统一领导。不同任用方式、不同类别、不同职务公务员的管理都必须坚持"党管干部的原则"，体现党的干部路线和方针政策所规定的基本原则，如录用和晋升都要坚持任人唯贤、德才兼备和公开、平等、竞争、择优的原则；考核与任用都要体现群众公认、注重实绩的原则；惩戒都要遵循严格要求、严格管理、严格监督和惩前毖后、治病救人的方针；职位交流都要贯彻加强廉政建设和提高人员能力的政策。

三是公务员采取大范围的界定模式。我国的公务员指的是依法履行公职、纳入国家行政编制、由国家财政负担工资福利的工作人员，包括中国共产党的机关、人民代表大会机关、政府行政机关、人民政治协商机关、审判机关、检察机关、民主党派和工商联机关七大机关从中央到地方的工作人员。将立法机关以及包括法官、检察官在内的司法机关的工作人员纳入公务员范围，在国际上有先例，而且因为《公务员法》明确规定：法律对"法官、检察官的义务、权利和管理另有规定，从其规定"，将法官、检察官纳入公务员范围不仅符合其素质要求、管理监督等方面与其他公务员具有一致性的实际情况，不会妨碍审判机关和检察机关依法独立公正地行使审判权和检察权，反而会更好地保障其履行职责。将政党机关工作人员纳入公务员范围具有明显的中国社会主义特色。依据宪法规定，中国共产党在国家事务和社会事务管理方面起领导作用，各民主党派和工商联则参与国家事务和社会事务管理，所以，中国共产党、民主党派和工商联机关工作人员都履行着国家事务和社会事务的管理职能。与此同时，根据依法治国的要求，这些机关的工作人员也需要依法进行管理。

四是公务员坚持为人民服务的宗旨。我国公务员不是独立的利益集团，而是人民的公仆，必须保持同人民群众的血肉联系。为此，《公务员法》明确规定：公务员必须"全心全意为人民服务，接受人民监督"。为更好践行为人民服务的宗旨，在公务员思想政治与职业道德教育中，着力解决好公务员的世界观、人生观、价值观、权力观、地位观、利益观等方面的问题，以使公务员始终将人民利益放在第一位。在公务员作风建设上，引导公务员克服官僚主义、形式主义，密切联系群众，倾听群众呼声，维护人民利益，接受人民监督。在公务员能力培养上，着力提高公务员的公共行政、公共管理、公共服务本领，以满足人民对优质高效公共管理与公共服务的需求。

我国公务员制度在总体上体现出以上四大特色，在政治标准、职位分类、考录选拔、考核评价、能力建设与开发、薪酬福利等各管理环节的建设与发展中，也形成了具体的经验和成效。[①]

二 加强公务员制度研究的理论创新

公务员制度研究的问题域主要在于进一步贯彻落实习近平新时代中国

---

① 吴江、张敏：《我国公务员制度的发展历程与改革》，《中国人事科学》2018年第1—2期。

特色社会主义思想，加强中国共产党对公务员队伍的集中统一领导，贯彻落实党中央关于建设高素质专业化干部队伍战略部署，吸收干部人事制度改革与各地创造的新经验新成果，有针对性地解决公务员管理实践中的突出问题，推动中国特色公务员制度与时俱进、完善发展、成熟定型，为建设一支信念坚定、为民服务、勤政务实、敢于担当、清正廉洁的高素质专业化干部队伍提供更为有力有效的法律保障。

从未来发展看，公务员制度的研究需回溯历史、立足现在、放眼未来，既在格局视野上构建现有公务员队伍建设的基本理论和综合框架，并通过历史分析、组织分析、制度分析、文化分析、学理思辨与评估测量等方法分析论证公务员制度建设的现实成效，树立并升华中国特色公务员制度的道路自信和显著优势，也需要有的放矢地针对成效评估中发现的问题，周延完善现有框架的历史根源、价值驱动、内涵外延、组织制度层次和举措做法，形成兼具主体包容性、历史传承性、技术汲取性以及过程系统性的专业化公务员队伍建设的现代治理框架。

针对上述公务员制度发展面临的突出问题，结合目标导向和科学研究路径，以下问题亟待开展针对性、精细化研究。

（一）公务员法律法规评估与调整

一方面，世界上许多国家都有本国的公务员制度法律。作为规范公职人员管理的法律，各国的公务员法都在不同程度上反映了人事管理的一般规律和要求。因此，各国公务员法有许多共同点和相通的地方。但由于各国的经济发展水平、政治制度和政治体制、法律文化传统、社会发展阶段不同，公务员制度也各有差别。评判一个国家公务员制度的优劣，关键看其是否适合本国的国情。因此，我们要立足于中国的国情，根据我国政治体制的特点以及干部人事管理实际，建设有中国特色的公务员制度。另一方面，在经济、政治因素的影响下，国外公务员管理积极进行改革，其中很重要的就是对公务员管理的法律法规进行评估、反思和调整，以更好地适应形势发展的需要。应该看到当前公务员管理面临的新形势、新要求，积极对《公务员法》及其配套法规进行"立法后评估"，不断完善我国公务员管理法律法规体系，以适应社会发展的需要。

（二）深化分类管理改革

我国《公务员法》第14条明确规定："国家实行公务员职位分类制

度。公务员职位类别按照公务员职位的性质、特点和管理需要,划分为综合管理类、专业技术类和行政执法等类别。国务院根据本法,对于具有职位特殊性,需要单独管理的,可以增设其他职位类别。"根据公务员分类制度设计的立法思想,划分类别的标准不仅要依据职位的性质和特点,还要取决于管理的需要。从目前看,公务员分类主要涉及四大类别:其一,行政执法类。行政执法类是指行政机关中职责是直接履行监管、处罚、稽查等现场执法职责的职位。其特点:纯粹的执行性,即只有对法律法规的执行权,而无解释权,不具有研究和制定法律、法规、政策的职责;现场强制性,即依照法律、法规,现场直接对具体的管理对象进行监管、处罚、强制和稽查。其二,专业技术类。专业技术类是指机关中职责是从事专业技术工作,履行专业技术职责,为实施公共管理提供专业技术支持和技术手段保障的职位。其特点:具有只对专业技术本身负责的纯技术性;与其他职位相比具有不可替代性、技术权威性。其三,综合管理类。综合管理类职位指机关中除行政执法类、专业技术类职位以外的,职责是履行规划、决策、组织、指挥、协调、监督等综合管理以及机关内部管理等职责的职位。其四,司法类。法官、检察官职位虽然没有明确专设一个类别,但《公务员法》第3条规定,法律对"法官检察官等的义务、权利和管理另有规定,从其规定",由于该类职位分别行使国家的审判权与检察权,具有司法强制性和较强的专业性,与其他类别职位的性质、特点存在明显区别。法官、检察官在司法体制改革中已经实施员额制,在等级、义务、权利、资格条件、任免程序、回避等方面的管理也与其他类别的公务员有所区别。

  从目前来看,公务员分类管理改革是公务员管理制度的一项重大改革,必须从中国国情和公务员队伍的实际出发,稳步推进:

  一是职位分类的基础是职位职责规范的构建。我国公务员的职位职责规范设计应该界定和明确以下内容:明确职位职责规范的基本要素,通过科学设计基本要素实现职位职责规范的目标;以"职位说明书"的名字称谓职位职责规范;工作分析是获得职位职责规范的主要手段,职位职责规范的制定需要遵循正确的流程,选择合适的方法。

  二是路径上循序渐进,逐步到位。分类管理工作不可能一蹴而就、一步到位,而是成熟一类、规范一类、推广一类。

三是满足分类管理需要，分类标准宜粗不宜细，具体办法要便于操作。推进公务员分类改革，要逐步规范并细化分类。在专业技术类、行政执法类公务员分类改革中合理确定不同类别的职位范围，完善配套政策，制定适合不同类别公务员的分类录用、考核、培训等制度，实行科学化、精细化管理。

四是建立可持续发展动力机制。要总结吸收试点经验，针对试点出现的问题，根据公务员队伍出现的新情况、新特点，不断完善公务员分类制度，把我国公务员分类管理不断推向深入。

(三) 推进考试选拔科学化

中国公务员考试录用制度在改革开放的时代背景下展开，从"统一考试"到"分类甄选"，从"单一考录"到"多元选拔"，在选拔标准和知识、能力考察中反映出与公共管理模式需求的内在联系。未来，公务员考试选拔制度改革探索中，既要解决公平与效率的发展性平衡问题，也要兼顾政治民主性、公共服务性、法律公平性和时代发展性等多重属性，实现公务员制度建设与干部人事制度改革、政府机构改革和职能调整相互协调，相互促进。

一是大一统考试向分级分类考试转变。目前，我国的公务员考试录用制度仍然是大一统的方式，尚未建立与公务员职位分类制度相匹配的、分级分类的考试录用制度。中国公务员考试采取统一考试的形式，对于不同的职位没有区分，因而导致标准的简单化和单一化。公务员考试没有层级和职位的区分，报考一般办事员与报考主任科员使用同一试卷进行考试，这显然有失公平，同时也缺乏科学性。根据我国《公务员法》关于公务员职位分类的有关规定，《专业技术类公务员管理规定》和《行政执法类公务员管理规定》等相关文件精神，对公务员的职务与级别、录用、考核、职务任免、职务升降、奖励与惩戒等方面做出详细而全面的规范。公务员职位分类制度的完善，为各类公务员考试录用提供制度基础。因此，考试录用制度应采取分级分类的考试方式，针对不同类型、不同类别的公务员在考试内容和考试方式上进行区分，提升公务员考试录用的科学性。

二是政策一刀切向解决实际问题转变。公务员考试录用工作在多年的发展中，积累了丰富的经验，同时，为了解决应对一些问题也实行了"一刀切"的政策，制约并损害了考录功能和作用的发挥。如，自 2012

年开始，中央机关公务员考试录用均要求从两年以上的基层工作经历的人员当中考录，目的是解决公务员队伍结构单一，"三门"公务员缺少处理复杂问题经验的不足，但实际运行中却给各部门的招录工作带来了严重限制，无法满足机关的实际用人需求。因此，应从解决实际问题出发，在政策上给予用人机关一定的自主性，增强考试录用工作的针对性和有效性。公开选拔领导干部要按照"干什么、考什么"原则，改进笔试、面试内容和方法，围绕岗位特点，合理确定人选资格条件。运用现代人才测评技术，真正考出干部的基本素质和实际能力。坚持考试与考察相结合，突出岗位特点，注重工作能力，强化实绩导向，全面准确地了解干部的德才素质、工作表现和实绩，坚决克服单凭考试、演讲得分取人的倾向。

三是政策碎片化向整体谋划转变。目前，我国公务员考试录用规定特别是优惠政策方面呈现出碎片化，公务员考试录用政策出现分割。公务员考录工作应通过整体谋划，减少制度的临时性分割。

(四) 发挥考核评价的关键作用

健全完善公务员考核评价制度体系，应遵循考核的基本规律，把握关键路径进行改进。

一是注入契约精神，形成法治思维下的权责承诺机制。当前出现的公务员不作为以及政府信任危机问题，主要源于公务员个体和行政机关组织缺乏承诺和责任精神。国外公共部门绩效管理和考核评价的重要经验之一，就是根据契约即绩效合同确定工作任务，个人和组织通过任务分解的指标达成绩效，契约成为责任承诺及职责履行的核心机制。我国公务员考核制度建设中也应注入"契约精神"，实现公务员个体与组织之间责、权、利的"契约管理"或"合同管理"。以契约或合同方式确定公务员在工作岗位上的职权、职责和工作目标，塑造公务员管理的法治思维。在考核中强化契约精神，确立权责利关系并形成责任机制，公务员个体的工作任务通过合同或契约的形式确定下来，对公务员的考核变为公务员对事业的承诺，公务员享有行政权利、履行行政义务的过程中实现行政责任。凝聚行政责任共同体，从"一把手负责"变为"人人负责"。在考核体系设计和工作实施中，遵循契约精神，将公务员考核工作贯彻到机关效能建设、目标管理考核、政府绩效评价等工作中，实现组织绩效目标与个体绩效目标有效结合，形成个体绩效与机关整体绩效不断改进的良性循环。

二是合理选用技术方法，促进绩效改进与能力发展。我国政府部门的绩效评估工作既希望通过"科学化"的"管理取向"实现效率，又希望通过"民主化"体现"政治取向"，将干部工作置于群众监督之下。但实际上"科学化"和"民主化"的考核模式都缺乏"法制化"的基础，都没有从法律的层面搞清楚谁是绩效的责任主体，没有从法律上赋予适宜的考核主体考核的权利，缺乏从法律上合理的规定考核程序和考核结果运用，结果出现为了同时推进"民主化"和"科学化"考核导致的混乱状态。考核主体多元化，既要发挥上级领导在平时考核中的监督作用，也要发挥同事、工作相关者以及服务对象对公务员履职尽责过程管理的重要作用，帮助其减少工作中的错误和隐患，加强自身能力建设和发展。考核指标设计精细化，应根据公共部门岗位的使命和价值，梳理形成共性指标；根据岗位职责梳理形成个性指标，不同类型公务员岗位设置不同的考核要素；再根据年度目标、近期规划等确定考核的重点内容，遴选关键绩效指标。数据采集分析专业化，年度考核着眼于结果，平时考核着眼于细节、时效和过程。国外公共部门绩效管理和考核借助专业机构进行工作行为和结果的采集和分析，如美国、欧洲由专职绩效分析师面向公众采集公职人员工作行为，作为绩效评价的证据，实现考核与绩效管理信息对等化。

三是教育引导与正激励结合，增强自我管理动机和能力。应坚持教育引导和正向激励，克服考核是单位和主管领导对公务员进行"控制"和"监督"的观念，挖掘公务员个人潜力，提升机关工作效率。采取认可、表彰等正向激励管理方式，激发公务员内生工作动力。合理设计激励手段，可通过正式发文、荣誉室展览等形式予以表彰，以组织名义向优秀公务员家属致感谢信，为先进集体发放奖牌，制作先进集体展板在机关大厅予以公示，制作宣传片和宣传册等，体现价值理性与激励性，激发公务员的责任心和使命感。在日常教育、引导和协作中提升公务员工作能力和综合素质，帮助公务员纠正工作偏差，树立正确的工作价值观和科学的成才观。

四是文化引领氛围塑造，形成风险预警机制。政府公信力和执行力的增强，基础在于对公务员履职尽责的信任以及公务员个体与行政组织间的相互信任，需要通过平时考核实现风气引导，塑造相互信任的机关文化。在平时考核工作中，可以将机关工作氛围管理作为预警机制，及时发现公务员履职尽责的风险点，进行风险预判和防范。一旦通过平时考核发现组织内部出现不作为或乱作为的倾向，就需要加强文化引导，形成领导带头履行职责的环境，推动机关内部公务员严格履行岗位职责，预防重大工作失误或管理失当行为的发生。

（五）加强公务员能力建设与开发

一是增强能力建设对需求的回应性。治理能力和治理体系现代化建设对公务员能力提出了更高要求，应结合改革任务，发展更适应形势需要的风险领导力、治理领导力以及行政伦理领导力，使公务员更好地致力于公共服务潜在价值以及公民利益的实现。

二是提升能力建设与开发效率。确立以组织需求为主，兼顾个性需求，有效平衡个体与组织需求之间平衡的取向；强化需求调查，加强培训规划与计划设计；整合培训资源，开发并优化培训方法与方式，发展职业化培训；建立培训标准体系，加强培训绩效评估。

三是完善公务员能力建设与开发的动力系统。进一步强化能力建设与开发对考核、职业发展的激励约束作用，建立能力建设与开发参与的激励机制。

（六）深化工资福利制度改革

一是建立完善合理的工资制度。建立工资水平正常调整机制，不断优化工资结构。进一步完善地区津贴制度，调整艰苦边远地区津贴实施范围和类别，将地区工资差距控制在合理范围内。

二是工资制度与管理改革相协同。适应公务员分类改革的要求，研究制定相关配套工资政策，建立适应专业技术类、行政执法类公务员分类管理要求的工资制度。

三是发挥奖金的激励作用。规范奖励性工资，完善公务员奖金制度和绩效工资分配机制，有效发挥工资激励作用。

我国公务员制度基于改革开放，在改革开放进程中建立健全，是中国特色社会主义理论指导下的实践探索过程，也是不断吸收借鉴国内外人事管理优秀成果和集思广益、大胆创新的过程。经过30余年的建设实践，中国特色的公务员制度已经建立，充满生机和活力的公务员管理机制有效运行，培养了一支政治坚定、业务精湛、作风过硬、人民满意的公务员队伍。按照党的十八大以来深化行政改革和干部人事制度改革的要求，全面贯彻落实习近平总书记关于加强干部队伍建设的重要思想，公务员制度仍将有改革创新的内在需求和外在压力，总结升华国内人事制度改革的实践经验，加强国际交流合作、借鉴国外有益经验，仍将是完善当代中国公务员制度的重要途径。

第八章

中国特色行政学的国际地位

近现代以来,中国行政学与西方行政学进行了持续的对话。借鉴国际行政学的理论成果,与中国本土行政思想、经验和事实相结合,实现本土与全球之间的互融互鉴,是中国行政学发展绕不开的主题之一。

第一节 国际行政科学的发展脉络与趋势

现代意义上的公共行政学发源于西方,如何将西方公共行政学与我国国情相结合,为我所用,是中国特色行政学发展面临的一个核心问题。

一 公共行政的历史脉络

(一)行政学在欧洲的萌芽与传播

公共行政与现代政府孪生。法国大革命猛烈地冲击欧洲大地,让人们感到对混乱的恐惧和秩序的重要性,拿破仑统一欧洲、推动实行的《拿破仑法典》,充满着现代精神和原则,被认为是现代公共行政的萌芽。它是世界行政史和法制史上的一个里程碑。法典制定由专家和许多政府部门参与,开了102次会议,拿破仑主持参加了97次,历时三年半,1804年以《法国民法典》的名称发布,1807年命名为《拿破仑法典》。法典综合了传统习惯、罗马法、法国王室令和大革命时期的法律,确认了人民财产所有权的原则,保护大革命的成果,认为私有制不可侵犯,激发了个人积极性和工商业的自由发展;肯定了新土地关系,以免受复辟势力的剥夺,也包含了公用征地必须补偿的原则;确定了契约自由的原则,维护和保障交易自由和契约雇用的权利;所有成年人平等的民事权利;法典还包含家庭、婚姻、继承等方面的条款，破除了封建传统，强调了人人平等的现代原则。德国法学家茨威格认为，《拿破仑法典》所表现出来的启蒙和解放精神，对于任何地方、任何时代的寻求自由与解放的人民，都有极大的教育意义，对于任何想建立新的法律秩序的人民也具有极大的益处。[①] 法典与革命思想随着拿破仑的战争铁蹄冲击欧洲大地的封建制度，以其成文民法典，对后世产生了极大的影响，推动了欧洲国家行政的发展，乃至欧洲对公共行政的研究也演化为对行政法的研究。

后来产生巨大影响的孟德斯鸠的三权分立学说，就是在法国大革命后的经验中发展出来的。到19世纪中后叶，普鲁士出现了强人俾斯麦。他在1862年的普鲁士宪政危机时被国王任命为宰相，开始无视议会，对丹麦、奥地利发动战争，扩张普鲁士领土，借普法战争之机，促使了德意志帝国的成立，于1871年德意志帝国成立时成为宰相，直至1890年辞职告终，有铁血宰相之称。他为新生德意志帝国订立了许多新政策，达成欧洲权利平衡，以很高的行政效率，促进了德国崛起。

德国学者洛伦兹·冯·斯坦因（Lorenz von Stein）在1885年提出公共行政（Verwaltungslehre）的概念，被不少学者认为是欧洲公共行政学的创始人。在斯坦因的时代，公共行政通常被认为是行政法的形式之一。而在斯坦因看来，公共行政学依赖于一系列既有的学科，如社会学、政治学、行政法学和公共财政学，是一门综合性的学科，公共行政者应该既关注实践，也关注理论，应该采用科学的方法来对公共行政学进行研究。斯坦因认为，现代国家过于强调国民主权，而忽视了行政的作用，这会导致行政从属于立法机关，而行政机关实际是有自己独立运行规律的有机体。国家要完成其使命，必须使行政机关成为与其他两个国家机关（指君主与议会）并列的独立组织。这一行政思想在欧洲大陆产生了深远的影响。到19世纪末，几乎所有德国大学都已有公共行政专业。法国大学虽尚未设置独立的公共行政课程，却已在探寻这一领域的发展。行政学教科书和期刊不断出现，行政学理论在欧洲大陆国家得以传播。

[①] 王方灵：《中外名著全知道》（全民阅读提升版），北京联合出版公司2015年版，第317页。

（二）行政学学科在美国的形成与发展

欧洲法国革命、孟德斯鸠的三权分立论和斯坦因的行政理论等跨越大洋，对美国的行政学发展起到了重要的作用。法国革命提出的人人平等的现代理念和行政立法治国的经验、孟德斯鸠将行政权独立于立法和司法权的讨论，以及斯坦因的《行政学手册》，都对美国的立国方案和行政理论的崛起有直接的影响。斯坦因在其《行政学手册》中指出，若要了解一个国家及其组成要素，那么不应该关注宪法制定的过程，而应该关注对其公共行政的审视。当时伍德罗·威尔逊（Woodrow Wilson）或许正是从这一历史性论断中得到启示，提出美国开始面临"宪法的执行难于宪法的制定"的局面。[①] 1887年，威尔逊在《政治科学季刊》发表的《行政学之研究》一文，被认为是开创了美国公共行政学研究先河的经典之作，他在文中主张政治与行政的分离，认为效率是政府的命脉，要系统研究政府可以做什么，如何做好，要科学行政，将政府的工作建立在有坚实理论基础的原则之上。威尔逊的著作代表了当时许多美国青年学习德国、行政强国的思潮，开创了美国行政学科发展的新时代。

行政学兴起之初，盛行一种科学化的努力，即尝试使自身成为一门普遍有效的科学。"正是出于对科学和事实的崇拜，行政学才得以脱颖而出，在20世纪初期美国的'进步主义运动'中成为引人注目的一个新兴学科。"[②] 威尔逊、古德诺等人"政治—行政分离"的思考确立了行政学学科独立的基点，公共行政学迅速聚焦行政问题，实现了学科独立，并努力开始创立自己的公共行政学理论体系。美国的威尔逊、古德诺、泰罗、怀特，欧洲的法约尔、韦伯等都是这一过程中的代表性思想家。在这一时期，形成了公共行政学基本原理的三大理论支柱，分别是威尔逊（Woodrow Wilson）的"政治—行政二分法"、韦伯（Max Weber）的理性官僚制理论和泰罗（Frederick Taylor）的科学管理原理。可以说，公共行政学理论体系的创立是由欧美公共行政学界共同完成的。但在后来的发展中，美

[①] Christian Rosser. Woodrow Wilson's Administrative Thought and German Political Theory. *Public Administration Review*, 2010 (4): 547–556.

[②] 张乾友：《行政学理论还是行政哲学？——基于社会治理现实的选择》，《理论与改革》2017年第2期。

国的经济发展规模和工业化成就，使美国成为公共行政学的学术中心。在这一时期，美国城市化进程也发展迅速，出现了很多问题，使公共管理学者开始关注科学城市治理问题。古力克等人成立纽约城市研究局，专门研究城市管理问题；美国全国城市管理协会也在此时成立，推动城市改革。

美国公共管理学的知名学者沃尔多指出，20 世纪 30 年代是公共行政学的黄金时期，也是所谓公共行政学的"经典正统论"时期。20 世纪 40 年代，"政治—行政"二分法受到了批评。[①] 美国政治学家西蒙认为，自威尔逊以后，政治机构和它们提出的规范性、实践性问题都已经发生了变化，如出现了等级控制的增长、政府运作的扩大等新情况，这些都极大地限制了政务官的能力和对行政官僚的控制，因而，试图建立起对行政官僚的严密的、外在的和等级的控制已难以成为现实；若果真如此，那么，立法机关与行政人员之间的职能划分就是幼稚可笑的。西蒙就此得出结论，将行政人员和政策功能加以区分是不明智的，人们必须去发现一些行政人员在政策过程中使用技术知识的方法。[②] 美国政治学家达尔也从行政原则适用性的角度进行了反驳："从某一个国家环境中的行政作用所作的概括，不能立刻予以普遍化，或被应用到不同环境的行政中去。"[③] 西蒙还提出正统行政理论中追求效率极大化的不可能性，由于经历、知识、世界、理性能力的局限，人们往往只停留在满意即可的层次，不可能、也不会追求理想型的极大化。西蒙着眼于事实与价值的分离，认为行政原则的科学性不足。西蒙和达尔对正统行政学的"科学"身份的质疑，获得了广泛的认可。[④] 同时，许多同期学者也对正统行政理论提出了批评。

公共行政到底能否科学化的这一争论一直延续到今天。[⑤] 1950 年，摒

---

① 张敏：《从面向政府到面向社会：西方公共行政学发展的一个基本分期——兼论公共行政公共性的发现》，《江海学刊》2019 年第 6 期。

② Simon, H. The Changing Theory and Practice of Public Administration. In de Sola Pool, I, Ed. *Contemporary Political Science*. NY: McGraw-Hill, 1967: 86 – 120.

③ Robert A. Dahl. The Science of Public Administration: Three Problems. *Public Administration Review*, 1947, 7 (1): 1 – 11.

④ ［美］文森特·奥斯特罗姆：《美国公共行政的思想危机》，毛寿龙译，上海三联书店 1999 年版，第 15 页。

⑤ 陈永章、娄成武：《美国公共行政学的争论：基于实用主义哲学的一种解释》，《云南行政学院学报》2018 年第 4 期。

弃政治与行政二分法的观点发展达到巅峰,公共行政的主流杂志宣称"在我们这个年代,公共行政理论也同样意味着政治理论"。此后,行政的概念扩展到政策制定和分析,"行政政策制定和分析"的研究被引入并加强到政府决策机构中。后来,人的因素成为公共行政研究的主要关注和重点。这一时期见证了其他社会科学知识(主要是心理学、人类学和社会学)的发展和纳入公共行政的研究。

(三)公共行政领域的"新公共管理"改革

20世纪60年代带来了一系列社会变革潮流,公民权利和人权、和平与战争、扩大社会安全网、城市复兴等成了热议的问题。在这一时期,美国也通过了一系列具有里程碑意义的立法,包括《民权法》(1964年)、《公平住房法》(1968年)、《投票权法》(1965年)和《中小学教育法》(1965年)。在这一过程中,行政学者又一次开始一门学科发展的努力。1968年,第一次明诺布鲁克会议召开,新公共行政理论(1968—1979年)出现,提出公共行政的"道德"论,是支持约翰逊"伟大社会"改革的新思潮。

1979年,撒切尔政府在英国上台并开始民营化运动,民营化理论(1979—1987年)开始在欧洲盛行,推动了全球化的分权和私有化改革大潮。在美国,以里根为代表的政治人物,大力推动私有化和小政府改革,掀起了"减税""小政府""去规制"的热潮,也引起了学界的反应。其中,最有学术影响力的是1987年的《黑堡宣言》。《黑堡宣言》认为:"公共行政的角色不是屈从于民意机关或民选首长的统治,公共行政的角色并不亚于立法机关或是行政首长,公共行政的任务在于共同进行贤明的治理,维护宪法起草者拟订的作为独立人民意愿表达的秩序。"

1979年从英国开始的私有化、分权化、政府代理权改革,得到里根政府的支持,并波及全球,以新西兰、澳大利亚等国响应最为积极。究其原因,是新西兰有一批政府高官,在芝加哥大学培训,深受芝加哥经济学派小政府和民营思想的影响,在国内推动了持续的民营化改革。这些改革的趋势,被英国学者胡德在1991年在英国"行政管理"杂志上的论文中总结为一套理论大杂烩,暂且命名为"新公共管理"[1]。克林顿总统于

---

[1] Hood, Christopher. "A Public Management for all Seasons?" *Public Administration* 69.1 (1991): 3-19.

1993年入主白宫，引用奥斯本和盖布勒的"重塑政府"的概念，继续推进打着民营改革旗帜却加强政府功能的行右实左改革，特别是戈尔的"国家绩效评估"改革，意在提高政府效率、重塑政府形象、阻挡政客们对政府的无端指责。这些改革，被当时参与绩效管理改革的学者克托尔在1996年发表的书中归类为"新公共管理改革"，这一提法通过对澳大利亚学者欧文·修斯的公共管理教材的翻译进入中国，适逢中国机构改革，推动民营化和市场化，对中国青年学者产生了重大的影响。新公共管理和绩效改革在2000年后小布什政府上台式微，停止了联邦政府中的绩效改革。但其产生的理论影响力，在我国有长久的滞后效应，也被批评为学习西方的不当，是值得理论界思考和反思的问题。

出于对新公共管理的反思，美国学者陆续提出了治理理论和新公共服务理论，批评新公共管理理论的不足。比较有影响力的是登哈特在美国公共行政协会的获奖作品"新公共服务"和世界银行专家提出的"治理"理论，其基本理念是，政府工作不能像新公共管理提出的那样，把公民当顾客、把政府工作当企业经营，只追求效率，不注意公共性、参与性、民主性。1999年，弗雷德里克森在高斯讲座《重新定位美国公共行政》中，提出在20世纪80年代中后期以威尔逊（James Q. Wilson）的《官僚机构》（1989年）与马奇（March）和奥尔森（Olson）的《重新发现制度》（1989年）的出版为标志，外来经济学的、政策分析的和组织理论的影响已经被新的自我意识的公共行政理论所取代。公共行政已经开始远离传统议题，重点讨论合作、网络、治理、制度构建和维护。这些新的公共行政理论包括了新制度主义理论、公共组织网络理论和治理理论。[1] 弗雷德里克森本人就是20世纪70年代新公共行政的领军人物，他自然不认同新公共管理理论，不是说这一理论全错，而是说这一理论偏颇、局限，并不懂政府工作。

二 21世纪以来国际行政学理论的发展特点

进入21世纪以来，全球化发展的新趋势，计算机和通信革命，专业

---

[1] Frederickson H G. The Repositioning of American Public Administration. *Journal of China National School of Administration*，1999（4）．

技术人员、数据、信息和技术的跨境流动等，都对公共行政实践产生了重大影响。一个时期以来，面对新的国际形势，国际行政学理论正以更加包容、开放的姿态不断深入发展。同时，第四次工业革命中涌现的新技术、全球化过程中碰到的新问题，如气候变化、人口剧增、贫富悬殊扩大、资源竞争、流行病疫情、战争、移民等也给全球治理带来新的挑战。人们比任何时候都更需要精诚合作，但国家之间的信任度和合作意愿却在减少。国际公共行政学理论的发展，比任何时候都更加迫切，面临的新考验也更加严峻。

（一）三次明诺布鲁克会议的主题

有多条线索可以帮助我们梳理美国公共行政学的学术走向，其中比较得到公认的一条线索就是美国公共管理学界一个著名的理论研讨会议——明诺布鲁克会议。该会议在1968年由美国最负盛名的公共管理学院雪城大学马克思威尔学院讲习教授华尔多倡议，每20年一次，深入研究美国公共行政的走向。到2008年，已经召开了三次，记录了美国行政科学发展的历程和领域内学者的未来预判，可以从这三次会议的主题来审视西方行政学的走向。明诺布鲁克是美国雪城大学的一个地处纽约北部安迪龙达克山脉中、依托蓝山湖、建筑风格古朴秀丽但现代会议设施齐全的一个小型安宁的会议中心，20世纪50年代由私人捐赠给大学，有占地28英亩的香木林，主楼是只有十多间卧房，但有舒适温暖的大客厅、湖景会议室和休闲、餐饮和娱乐场所的木屋，主要供大学里比较高层次和小规模研讨使用。设计思想是在这世外桃源般的舒适古朴的环境中讨论学术问题，会避免争吵和外界干扰，但鼓励思维奔放和讨论，容易交流思想、建立友谊、达成共识。

20世纪60年代作为公共行政学科的领袖，雪城大学麦克斯韦尔学院认为当时的学界对风起云涌的外部社会关心度不够，学科建设和发展要紧跟时代脉搏，反映时代精神，创新理论，寻找公共行政科学的方向。当时的讲座教授华尔多作为倡导者和主持人，提出用小型会议的形式，邀请领域内的青年学者，共同讨论公共行政的大问题。第一次明诺布鲁克会议涌现出来的激烈论题果然反映了时代的精神，讨论围绕：公共行政的民主基础，公共行政的道德目标，行政机关的内部民主，公平、公正和平权等时代命题展开；并出版了一本学术影响力极大的书：新公共行政 *Toward a*

New Public Administration：*The Minnowbrook Perspective*（edited by Frank Marini，1971），对后来的公共行政理论的发展起到了奠基性的作用，催生了一大批人才。

第二次明诺布鲁克会议在 1988 年召开，由弗雷德里克森主持，他当时已是堪萨斯大学的讲习教授。第二次会议参与者更多了，一半是年轻人，一半是 20 年前第一次会议的参加者，他们当时都年过五旬。会议的主题也有了变化。按照弗雷德里克森的总结，第二次会议更注重技术、注重个人主义，社会公正讨论专题里加入了关于性别和年龄歧视的思考、逐步出现的绩效管理趋势，以及更多与其他社会科学领域观点的联系。与第一次会议的激进思考和对未来的雄心相比，第二次会议认为环境变化快，越来越复杂，公共行政最好把愿景目标设定在近期，要努力不使公共行政失去学科的独特身份，需要从企业和非营利组织中学习好的经验，需要用人事行政创新促进激励员工和工作效率；同时还提出不能将技术作为提高公共政策的工具，也避免了对政府具体工作的讨论。总体来说，第二次会议争议不大，相对第一次会议，影响力也小得多。

第三次会议于 2008 年 9 月 3—7 日召开。主题是全球公共行政（Public Administration）、公共管理（Public Management）、公共服务（Public Service）的未来。参会学者们讨论了 21 世纪政府能力和政府在社会中的作用等焦点问题，认为公共问题与政府解决问题的能力之间存在着明显的差距，应根据 2008 年的现实重新思考政府的作用。新参与的 56 名学者在大会前期的小组讨论中对公共管理领域提出了很多批评，在小组长的协调下，被要求思考 2018 年的公共行政，他们认为应加强研究与实践的关系；公共管理学者会被认为是能够解决实际问题的宝贵的专家，公共管理学科内部会更加跨学科、全球化和包容性发展，未来的公共管理会更加依赖人们从全球化的视野思考制度和公共管理工作者的工作。[1]

总结起来，会议精神可以归纳为：第一，公共行政的效率和公平公正的民主政治、法律和管理需要有更好的方法融合。第二，在全球化时代，应该以全球化的视角研究重大议题。第三，重新重视比较研究，多做一些

---

[1] The Future of Public Administration Around the World：The Minnowbrook Conferences，as edited by Rosemary O'Leary，David M. Van Slyke，Soonhee Kim.

多个国家或各地区之间的比较研究，多注重发展中国家的研究。第四，始终重视社会公平，深信民主精神是公共行政的基石。第五，开放公共行政领域的专业学术知识，利用最新的科技，尤其是互联网技术，便捷学者之间的联系和促进学术知识开放共享。第六，公共行政学者与实践者之间增强联系，与从政者分享知识，重视理论与现实的关联性，理论的实用性以及理论的指导价值。第七，强调学科的"公共性"，鼓励跨学科的研究方法，鼓励使用有生命力的复合型的研究方法。

三次明诺布鲁克会议先后云集了业内众多学者，展现了学者们顺应时代变化，对学科问题和学科发展提出的有益思考和前景预测，反映了公共管理学者以时代变化和进步为己任的学术情怀。正如理查德·斯蒂尔曼曾经指出的，美国的公共行政学通常"以高度创新性和创造性的方式在每一代或每20年转换一个新的知识结构"[①]。

(二) 国际行政科学学会组织及其年会主题

国际行政科学学会是以欧洲为中心、联系全球五大洲各个国家从事公共管理工作的政府管理机构、高等院校和独立学者的公共行政领域最有影响的国际学术组织。由国际行政科学学会（IIAS）和公共管理院校联合会（IISA）组成，于1930年成立，秘书处设在比利时布鲁塞尔。前者为国家会员制，每个国家由一个政府部门牵头，招募机构会员，关注紧密联系政府实际工作的公共行政研究工作；后者为院校机构参与，也可以有个人，关注公共行政教学。

国际行政科学学会以引导和推动各国公共行政的发展为目标和使命，组织对公共管理和公共服务有高水平、高影响力的学术活动，传播公共治理的知识，推动成员国的战略合作项目，对学术和专业公共管理培训项目进行认证。国际行政科学学会还紧跟联合国的国际问题决议，追踪各国公共行政的现实问题和研究前沿，20世纪90年代以来，也开始活跃于美国公共行政学界，跟踪研究前沿，同时关注发展中和转型国家，进行比较研究，是各国展示其公共行政实践和研究发展的良好平台、借鉴其他国家改革经验和寻求改革理论基础与指导的有效智库。学

[①] 竺乾威：《明诺布鲁克三次会议与公共行政研究的演进》，《中国行政管理》2018年第5期。

会拥有 100 多个国家会员和数量相当可观的国家分会会员、团体会员和个人会员。

1989 年，经中国国务院批准，原人事部（现人力资源和社会保障部）代表中国政府以国家会员身份加入国际行政科学学会，1992 年进入学会执委会。1995 年，时任国家人事部副部长蒋冠庄在阿联酋迪拜召开的国际行政科学学会代表大会上当选为学会亚太地区副主席。1998 年 9 月，时任国家人事部副部长徐颂陶在法国巴黎召开的国际行政科学学会代表大会上当选学会亚太地区副主席。2004 年 7 月，时任国家人事部副部长、中央机构编制委员会办公室副主任戴光前在韩国汉城召开的国际行政科学学会代表大会上当选为学会亚太地区副主席。2010 年 7 月，时任中国人事科学研究院院长吴江在印度尼西亚巴厘岛召开的国际行政科学学会代表大会上当选学会东亚地区副主席。2011 年 4 月，吴江荣获国际行政科学学会颁发的 5 年一次的特别学术贡献奖，并当选为国际行政科学学会第一副主席和亚洲公共行政网络主席。2016 年 9 月，中国人事科学研究院院长余兴安在中国北京召开的国际行政科学学会代表大会上当选学会东亚地区副主席，吴江当选为亚洲公共行政学会主席。到 2022 年，我国在学会中共有 1 个 IIAS 国家分会和 16 个 IIAS 团体会员。

国际行政科学学会和国际行政科学院校联合会每年在不同会员国召开年会，由政府部门官员和学者共同参与，围绕会议主题对行政学的理论与实践进行探讨交流，邀请部长、总理，甚至总统做会议主题发言，讨论各自面临的问题和作出的成绩。国家行政科学学会还设有欧洲、亚洲、拉丁美洲分会，各自组织年会，我国学者也经常受邀组织专场研讨会。2011 年，时任国际行政科学学会第一副主席吴江教授作为发起国代表，与日本、韩国代表共同发起成立亚洲公共行政网络。该网络是国际行政科学学会的区域性组织，旨在通过举办学术交流活动吸引和集聚亚洲地区在公共行政领域的机构和组织共同推动亚洲行政科学的发展。2011—2019 年，吴江教授先后任网络总协调员、主席，其间，该网络执行秘书处设于中国人事科学研究院。在此期间，我国连续 9 年在国内外主办亚洲公共行政网络年会，省部级领导累计出席并致辞 2 次，累计邀请 20 余个国家和地区的 900 余名政府官员和专家学者参会，年会聚焦亚洲各国公共行政领域关心关注的重点议题开展广泛研讨，分享各国在公共行政领域的理论成果与实践经验。2018 年，中央党校（国家行政学院）国际部主任董青在葡萄牙里斯本召开的国际行政科学年会上通过竞选，成功荣任国际行政院校联合会主席，彰显了国际院校领导人对中国行政学教学能力的认可。

为加强与国际行政科学学会的交流与合作，中国人事科学研究院于 2010 年成立国际行政科学专家委员会，吴江、余兴安先后担任专家委员会主任，委员会先后聘任了 50 余名中国公共行政领域知名专家学者为专家委员，由人力资源和社会保障部领导定期为专家颁发聘书。专家委员会每年定期召开会议，就推进三个学术组织的相关工作、加强公共行政学术领域国际交流合作建言献策。专家委员通过积极参与国际行政科学学会等国际组织的各项活动，较好地发挥了决策咨询作用、学术引领作用和"中国理论声音"的载体作用，增强了中国在国际行政科学领域的影响力。

1996 年，国家人事部、中央编办、中国行政管理学会、国家行政学院共同在北京主办国际行政科学大会，会议主题为"21 世纪公共行政管理的新挑战——提高效率、简政放权"。时任国家副主席荣毅仁出席大会并致辞，时任国家总理李鹏在中南海接见了参加大会的部分国外代表，来自世界 130 多个国家和地区、6 个国际组织的近 700 名代表参加了大会。此次大会是国际行政科学学会参与国家最多、与会代表层次最高、论文提交最多的一次学术会议，参会专家、学者对此次会议给予了高度评价。

2016 年，人力资源和社会保障部与国家行政学院、四川大学共同承办国际行政科学暨国际行政院校联合会 2016 年联合大会，会议主题为"可持续治理能力建设"。时任人力资源和社会保障部部长尹蔚民、联合国经济和社会事务部助理秘书长雷尼·芒第尔出席会议开幕式并致辞，来自 50 多个国家和地区以及中国政府部门、高等院校、研究机构的 600 多名代表参加了会议。中国留美归国学者蓝志勇教授通过会议选举进入国际行政科学的 7 人学术委员会任正式成员，并作为 2016 年国际行政科学年会的总报告人发表了主旨报告，实现了我国从跟随到参与引领国际行政科学学会学术研究的突破。大批国内行政学者参会，并组织了近百场论坛，产生了巨大的影响，彰显了我国行政科学的发展成就和走向世界的能力，得到参会的各国行政学者和官员的高度赞赏。

作为公共行政领域最具影响力的国际学术组织，国际行政科学会议的年会主题在一定程度上反映了各国的发展需求、研究强项和国家行政学理论发展的轨迹与趋势。

表8—1　　2001年以来国际行政科学学会历年举办地及主题

年份	举办国	主题	分议题
2001	希腊	21世纪的治理和公共行政：新趋势和新技术	
2004	韩国	电子政务：民主、行政和法律面临的机遇与挑战	1. 电子政务：对于公民社会的影响； 2. 电子政务：对公民社会、透明度和民主的影响； 3. 电子政务：转型及发展阶段国家的视角； 4. 电子政务与法律的发展
2005	德国	公共行政与私营企业——合作、竞争及规制	1. 公共行政与私营企业的合作与伙伴关系：经济机遇、宪法分歧和政治对立； 2. 规制：概念及执行，不同国家规管机构的经验； 3. 公共服务领域的竞争、合作与冲突； 4. 全球化经济中国家政府的规制权力
2006	墨西哥	为更好地治理提高透明度	1. 如何确保公共治理的可及性和公开性； 2. 我们需要为更好的行政程序制定准则和/或法律并由官员们执行这些准则和法律吗？ 3. 如何确保自由而公平的媒体？ 4. 如何加强或改善公共问责机构，如监察或国际控制性机构
2007	阿联酋	全球竞争力与公共行政：对教育和培训的影响	1. 全球化世界的公共行政：地方、国家、地区及全球性问题； 2. 促使全球化走上正轨：21世纪的公共行政； 3. 全球性治理与世界性组织

续表

年份	举办国	主题	分议题
2008	土耳其	国际援助与公共行政	1. 治理对于发展的重要性； 2. 成果的动力之源——援助机构与援助技术； 3. 对于治理的援助——有关记录； 4. 改善协助过程
2009	芬兰	国家建设的历史与未来：公共行政、公务员和公共财政的作用	1. 变化中的国家：公民、访问者和邻居； 2. 例析良治：公共服务与民主的未来； 3. 公共资金：全政府预算、会计及审计
2010	印度尼西亚	面临新形势的公共行政——限制性、创新性和持续性	1. 重新维护公共行为：角色和责任； 2. 为居民和社会加强国家保护：价值观和回应； 3. 处理传统问题：条件、限制和机遇
2011	瑞士	全球问题和国家监管：监管战略面临的挑战	无分议题
2012	墨西哥	社会经济重点议题与公共管理	1. 通过民主治理实现社会经济发展； 2. 通过电子政府加强信任
2013	巴林	专业化与领导力	1. 未来风险和战略； 2. 未来领导力； 3. 未来创新服务的提供
2014	摩洛哥	在全球化、分权以及私有化的背景下，反思公共行政的责任和问责制	1. 公共管理中责任承担者的扩大：责任承担者之间的竞争、角色共享以及责任与合作； 2. 在公共行动方增多的背景下反思问责制：问责制的内容及有效体制； 3. 变化与分权背景下的能力建设：在国家、地区以及地方政府层面的组织和人力资源的发展
2015	巴西	公共行政中的信任	1. 公民/消费者对政府的信任； 2. 政府对社会的信任； 3. 行政部门对公共行政改革的信任

续表

年份	举办国	主题	分议题
2016	中国	可持续治理能力建设	1. 可持续治理的战略愿景与优先事项； 2. 建设现代化法律、机构和组织治理体系； 3. 开发公共服务领域的人力资源和财力资源能力
2017	法国	移民、融合与贫困管理：治理与公共行政的全球性挑战	1. 移民与难民危机管理：可操作的、法律和行政安排； 2. 移民与融合的社会经济层面：与融合、发展及扶贫相关的公共政策与城市治理； 3. 移民与人员流动管理：法律框架、制度规定与行政措施
2018	突尼斯	奋斗、适应、维持：治理体系的韧性	无分议题，开放式专场会
2019	新加坡	有效、负责、包容的治理	无分议题，开放式专场会
2020	比利时（视频会议）	公共治理与气候行动	无分议题
2021	南非	第四次工业革命中的公共管理	无分议题
2022	意大利	新一代公共治理和全球公共行政	无分议题
2023	卡塔尔	发展型国家与公共行政和公共政策专业化	无分议题

这些学术会议持续关注全球性热点问题，与明诺布鲁克会议有类似的主题。进入21世纪以来，电子政务、绩效管理、公信力、领导力、可持续发展、反贫困、韧性和包容治理等全球性热点问题都是国际行政科学学会年会重点关注的主题；特别是2015年联合国可持续发展目标提出后，这些发展目标都成为各国政府高度重视的热点。

从年会的议题发展可以看到，国际行政科学学会研讨的问题更加包容与开放。2018年，国际行政科学学会改变了原有的分论坛分议题的组织形式，取消了年会的分议题设置，会议面向学者和实践者征集专场会申请,可根据会议的主题自由召集特定主题的专场会。国际行政科学学会鼓励被学术委员会认可和批准的各种学术研究小组提出议题和召集学术讨论,参会者在网上查看专场会召集人发布的征文通知后,可选择感兴趣的专场会进行投稿,会议的组织方式日渐开放、多元,创新和群策群力成为主流。

(三)《国际行政科学评论》文章刊登情况分析及在中国的影响

《国际行政科学评论》是国际行政科学学会的官方刊物,是国际公共行政领域最具权威性的学术期刊,对其发文情况进行数据分析,可以一斑窥豹地了解国际行政学科发展的近况,并在此基础上对未来一个时期的学科发展趋势进行初步研判。

2000—2019年,《国际行政科学评论》共刊登文章664篇,其中欧洲学者的文章数量最多,达到377篇;其次是亚洲、北美洲学者的文章,分别为109篇和105篇。非洲和大洋洲学者的文章数量分别为26篇和22篇,拉丁美洲学者的文章数量最少,仅有13篇。此外,还有12篇世界银行、经合组织等国际组织发表的文章。

这种趋势一方面说明,国际行政学界正愈发开放与包容,不断吸纳不同国家、不同文化传统的行政学理论与实践,以补充传统以欧美国家为中心的行政学理论的发展;另一方面,也可以看出发展中经济体的行政学理论正蓬勃发展,亚洲、非洲、拉丁美洲的行政学理论和实践正走向国际舞台,发挥着独特的作用。

自2009年起,中国人事科学研究院与国际行政科学学会签署协议,成立《国际行政科学评论》(中文版)编译部,时任院长吴江担任主编。这是我国首次面向世界正式公开出版国际行政科学学会中文版官方刊物——SSCI核心期刊《国际行政科学评论》,到2021年已连续翻译出版13卷52辑,共计约1200万字。目前,《国际行政科学评论》(中文版)面向国内各级政府党政干部和400余所国内外知名高校以及世界华人华侨专家学者发行,电子期刊收录于国际行政科学学会官网、中国知网、万方数据知识服务平台。《国际行政科学评论》(中文版)为中国学者和实践工作者提供了及时、全面、准确了解公共行政领域学术发展的窗口和平台,也推荐发表了一批中国专家的学术文章,受到国内公共行政理论和实践领域读者的欢迎。

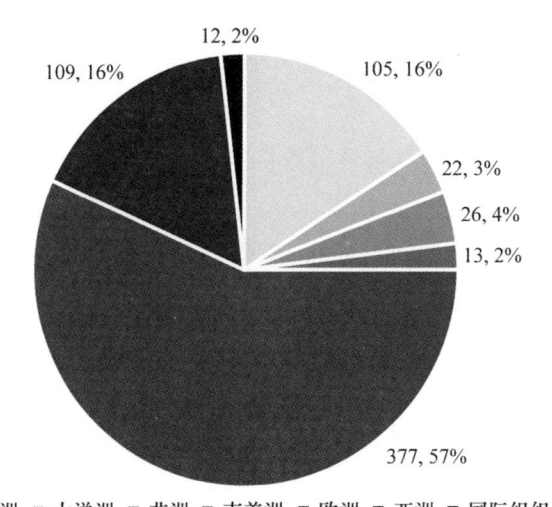

北美洲 ■ 大洋洲 ■ 非洲 ■ 南美洲 ■ 欧洲 ■ 亚洲 ■ 国际组织

图8—1 2000—2019年《国际行政科学评论》文章作者分布情况

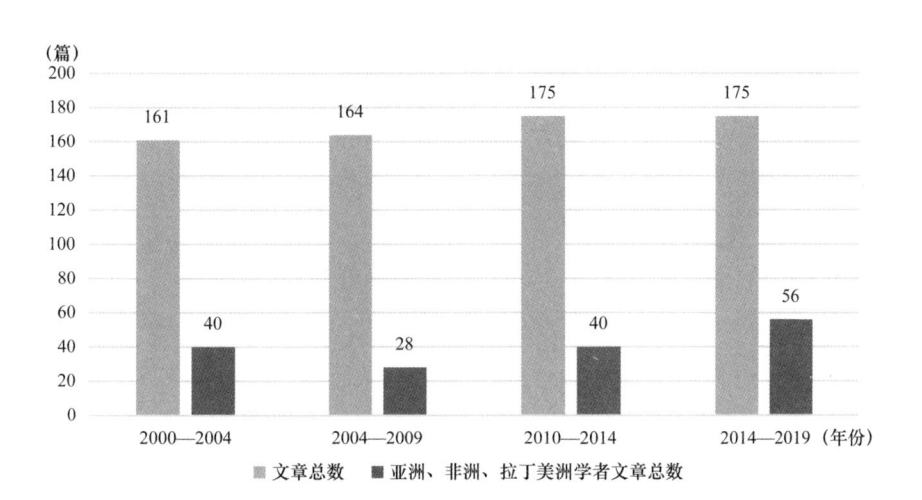

图8—2 2000—2019年《国际行政科学评论》亚洲、非洲、拉丁美洲学者文章数量与文章总数对比情况

三 国际行政科学理论的未来趋势

行政科学虽然最早起源于欧洲国家，但传播至美国并发展兴盛之后，逐步奠定了"英语圈"国家话语体系的长期主导地位；20世纪中后期以来，随着发展中国家行政改革的探索发展，"英语圈"之外的行政理论与

实践的影响也相应增强，国际行政科学理论出现了多元化、开放性和包容性的发展态势，其研究视野也从关注国家内部管理扩展到国际事务与全球治理等问题。

（一）多元化、开放性与包容性的增长

美国政治学者克里斯托弗·波利特（Christopher Pollitt）在国际行政科学学会 2014 年布芮班特讲座上发表了主题为《奔向新世界：英语圈公共行政领域中一些难以忽视的真相》的演讲，提出公共行政改革的英语圈模式与技术的成功日益受到质疑，而放眼全球，英语圈之外的公共行政管理正变得更加强大和有影响力。克里斯托弗·波利特认为，在全球舞台上，"公共管理"作为英语圈主导的话题在过去 30 多年里成熟起来了。但这种主导地位的特性正处于衰落之中，理由主要有三个：第一，英语圈理念与实践的主导地位，从未像它有时所表现出来的那样实至名归；第二，英语圈典型公共管理改革的成效一直都存在问题，最新的学术研究表明，这些改革中只有一小部分取得了实质性成功；第三，世界其他地区在政治和经济上正变得更加有影响力和自信，包括中国、印度在内的亚洲国家以及一些拉美国家，本身就有着强大的行政管理文化和传统，而如今在国际公共行政界的影响力也越来越大，直接移植英语圈的理论并不是很好的方法，英语圈之外的公共行政经验或许早应该更加系统地理解、概括和呈现于国际研究中。波利特还认为，"英语圈的衰落可以说是代表着一次解放——是众多机会的一次释放。世界各地的改革者们将不必再去努力地说明，他们为何不遵循当前经合组织或世界银行的建议；他们将有更多的余地去论证，他们的国家、部门或特殊职能需要一个量身定做、符合当地情况的解决方案"[①]。

哥伦比亚大学历史学教授马克·马佐尔认为，20 世纪末，拉丁美洲、中东和非洲许多社会开始了政治抵抗运动，这正体现出对西方文明和制度大力提倡的"一刀切"的行政管理体制的抵制。马佐尔认为，西方发达国家向第三世界国家推行的治理体系，并没有考虑到这些文明的文化、习

---

① Christopher Pollitt. Towards A New World: Some Inconvenient Truths for Anglosphere Public Administration: The IIAS Braibant Lecture. *International Review of Administrative Science*, 2014, 81 (1): 3-17.

俗和历史视角，他认为，"这是一个旨在促进西方国家在这些社会事务中的主导地位的体系"。西方学者开始承认，全球化不应该是单行道；它应该是一个承认来自东方跨国界、跨文化以及跨制度的经验的过程，就像承认西方的一样。[1] 在第三次明诺布鲁克会议上，最流行和最重要的议题是公共行政受到全球化的影响。与会学者达成共识：2028年第四次明诺布鲁克会议将从美国走向世界，"将会以美国为中心变成以世界为中心"，将是"真正意义上的全球性会议，全球各地的学者们汇聚一堂共同探讨公共行政的未来走势"[2]。自2010年起，国际行政科学学会先后成立了亚洲公共行政网络、拉丁美洲公共行政组织、中东北非公共行政组织等地区性组织。与此同时，各地区性组织之间也持续展开对话，开展了有益的实践，实现各地区之间的交流沟通，来自不同传统的公共行政理念更将丰富国际行政学理论的研究与思考。从《国际行政科学评论》发表的各大洲学者文章数量变化情况也可以看出，虽然该刊物文章作者依然是以欧美学者为主，但是近年来，亚洲、非洲、拉丁美洲学者的文章数量持续增加，这也体现出新时代国际行政学理论逐渐转向开放与包容的特点。

国际著名公共管理学者拉德谢菲尔德在梳理公共行政学科特点时说到，这是一个包容丰富的理论差异性的学科，它不仅关注实践智慧、实践经验、科学知识，也关注与其他学科的相关性，是本质上充满异质性的跨学科、超学科的现代学科，虽然有很强的国家属性，但许多知识传统是超国界的。可以预测，在未来的世界，学习政府管理的学生会在影响公共教育、公共生活方面有比过去更重要的影响力。但这些只有在用更广阔的视野来看公共管理学与其他社会科学、政治在其他社会环境中的功能之间的关系。[3]

---

[1] Cheung A. Public Administration in East Asia: Legacies, Trajectories and Lessons. *International Review of Administrative Sciences*. 2012, 78 (2): 209–216.

[2] 孙珠峰、胡伟：《后新公共行政时代的来临——第三次明诺布鲁克会议述评》，《学术月刊》2014年第2期。

[3] Jos C. N. Raadschelders Public Understanding Government: Four Intellectual Traditions in the Study of Public Administration. *Administration*, Vol. 86, No. 4, 2008 (925–949).

（二）行政学研究视野从关注国家内部事务扩展到国际事务

随着联合国千年发展目标、可持续发展目标等全球性发展议程的提出，行政学的研究视野也逐渐从关注国家内部事务扩展到国际事务。联合国可持续发展目标是计划到2030年实现的一系列全球发展议程，与千年发展目标相比，可持续发展目标对公共行政的强调更为突出，将"建立一个适当的公共行政系统"指定为一个独立的发展目标。与此同时，公共治理可以通过政策手段为实现可持续发展目标做出贡献，这些目标的实现在很大程度上都将依赖于公共行政。

2000年以来，《国际行政科学评论》发表的文章中，包括联合国经社理事会、世界银行等在内的国际组织文章数量逐渐增多，这些文章多关注全球性、区域性或次区域性的问题。与此同时，各大洲学者关注国际性、区域性问题的文章数量也显著增加，如政府绩效的国际比较、政府创新、领导力建设、公共部门的技术能力等主题。

2015年联合国可持续发展目标提出后，加之第四次工业革命的迅猛发展，经济社会的发展变革出现了无限可能，行政学的研究方法和研究内容也不断更新丰富，这都使得行政学的研究视野超出一国的边界不断发展。全球化视野中的行政学者和实践者更应该关注不同国家、不同文明共存的基本原则，包括对多样化的尊重、对人权和尊严的基本理解等。

第二节 中国特色行政学：本土化与全球化的共融与对话

行政学作为中国的一门外来学科，本土化是其发展中难以回避的基本问题，随着改革开放后行政学学科的快速发展，本土化问题在行政学界引起广泛关注和持续讨论；同时，随着中国经济社会发展的突飞猛进，中国在世界各国的影响日益增强，中国特色行政学的理论创新及实践经验与国际社会的互通互鉴乃至为世界提供中国方案，就成为中国特色行政学发展的重要使命。

一 持续发展的中国特色行政学

2019年3月，习近平总书记在看望参加政协会议的文艺界社科界委员的重要讲话中指出，哲学社会科学研究要立足中国特色社会主义伟大实践，提出具有自主性、独创性的理论观点；应立足中国现实，植根中国大地，把当代中国发展进步和当代中国人精彩生活表现好展示好，把中国精神、中国价值、中国力量阐释好。这一重要论述对具有中国特色、中国风格、中国气派的哲学社会科学研究的自主性与独创性作出了清晰和深刻的阐释。

虽然目前中国行政学学术影响力和辐射力正不断扩大，但行政学理论研究滞后于实践需要，行政学理论的学术创新能力仍需提升，这一问题仍然较为突出。梳理分析《国际行政科学评论》发表的中国学者的文章可以看到，大多数的文章主题都是对中国的经验进行分享，对中国的案例进行研究，如中国的行政改革、公务员薪酬制度改革、简政放权、地方经济管理等，但对于行政学理论方面的研究或创新贡献较为缺乏。

出现这种状况的一个重要原因，是中国行政学发展的本土化程度还不够深。有学者指出，中国行政学本土化与国际化之间并不存在本质上的矛盾，应通过扎实的实证研究提炼出具有中国特色的行政学概念和话语体系，并通过英文国际发表的方式与国际学术界进行交流对话。只有这样，中国行政学研究才能从知识消费领域转变为知识生产领域，中国的行政学者也才能从西方理论的消费者转变为本土理论的创造者。[①]

鉴于作为学科的行政学理论源自西方，在改革开放后中国行政学恢复重建的同时，就有学者提出了其"中国特色"的问题。例如，1994 年，周世逑等在《关于建立有中国特色的行政管理学理论体系的若干问题》一文中指出，在构建我国行政管理学理论体系时，首先遇到的是中国特色问题。这个问题并未很好地得到解决的症结主要是：我们对中国的国情和中国行政管理的实际情况研究得还不够。理论是对实际的反映，理论的特色归根到底取决于实际的特色，这是不言而喻的。中国有自己特殊的历史传统和现实状况，这些使中国的行政管理体制包括行政权力结构、职能配置、组织人事、行政管理运行程序、行政管理的监督机制以及行政管理体制的改革等方面都具有中国自己的特点。行政管理学的理论体系只有正确

---

① 刘鹏：《中国公共行政学：反思背景下的本土化路径研究》，《中国人民大学学报》2013年第 3 期。

地反映这些特点，才能具有中国特色。①

针对这一问题，台湾学者吴琼恩于1994年发文提出，要实现中国行政学的"本土化"；并于2004年再次撰文讨论行政学的本土化问题，批评中国行政学成为西方的附庸，照搬西方行政学理论，而罔顾本土文化的差异，结果不仅殊少创造性的理论建构，在实务上亦发生贻害不浅的后遗症。② 但时至今日，这一状况并没有彻底改观，仍不断有学者在讨论中国行政学的"身份危机"问题。2016年，习近平总书记在哲学社会科学工作座谈会上的讲话中指出："我们的哲学社会科学有没有中国特色，归根到底要看有没有主体性、原创性。跟在别人后面亦步亦趋，不仅难以形成中国特色哲学社会科学，而且解决不了我国的实际问题。"③

行政学中国化的历史任务要求我们关注中国行政理论和实践，加快构建新时期中国特色社会主义行政学理论体系的步伐。正如周世逑先生等学者在《中国行政管理学》一书中指出的那样，理论是对实际的反映，理论的特色归根到底取决于实际的特色；中国的行政实践与外国不同，因而中国的行政管理体制的建构与改革发展都具有中国自己的特点；行政管理的理论体系只有正确地反映这些特点，才能具有中国特色。④ 由此，本书一方面从理论方面梳理总结中国行政学的思想渊源及其发展脉络，另一方面从实践方面分析探讨中国行政管理的体制机制及其改革发展，以比较全面地呈现中国特色的行政学体系。

二 互通互鉴，向世界提供中国经验和中国方案

为避免走入类似"西方中心论"的误区，避免文化局限，中国行政学的发展应立足中国、面向世界，除了向世界揭示中国政治体制和国家治理体系的丰富内涵之外，也要注重开展比较研究，学习借鉴国际经验。特别是要注重其他新兴市场国家和发展中国家的行政学方面的探索，仔细辨

---

① 周世逑、苏玉堂、高凯军：《关于建立有中国特色的行政管理学理论体系的若干问题》，《行政与法（吉林省行政学院学报）》1994年第3期。
② 吴琼恩：《二十世纪行政科学的发展趋势与前瞻》，《深圳大学学报》（人文社会科学版）1994年第4期。
③ 习近平：《在哲学社会科学工作座谈会上的讲话》，《人民日报》2016年5月19日。
④ 周世逑、苏玉堂：《中国行政管理学》，中共中央党校出版社1994年版，第5页。

识一些国家自主创建起来的、符合本国国情的政治体制和国家治理体系的新制度、新样式。①

在中国特色社会主义话语体系建设中，中国应该关注世界人民的生存与发展问题和重大关切，以及人类未来的发展走向。中国话语走向世界不是搞话语霸权，而是以中国特色的表达方式承载和平发展的话语，反映世界人民的核心利益、价值与共同追求，推动相互认同和协调行动。

对于广大发展中国家来说，中国在现代化历程中的经验和智慧无疑具有重要意义。将中国的行政经验和智慧进行系统总结提炼并形成理论，能够为世界其他国家提供有益借鉴。近年来，世界银行、亚洲开发银行、亚太经合组织、南南合作等国际机构下设的基金项目逐渐将中国从受援国转为援助国，目的正是在于将中国对广大发展中国家具有发展价值的经验和技术进行传播、转移。

因此，应加强中国特色行政学与西方行政学理论的包容发展，加强中国行政学对国际行政学理论和实践的贡献，不断加强中国特色行政学学术体系和话语体系的建设，提升中国行政学的世界影响力。在中国越来越多地承担全球治理责任的背景下，在"一带一路"建设的助推下，在"建设人类命运共同体"的理念引领下，中国的行政学应尽快建立起完整齐备的理论体系，使得具有中国特色的中国行政学更好地走向世界。②

---

① 修丽：《面向新时代深化中国政治学行政学研究》，《行政改革管理》2018 年第 1 期。
② 敬乂嘉：《改变复制者和追随者角色　国家治理实践为行政学发展带来机遇》，《人民日报》2017 年 6 月 26 日。

结　语

伴随着40余年的改革开放历程，中国行政学理论体系越来越全面，研究越来越深入，成果也越来越丰富，为改革开放以来的政府行政体制改革和行政效率提高提供了有力的理论支撑与智力支持。中国的行政学理论与国家治理实践是紧密结合在一起的，也必将随着中国特色社会主义理论和制度的不断完善和创新，创造出更加辉煌的成果，展现出鲜明的中国特色。

一　建构面向国家治理体系和治理能力现代化的中国特色行政学话语体系

在中国的传统语境和现实需求中，行政学理论可以说是一门"治国之学"，对于这样一种与公共生活深刻相关的知识形态，学科的理论基础必然深受社会及其特有结构的影响。[1] 正如布迪厄所认为的，"具体的场域、具体的位置和具体的习惯都会对相关的话语作出限制"[2]。因此，任何一种理论体系都必然是对其时代情境的抽象刻画。新时代是中国行政体系建设的重要背景，行政学理论要以研究和解决国家与地方的重大行政学理论和实践难题为依据，以推动中国特色行政学的理论建构和实践创新为目标，致力于服务国家治理体系和治理能力现代化的重大需求。要重视深化关于古今中外行政管理实践及其经验、中国治国理政的历史传统与经验的研究，尤其要总结提炼党中央在治国理政实践中所形成的具有时代特

---

[1] ［德］马克斯·舍勒：《知识社会学问题》，艾彦译，华夏出版社2000年版，第59页。
[2] 邓正来：《中国法学向何处去（上）——建构"中国法律理想图景"时代的论纲》，《政法论坛》2005年第1期。

色、实践特色和民族特色的行政思想。

党的十八大以来，以习近平同志为核心的新一届党中央进行了一系列的重大政策与治理实践创新，创造了大量新的经验，形成了鲜明的治国理政的执政品格与政策风格，必须对这种创新实践经验及其执政品格与政策风格加以系统地研究、总结、提炼，并作为中国特色行政学的指导思想和理论基础。① 同时，这些指导思想的贯彻落实需要一系列制度、机制和技术来保障，这无疑是行政学理论研究的主要内容。可以说，在中国，治国理政的具体实践决定了公共管理学术语汇的存在与发展。中国特色行政学作为成长中的学科，肩负着与中国现代治理体系的构建和发展共同进步、相辅相成的历史重任和使命。

二 实现全球化背景下本土性与世界性的统一

在全球范围内，行政学理论体系和学科知识的多元化发展已经成为一个不可逆转的潮流。在全球行政学理论的话语体系和知识生产上，中国行政学面临着难得的历史机遇。美国行政学者法默尔说过："一个学科如若是首先把焦点集中在一个国家，那它必定会与国外的优秀思想失之交臂，甚至会贬低自己先辈的思想。"② 当然，法默尔在说这段话的时候是要告诫美国学者，让他们不应有自大的心态，但这对于中国学者也具有启示意义。

其一，中国特色行政学也要关注人类共同面对的行政领域复杂问题。全球化、后工业化是整个世界面对的共同课题，无论是发达国家还是发展中国家的学者，谁也不对这类问题的解决有优先权，更不用说垄断权了。③ 面对全球化、后工业化进程中出现的新问题，每一个学者都可以通过独立自主的创新而为人类做出贡献。"我们应该积极地利用出现的机遇，来进行尝试和探索，而不是藏匿在意识形态之中，或是在价值的绝对性之中进行正面的角逐，只有这样，我们才能够卓有成效地对各种挑战作

---

① 陈振明：《中国公共管理学40年——创建一个中国特色世界一流的公共管理学科》，《国家行政学院学报》2018年第4期。

② [美] 戴维·约翰·法默尔：《公共行政的语言——官僚制、现代性和后现代性》，吴琼译，中国人民大学出版社2005年版，第76页。

③ 张康之：《全球化背景下的公共行政研究取向》，《中国行政管理》2015年第2期。

出回应。"① 面向中国行政的真实世界虽然从属于中国文化规定的实践场域，但也具有人类命运共同体中行政行为的普遍性。比如，不同语境中的行政知识形态，都需要关注并探讨组织机构、公共人事、国家财政、政府绩效、政策创新、风险治理等共同议题。针对这些主题所进行的中国问题描述与中国经验总结，推动着当代中国在世界体系中的话语建构和权力拓展。当前，主导社会科学话语生产的西方知识体系是现有权力格局在学术研究中的呈现；同时，这种居于主导地位的言说方式也对权力格局起到了生成和维护作用。因此，行政学的中国话语建构，应当为世界体系变革和全球秩序变迁提供话语支撑。②

其二，中国特色行政学应该是开放和包容的。如果说在现代性层次上，引进学科和学科自主建构还算是一个可以争议的论题，那么，在后现代多重立场原则上，这一论题就丧失了争议的价值。③ 在今天，现代性图式下中心结构对创新的垄断或边缘地带智力依附的状况已被打破。可以认为，全球化与后工业化的文明基准线上，应对高度不确定性和高度复杂性的知识体系的创造，对一切国家和民族的行政学理论都是开放的。

其三，中国特色行政学必然是"中国性"的重要体现，并为世界贡献智慧。全球化背景下的所有问题，都需要在具体性的意义上去加以认识和把握，需要在具体的创新过程中去寻求解决方案。④ 中国行政学不乏借鉴西方国家先进知识成果的成功经验，被一度奉为圭臬的西方理论体系为我们提供了知识图谱，对一个拥有上千年文官制度实践而未催生出现代意义上的行政学学科的国度而言，它向我们展示了规范的问题意识、理论基础与方法体系，也从学术话语权上设定了公共行政学在世界体系中的学术主题、研究结构和争议空间。但"一旦丧失阅读和思考的主动性，陷入别人的话语中不能自拔，就有可能被别人特有的问题意识所覆盖，乃至从

---

① [美] 克罗齐耶：《法令不能改变社会》，张月译，上海人民出版社 2007 年版，第 27 页。
② 朱正威、吴佳：《新时代公共行政学的中国话语：基于"场景—问题"的经验叙事》，《学海》2018 年第 1 期。
③ 孔繁斌：《从社会科学的边缘到核心：公共管理学科的再认识》，《中国行政管理》2017 年第 9 期。
④ 张康之：《全球化背景下的公共行政研究取向》，《中国行政管理》2015 年第 2 期。

此难以名状自己切身的体验,暴露出文化分析的失语和学术洞察的失明"①。当代中国的行政国家实践正处于以"压缩的现代化"②为核心特征的转型情境之中,它的变迁总体上与全球秩序相叠合,它的特殊性与复杂性为中国话语的建构提供了深厚的实践基础。在人类命运共同体的意义上,中国行政学更加深刻的追问应当是现代性的中国版本,其话语对象、陈述方式、概念使用及策略选择,都应当以言说行政国家实践场景与真实问题的方式为人类社会寻找现代性的中国方案。坚持"党性"与"人民性"相统一的背景观念,立足新时代的前景话语,秉承地方性的知识生产逻辑,寻求全球图景的理论表达方式,是公共行政学解释与表达现代中国并参与全球治理的路径依托。③

三 探索源自多元思想和多学科的独特的创新性

中国的公共管理体系具有三个核心特征,即中华文明的独特性、天然的柔性与兼容性、对外交互的世界性。④ 中国古代创造了富有智慧的治国理论和思想,中国行政学理论从来都对西方政治学和行政学理论怀有包容和学习的愿望与姿态。中国行政学理论也是以马克思主义为指导的,马克思和恩格斯、列宁在哲学、政治经济学和科学社会主义领域都创作了伟大的著作,成为许多社会科学的基础理论,但是,从公共行政的视角来看,这些著作不算行政学或公共管理的著作,其重点在阐述国家的功能和无产阶级夺取政权的革命理论,但革命以后的长期执政应该怎么办,由于是新生事物,加上巴黎公社也只有几个月就失败了,马克思、恩格斯对于行政和公共事务的管理,并没有更细致和全面的阐释。⑤ 因此,中国行政学理

---

① 张乐、张翼:《从结论看方法:社会学研究的现实性维度思考——关于美国社会学者对中国社会分层研究的讨论》,《社会》2008年第1期。
② [德]乌尔里希·贝克、邓正来、沈国麟:《风险社会与中国——与德国社会学家乌尔里希·贝克的对话》,《社会学研究》2010年第5期。
③ 朱正威、吴佳:《新时代公共行政学的中国话语:基于"场景—问题"的经验叙事》,《学海》2018年第1期。
④ 何哲:《中国需要什么样的公共管理——中国公共管理体系的品格与未来》,《党政研究》2018年第1期。
⑤ 朱正威、吴佳:《从实践语汇到学术概念:中国公共管理研究的问题意识与自主性》,《中国行政管理》2020年第1期。

论的发展本身就是一种基于马克思主义基本原理、中国传统治国思想和智慧、西方政治学和行政学理论，以及改革开放以来的行政实践和理论创新的互动发展而共同促成的一种复合的发展。这既是中国行政学理论的独特优势，也是进一步创新创造的土壤，行政领域的理论和实践工作者应充分认识这些特点，确立深厚的理论自信和远大的学科使命。而且，作为一门新的学科，中国行政学理论的历史脉络和迅速发展的现实使其学科边界具有西方所不具备的更强的开放性和包容性，这对于一个正在发展、走向成熟的学科而言，更多的是优势而非负担，需要更多地利用其他学科（如政治学、社会学、管理学）并贡献其他学科，汲取各国行政学理论的成果并贡献于国际行政科学的理论发展与实践创新。

四 推进多途径的创造性转化与创造

作为一个有自信、有担当的学科，中国特色行政学要努力将中国政府实践的图景真实而生动地勾勒出来，并使其融入世界行政学的理论和知识体系。有学者认为，讲好行政学的中国故事，可遵循两条路径：一是选择—借鉴—转换，即对从西方引入的公共管理概念、假设、范畴、理论和方法等做本土化"再造"；二是传承—创新—共享，即首先从本土实践的实际需求出发，从原始材料的收集开始，扎扎实实地进行经验性研究，以此了解中国公共管理现象与过程的事实及特点；[①] 然后以我们独特的视角对世界公共管理现象进行诠释性或批判性的思考；最后用中国的话语把中国人看中国和看世界的心得与各国研究者分享。事实上，如果从中国的历史传承来说，还有本土理论资源的重新"发现"。

中国特色行政学理论体系的建构，有着多元的发展路径：一是对本土行政实践的理论提升。中国的行政实践是历时意义上的实践，包括中国古代的传统实践，近代以来的探索、革命，社会主义建设时期的实践，改革开放新时期以及中国特色社会主义新时代的伟大实践，对历史场景实践的理论挖掘，是中国特色行政学的理论前提和建构基础的源头活水。二是本土理论资源的挖掘与创新路径。中国传统思想和治国智慧，包括儒、释、

[①] 徐湘林：《中国政策科学的理论困境及其本土化出路》，《公共管理学报》2004 年第 1 期。

道、法传统思想的重新"发现",马克思主义及其中国化的理论成果,以及近年来在自我创新基础上形成的理论成果。挖掘和利用这些理论资源,对于中国特色行政学"中国性"的塑造具有重要意义。三是对西方政治学和行政学理论的借鉴和本土化。首先,对西方理论要保持理性和客观的态度,避免对西方出现的理论不加辨析地引进或本土化的投机性的做法,避免对西方行政学理论热点的单一化追赶。其次,要全面学习和借鉴外国的理论,而不是仅仅关注英语圈国家。要注重直接借鉴与间接借鉴的结合,不仅要借鉴行政学理论,也要借鉴和学习其他相关学科的理论,以实现广泛学习与借鉴基础上的创造性转化。要注重借鉴的选择性,包括实践的需要以及理论的融通性和再创造价值。四是对发展中国家的行政实践的借鉴与知识转化。全球化并不是一个单行道,要本着开放和包容的心态,关注亚洲、拉丁美洲和非洲国家的成功实践,通过比较研究的途径为中国特色行政学提供更广阔的视野和更广泛的经验。

"公共行政不只是一种理论和学说,还是社会中的一种人为的制度安排。人类实际上不断地更新着各种社会制度安排,满足社会不断变化的要求,因此,对公共行政学是不是科学的关注,与其说是出于对一个学科领域的关注,不如说是对生活世界、社会发展与人类文明的关注。"[①] 行政学的理论,应该是既科学又规范,既理想又结合实际,能集人类之大智慧、行天下之公义之事的理论。这一理念,既与马克思、恩格斯倡导的科学社会主义一脉相承,又与中国传统文化中天下为公、天下大同的愿景息息相通;也有前赴后继的公共事业的领导人,超越了"人人为我,我为人人"的传统古训,进入更高层次的"我将无我"的境界。行政学理论关注社会公益,培养有公益精神、有工作能力、能用知识和理性驾驭激情和欲望的优秀社会工作者,成为人类文明的维护和发展的中坚力量,是这一现代学科天生的使命。行政学只有与这样的人文精神相结合,才能充满活力,万年长青。[②]

[①] Dwight Waldo. *Perspectives on Administration*. Ala: University of Alabama Press, 1956.
[②] 蓝志勇:《公共管理学科的理论基础与基础理论》,《学海》2020年第1期。

参考文献

《邓小平文选》第1—3卷，人民出版社1994、1993年版。

《马克思恩格斯全集》第1、4、19、20、36卷，人民出版社1974年版。

《毛泽东选集》第1—4卷，人民出版社1991年版。

《孙中山选集》，人民出版社1956年版。

《习近平谈治国理政》，外文出版社2014年版。

陈永章、娄成武：《美国公共行政学的争论：基于实用主义哲学的一种解释》，《云南行政学院学报》2018年第4期。

陈振明：《公共管理的学科定位与知识增长》，《行政论坛》2010年第4期。

陈振明、薛澜：《中国公共管理理论研究的重点领域和主题》，《中国社会科学》2007年第3期。

陈振明：《中国公共管理学40年——创建一个中国特色世界一流的公共管理学科》，《国家行政学院学报》2018年第4期。

何艳玲、汪广龙：《我们应该关注什么：关于公共行政学"大问题"的争论》，《中国行政管理》2011年第12期。

何艳玲：《指向真实实践的中国行政学研究》，《中国行政管理》2009年第8期。

何艳玲：《中国公共行政学的中国性与公共性》，《公共行政评论》2013年第2期。

何哲：《中国公共管理体系的核心逻辑及与其他体系的对话》，《甘肃行政学院学报》2016年第1期。

何哲：《中国需要什么样的公共管理——中国公共管理体系的品格与未

来》,《党政研究》2018 年第 1 期。

孔繁斌:《从社会科学的边缘到核心:公共管理学科的再认识》,《中国行政管理》2017 年第 9 期。

孔繁斌:《中国公共行政学:叙事转换中的发展》,《公共行政评论》2013 年第 3 期。

蓝志勇:《公共管理学科的理论基础与基础理论》,《学海》2020 年第 1 期。

蓝志勇:《谈中国公共管理学科话语体系的构建》,《国家行政学院学报》2014 年第 5 期。

蓝志勇:《中国公共行政学本土化研究的再思考》,《公共管理学报》2017 年第 3 期,第 14 卷。

刘鹏:《中国公共行政学:反思背景下的本土化路径研究》,《中国人民大学学报》2013 年第 3 期。

刘熙瑞、高凯军:《殷殷之意岂敢忘怀——周世逑先生逝世周年纪念》,《中国行政管理》1998 年第 6 期。

刘熙瑞:《中国公共管理:概念及基本框架》,《中国行政管理》2005 年第 7 期。

娄成武、董鹏:《中国公共行政学本土化研究:现状与路径》,《公共管理学报》2017 年第 3 期,第 14 卷。

马骏:《公共行政学的想象力》,《中国社会科学评价》2015 年第 1 期。

马骏:《经济、社会变迁与国家重建:改革以来的中国》,《公共行政评论》2010 年第 1 期。

马骏:《中国公共行政学研究:反思与展望》,《公共行政评论》2012 年第 1 期。

彭和平、竹立家:《国外公共行政理论精选》,中共中央党校出版社 1997 年版。

乔耀章:《行政学美国化:理论支点及其引发的批评与启示》,《湘潭大学学报》(哲学社会科学版) 2007 年第 5 期。

宋世明:《从公共行政迈向公共管理》,《国家行政学院学报》2018 年第 1 期。

宋振威、熊文钊:《新中国法治政府建设的回顾与展望》,《行政管理改革》2019 年第 7 期。

孙珠峰、胡伟：《后新公共行政时代的来临——第三次明诺布鲁克会议述评》，《学术月刊》2014 年第 2 期。

谭力：《毛泽东行政思想论纲》，《社会科学研究》1993 年第 6 期。

唐亚林：《新中国 70 年：政府治理的突出成就与成功之道》，《开放时代》2019 年第 5 期。

王少泉、刘伟：《欧美公共行政学界分化现象研究》，《福建行政学院学报》2016 年第 4 期。

王升平：《西方行政理论本土化的形态与逻辑探析——以公共行政主流理论的交融与转化为例》，《治理研究》2019 年第 6 期。

王郅强：《构建具有中国特色的公共管理学科知识体系》，《学海》2019 年第 1 期。

吴琼恩：《论公共行政学之本土化与国际化：知识创造和理论建构的特殊性与普遍性》，《公共管理评论》2004 年第 2 期。

夏书章：《把行政学的研究提上日程是时候了》，《人民日报》1982 年 1 月 29 日。

夏书章：《应用学科更应学以致用——"民国"时期的一大教训》，曹峰：《中华民国公共行政思想（1912—1949）》，社会科学文献出版社 2015 年版。

夏书章、朱正威：《治国理政之学，善政良治之用——夏书章教授学术访谈》，《中山大学学报》（社会科学版）2020 年第 1 期。

夏志强、谭毅：《公共性：中国公共行政学的建构基础》，《中国社会科学》2018 年第 8 期。

徐扬：《与"危机"同行：公共行政学的四个学科困境》，《中国行政管理》2017 年第 9 期。

薛澜、彭宗超、张超：《公共管理与中国发展——公共管理学科发展的回顾与前瞻》，《管理世界》2002 年第 2 期。

薛澜、张帆：《公共管理学科话语体系的本土化建构：反思与展望》，《学海》2018 年第 1 期。

鄢一龙等：《大道之行：中国共产党与中国社会主义》，中国人民大学出版社 2015 年版。

颜昌武：《公共行政学的大问题：回顾与展望》，《中国行政管理》2018年第11期。

颜昌武：《公共行政学是一门科学吗?》，《中国行政管理》2020年第4期。

颜昌武、马骏：《公共行政学百年争论》，中国人民大学出版社2010年版。

颜昌武：《问题导向、学科视野与中国公共管理学的重构》，《探索》2018年第6期。

杨国栋、张锐昕：《改革开放以来的行政改革：逻辑、表现和取向——基于制度分析视角》，《中国行政管理》2020年第7期。

杨雪冬：《国家治理现代化与执政方式的完善》，《北京行政学院学报》2016年第6期。

杨妍：《基于"中国发展悖论"的中国公共行政组织再审视：一个"理性—政治"的分析框架》，《中国行政管理》2019年第7期。

于文轩：《中国公共行政学研究的未来：本土化、对话和超越》，《公共行政评论》2013年第1期。

张成福：《变革时代的中国公共行政学：发展与前景》，《中国行政管理》2018年第9期。

张成福：《发展、问题与重建——论面向21世纪的中国行政学理论》，《政治学研究》1996年第1期。

张成福：《意识的转化与内在革命——关于我们时代公共行政大问题的对话》，《中国行政管理》2019年第10期。

张康之：《公共行政的显性结构与隐性结构》，《行政论坛》2017年第1期。

张康之：《全球化背景下的公共行政研究取向》，《中国行政管理》2015年第2期。

张敏：《从面向政府到面向社会：西方公共行政学发展的一个基本分期——兼论公共行政公共性的发现》，《江海学刊》2019年第6期。

周天勇：《中国行政体制改革30年》，上海人民出版社2008年版。

周志忍：《公共行政学发展绕不开的几个问题》，《公共行政评论》2013年第2期。

周志忍：《迈向国际化和本土化的有机统一：中国行政学发展 30 年的回顾与前瞻》，《公共行政评论》2012 年第 1 期。

朱正威、吴佳：《新时代公共行政学的中国话语：基于"场景—问题"的经验叙事》，《学海》2018 年第 1 期。

竺乾威：《公共管理话语体系的本土化建构：比较的观点》，《学海》2018 年第 1 期。

［美］戴维·H. 罗森布鲁姆、罗伯特·S. 克拉夫丘克：《公共行政学：管理、政治和法律的途径》（第五版），张成福等译，中国人民大学出版社 2002 年版。

［美］戴维·约翰·法默尔：《公共行政的语言——官僚制、现代性和后现代性》，吴琼译，中国人民大学出版社 2005 年版。

［美］德怀特·沃尔多：《行政国家：美国公共行政的政治理论研究》，颜昌武译，中央编译出版社 2017 年版。

［美］尼古拉斯·亨利：《公共行政学与公共事务》，孙迎春译，华夏出版社 2002 年版。

［美］文森特·奥斯特罗姆：《美国公共行政的思想危机》，毛寿龙译，上海三联书店 1999 年版。

［英］克里斯托弗·波利特：《奔向新世界：英语圈公共行政领域中一些难以忽视的真相》，《国际行政科学评论》2014 年第 1 期。

Behn R. D., Big Questions of Public Management. *Public Administration Review*, 1995 (4).

Charlesworth, Theory and Practice of Public Administration: Scope, Objectivesand Dwight Waldo, D. *The Study of Public Administration*. NY: Random House, 1955.

Dwight Waldo., *Perspectives on Administration*. Ala: University of Alabama Press, 1956.

Dwight Waldo., Scope of the Theory of Public Administration. in James Methods. *American Academy of Political and Social Science*, 1968.

James L. Perry., Is Public Administration Vanishing?. *Public Administration Review*, 2016, 76 (2).

John M. Bryson, Designing Public Participation Processes. *Public Administration Review*, 2013, 73 (1).

Kirlin J. J., The Big Questions of Public Administration in Democracy. *Public Administration Review*, 1996, 56 (5).

Neumann F. X. Jr., What makes Public Administration A Science? Or, Are Its "Big Questions" Really Big. *Public Administration Review*, 1996, 56 (5).

Robert A. Dahl., The Science of Public Administration: Three Problems. *Public Administration Review*, 1947, 7 (1).

Simon H., The Changing Theory and Practice of Public Administration. In de Sola Pool, I., Ed. *Contemporary Political Science*. NY: McGraw-Hill, 1967.

Stephanie P., Newbold and David H. Rosenbloom, *The Constitutional School of American Public Administration*. New York: Routledge, 2017.

后　　记

本书是在中国行政体制改革研究会2018年度行政改革研究基金课题"中国特色的行政科学理论研究"成果的基础上修改整理完成的。该课题于2018年4月立项，2019年10月完成，形成的主要成果有：一份总报告"中国特色的行政理论创新体系研究"，四份分报告："中国特色行政理论发展源流""国际行政科学发展的理论热点问题研究""行政科学发展的本土化与国际化研究""中国行政体制改革的理论贡献"。课题组对课题总报告和分报告进行了架构重组和内容梳理，形成了本书的章节布局和最终成稿。

本课题的第一负责人是中国人事科学研究院原院长吴江研究员，第二负责人是清华大学公共管理学院蓝志勇教授，课题组成员有：苗月霞（中国人事科学研究院研究员）、汪怿（上海社会科学院研究员）、杨国栋（大连海事大学讲师）、王伊（中国人事科学研究院研究室副主任）、高原（中国人事科学研究院办公室副主任）。课题研究工作分工为：吴江、蓝志勇负责课题的总体论证、统筹协调、实施推进与研究指导；苗月霞负责课题的内容论证，分报告进度协调；高原、王伊负责文献资料收集、翻译、整理与分析；吴江、杨国栋、高原负责撰写分报告一"中国行政学理论发展研究"；蓝志勇、苗月霞、王伊负责撰写分报告二"国际行政科学理论发展研究"；蓝志勇负责撰写分报告三"中外公共行政学比较研究"；汪怿负责撰写分报告四"中国特色城市公共治理模式研究"；吴江、蓝志勇、苗月霞、汪怿负责撰写总报告"中国特色行政科学理论研究"。

在课题研究过程中，课题组得到了多位专家的指导。特别是在课题中期检查汇报会上，中国行政体制改革研究会常务副秘书长王露、北京师范大学政治与国际关系学院政府管理研究所所长朱光明、中央党校（国家行政学院）研究室研究员吕鸿业对课题中期报告的修改完善提出了宝贵建议。衷心感谢各位专家的指导！

本书付梓受到中国人事科学研究院院长余兴安研究员的大力支持和院学术文库出版基金的资助；中国人事科学研究院科研处处长黄梅研究员和工作人员柏玉林对本书的出版事务付出了辛勤劳动，在此一并表示衷心感谢！

当前，世界面临着百年未有之大变局的新形势，这对中国行政学的理论研究和实践探索都提出了新课题；由此，中国特色行政学的发展也迎来了新时代的机遇与挑战。本书是课题组研究的阶段性成果，书中有不当之处敬请读者批评指正；笔者也将以此书的出版为新的起点，继续关注新时代中国行政学领域出现的新问题，推进相关研究不断深化。

作者
2023 年 4 月

中国人事科学研究院学术文库
已出版书目

《人才工作支撑创新驱动发展——评价、激励、能力建设与国际化》
《劳动力市场发展及测量》
《当代中国的行政改革》
《外国公职人员行为及道德准则》
《国家人才安全问题研究》
《可持续治理能力建设探索——国际行政科学学会暨国际行政院校联合会2016年联合大会论文集》
《澜湄国家人力资源开发合作研究》
《职称制度的历史与发展》
《强化公益属性的事业单位工资制度改革研究》
《人事制度改革与人才队伍建设（1978—2018）》
《人才创新创业生态系统案例研究》
《科研事业单位人事制度改革研究》
《哲学与公共行政》
《人力资源市场信息监测——逻辑、技术与策略》
《事业单位工资制度建构与实践探索》
《文献计量视角下的全球基础研究人才发展报告（2019）》
《职业社会学》
《职业管理制度研究》
《干部选拔任用制度发展历程与改革研究》
《人力资源开发法制建设研究》
《当代中国的退休制度》

《当代中国人事制度》
《中国人才政策环境比较分析（省域篇）》
《社会力量动员探索》
《中国人才政策环境比较分析（市域篇）》
《人才发展治理体系研究》
《英国文官制度文献选译》
《企业用工灵活化研究》
《外国公务员分类制度》
《中国福利制度发展解析》
《国有企业人事制度改革与发展》
《大学生实习中的权益保护》
《数字化转型与工作变革》
《乡村人力资源开发》
《高校毕业生就业制度的变迁》
《中国事业单位工资福利制度》
《中外职业分类概述》
《人力资源管理实践与创新：基于双元理论视角》
《海外及港澳台人才引进政策新动向分析》
《中国特色行政学：发展与创新》